新手理财系列

新手学私募股权投资
(入门与实战 468 招)

陈国嘉　编著

清華大學出版社
北　京

内容简介

全书通过对 468 个投资技巧精解＋30 多张精美图片放送＋130 多张易懂图解＋16 章专题内容的讲解，向所有理财新手传递了私募股权的精华技巧，让广大私募股权投资者一书在手，即可彻底看懂、玩转私募股权，从菜鸟成为达人，从新手成为私募股权投资高手！

全书共有 16 章，包括私募股权的前景总览、募资融资、组织设立、企业管理、项目审查、尽职评估、投资管理、技巧策略、风险管理、投资退出、阳光私募，以及种子期案例、发展期案例、收购型案例等内容。

本书结构清晰、语言简洁、图表丰富，适合投资私募股权行业的初学者、对私募股权投资感兴趣的人士、希望通过私募股权投资获得第一桶金的所有新投资者与创业者，以及相关领域的机关和事业单位相关人员阅读。

图书在版编目(CIP)数据

新手学私募股权投资(入门与实战 468 招)/陈国嘉编著. —北京：清华大学出版社，2018
(新手理财系列)
ISBN 978-7-302-49503-1

Ⅰ. ①新…　Ⅱ. ①陈…　Ⅲ. ①股权—投资基金—基本知识　Ⅳ. ①F830.59

中国版本图书馆 CIP 数据核字(2018)第 020795 号

责任编辑：杨作梅
装帧设计：杨玉兰
责任校对：周剑云
责任印制：李红英
出版发行：清华大学出版社
网　　址：http://www.tup.com.cn, http://www.wqbook.com
地　　址：北京清华大学学研大厦 A 座　　　邮　　编：100084
社 总 机：010-62770175　　　邮　　购：010-62786544
投稿与读者服务：010-62776969, c-service@tup.tsinghua.edu.cn
质量反馈：010-62772015, zhiliang@tup.tsinghua.edu.cn
印 装 者：北京泽宇印刷有限公司
经　　销：全国新华书店
开　　本：170mm×240mm　　印　张：18　　字　数：313 千字
版　　次：2018 年 5 月第 1 版　　印　次：2018 年 5 月第 1 次印刷
印　　数：1～3000
定　　价：45.00 元

产品编号：074974-01

■ 写作驱动

21 世纪，随着人们生活质量和生活品位的提高，对生活的要求也越来越高，理财意识也在不断提高，许多投资者选择对逐步兴起的私募股权进行投资，但是私募股权投资的收益是浮动的，投资者要想获得更为可观的收益，就必须掌握一定的方法、技巧。

本书是所有私募股权投资新手的通俗读物，注重实用性和操作性，全面、系统地介绍了新手在私募股权投资中会遇到的主要问题、关键细节以及操作方法和技巧等。希望通过阅读本书，能帮助广大投资者开阔视野、拓宽财路。

■ 本书特色

本书主要有以下几大特色。

1) 16 章专题内容安排

本书包括：基础概述+前景总览+募资融资+组织设立+企业管理+项目审查+尽职评估+投资管理+技巧策略+风险管理+投资退出+阳光私募+种子期案例+发展期案例+收购型案例+其他案例 16 章专题内容，助力新手征战私募股权市场。

2) 30 多张清晰彩插放送

全书采用图文结合的方式进行撰写，将 30 多张图片嵌入内容中，使读者对各种投资更有领悟力，通过大量的理论和实操，可成就新手财富梦想。

3) 130 多个图解全面呈现

本书在写作时适时将图解加入其中，通过对全书 130 多个图解的具体展示，帮助读者更透彻、更全面地掌握私募股权投资的相关内容。

4) 468 招，招招精辟讲解

本书最大的特色就是通过 468 招的知识要点，向所有读者展现了私募股权投资的最精华内容，不仅内容全面，还深刻富有内涵，可助力所有私募股权投资新手成功逆袭、实现梦想。

■ 作者介绍

本书由陈国嘉编著，参与编写的人员还有高彪、刘胜璋、刘向东、刘松异、刘伟、卢博、周旭阳、袁淑敏、谭中阳、杨端阳、李四华、王力建、柏承能、刘桂花、柏松、谭贤、谭俊杰、徐茜、刘嫔、苏高、柏慧等人，在此一并表示感谢。由于作者水平有限，书中难免存在错误和疏漏之处，恳请广大读者批评、指正，交流与沟通请联系微信：157075539。

编　者

目录

第 1 章 基础概述：从零开始快速入门

学前提示

由于保密性好、投资得当可获得较高收益，再加之市场制度的逐步健全，市场正处在持续升温中，使越来越多的投资者加入私募股权投资。

那么什么是私募股权投资呢？它为什么会发展起来？它与其他投资方式又有哪些区别呢？本章将对这些问题进行一一解答。

要点展示

- PE 常识：基础知识一手获取
- PE 类型：各种资本全面网罗
- 发展主因：广泛选择源自优秀
- 价值投资：在比较中尽显优势

1.1 PE 常识：基础知识一手获取

投资者要了解私募股权的概念，首先需要对基金有基本的了解，按照是否面向一般大众募集的分类标准，基金分为公募基金与私募基金。面向社会大众公开募集的资金是公募基金，相反，在私下或直接向特定群体募集的资金便是私募基金。

001 初识 PE

在解释私募基金的概念之前，有些投资者可能会有疑问：私募基金与私募股权基金是同一个概念吗？

众所周知，基金的募集方式有两种：一种是通过股权进行的，每个基金持有人都是基金的股东，管理人也是股东之一；另一种是契约型，即持有人与管理人是契约关系，而不是股权关系。

我国的公募基金都是契约型的，这是因为中国法律只允许公募基金采取契约方式募集。而如果成立私募基金，则必须采取股权方式，这样才可以扫清法律障碍。因此，私募股权基金在投资市场中是最为常见的。

私募股权投资(Private Equity，PE)，也称为私募股权投资基金。它是指以私募形式募集资金，对未上市的企业进行投资，以期在其价值增长之后，通过一定手段出售持股，从而获得收益的一种投资行为。

专家提醒

PE的定义有广义与狭义之分。广义的PE包括企业首次公开发行前各阶段的投资；而狭义的PE则特指对已成规模的成熟企业进行的创业后期投资，如夹层资本和并购资本。

002 增资扩股

增资扩股是私募股权投资运作的常用方式之一，即基金公司通过新发股份的方式，在扩大股份总数的同时，增加融资规模。同时，新发的股份又会被原有股东或新股东购入，如此一来，基金的规模在无形之中就变大了。

003 股权转让

股权转让，顾名思义，就是指将所持有的股份转让给他人，从而使他人成为原有投资目标的股东。它是除增资扩股之外，私募股权投资运作中另一种较为常见的运作方式。股权转让不仅给原有投资者提供了更多及时退出的机会，而且增加了私募股权投资的渠道，能够有效地起到活跃市场的作用。

004 主要特点

PE 主要有六大特点，具体如图 1-1 所示。

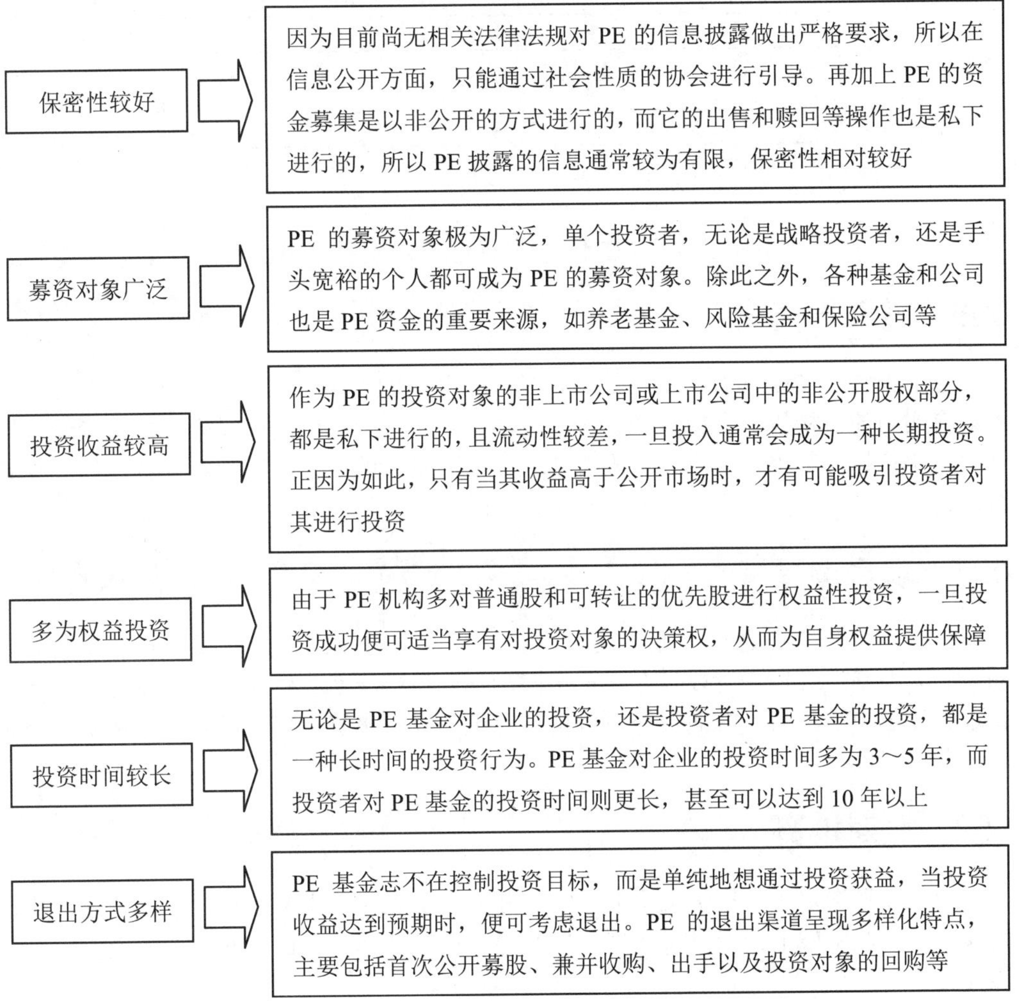

图 1-1　PE 的主要特点

005 运行步骤

PE 的运行是不可能一蹴而就的，它需要经历一个过程。具体来说，PE 的运行需经历五个步骤，如图 1-2 所示。

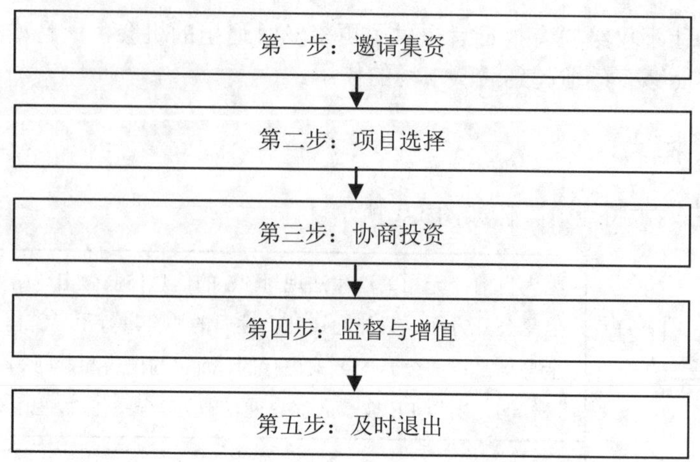

图 1-2 PE 的运行步骤

006 邀请集资

邀请集资是 PE 运行的第一步，也是极为关键的一步。在此过程中，基金公司会邀请有实力的机构投资者或者个人投资者参与到基金中，为基金投资。投资者通过签订相关协议投入款项，即为“有限合伙人”，而基金的运营者或者管理者则为“普通合伙人”。

007 项目选择

在基金集资完成之后，便需要对投资项目做出选择了。投资项目的选择是双向的。一方面基金管理者可以发布投资指南，符合投资指南并感兴趣的企业可以向基金管理者发出申请；另一方面投资机构也可以主动寻求投资目标，以发现有潜力的企业或者项目。

008 协商投资

投资项目选定后，投资机构需与已选好的投资企业就投资的相关事宜进行协商、洽谈，并在此基础上，经过价值评估以及尽职调查等环节，最后双方达成投资协议并完成投资。

009 监督与增值

与其他投资方式的一次性付清款项不同，私募股权投资采取的是分期注资的方式，投资者只需按照协议在特定阶段进行投资即可，这也可视作是投资者对私募股权投资机构资金使用率的有效监督。在进行投资之后，非常关键的一点是私募股权投资

机构必须采取积极的举措，促进被投资企业增值，进而保障自身的投资收益。

010　及时退出

私募股权基金追求的是从投资项目中获得最大的回报，而不是对被投资企业进行控制，也不会长期持有被投资企业的股权。因此，当收益达到预期目标时，应考虑及时退出。

私募股权基金退出的渠道通常有三种：一是所投资的企业上市，私募股权基金通过股票的抛售而退出；二是将所投资公司的股权转让给第三方企业并从中获利，此即并购方式；三是将股权转让给所投资公司内部的管理层或者员工。

011　交易费用

PE 的交易费用由三方面构成，如图 1-3 所示。

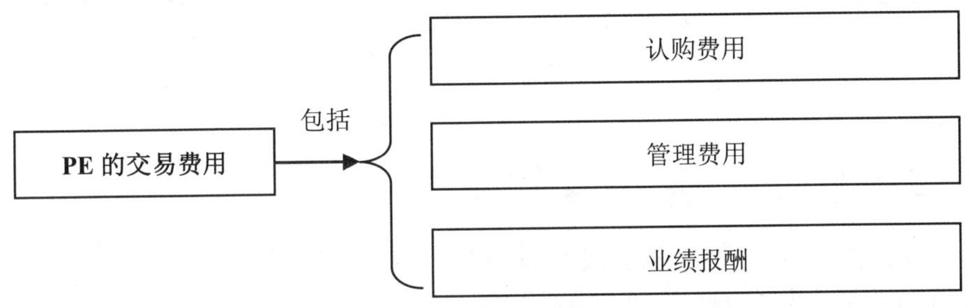

图 1-3　PE 的交易费用

值得一提的是，因为基金规模、投资期限以及管理机构的差异，具体的交易费用会有所不同。下面对这三种费用进行一一解读。

1．认购费用

PE 的认购费用是投资者在认购基金时所缴纳的费用，除了部分不需要收取该费用的基金之外，其他的基金通常将其控制在投资金额的 1%～3%。

2．管理费用

PE 的管理费用用于支付基金管理人的管理费用，通常以年计算。目前该费用的市场平均水平约为投资者投资金额的 2%/年。

3．业绩报酬

PE 的业绩报酬是在投资者投资获利后，在分配收益时向基金管理人支付的费用。该费用主要有三种收取方式，第一种是支付投资盈利总额的 20%；第二种是根据投资项目分别支付该项目盈利的 20%；第三种是在形式上可以是在除去投资者的保底收益之外，支付其余盈利总额的 20%。

012　获利途径

私募股权投资基金的目的是获得收益，其收益主要来自两个途径，具体如图 1-4 所示。

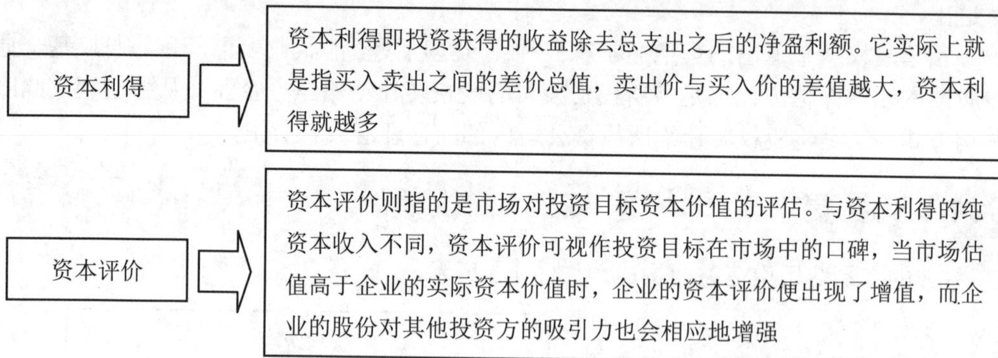

图 1-4　PE 获利途径

013　盈利历程

和其他投资方式一样，私募股权投资基金要通过投资获得收益，也需要一个过程。这个过程通常包含五个阶段，具体如图 1-5 所示。

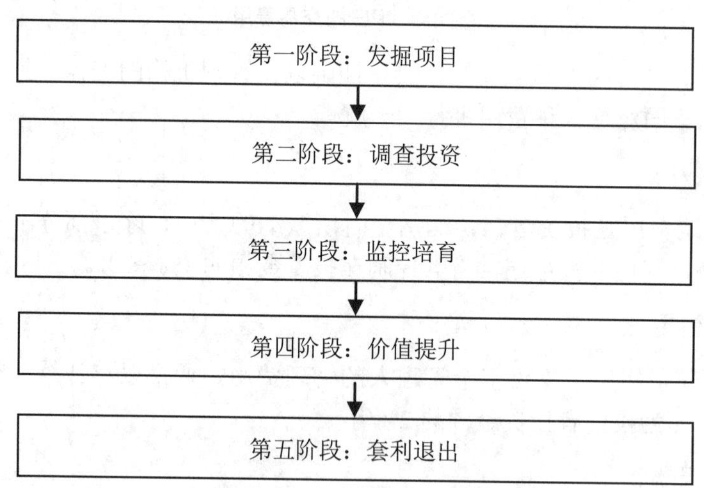

图 1-5　PE 盈利历程

接下来对图 1-5 中的五个阶段分别进行详细说明。

1．发掘项目

项目的发掘是进行私募股权投资的第一步，也是最为关键的一步。选择一个好的投资项目，就意味着赢在了起跑线上。因此，私募股权投资机构在选择投资项目时，往往会花费较多的时间和精力，用以寻找更具投资价值的项目。

2．调查投资

通过前期的发掘之后，私募股权投资机构将对有意向的项目进行全面的调查，并在调查完成后，投入资金购买项目的股份，成为其股东。

3．监控培育

经过投资持股之后，私募股权投资机构实际上已经获得了对该项目的部分控制权。所以，它在利用自身资源培育项目的同时，还可以利用其投资权益对项目的管理运作等进行监控。

4．价值提升

得到私募股权机构的支持之后，被投资的项目会逐渐步入正轨，甚至开始出现盈利。此时，私募股权机构会促使项目调整升级，并增发新股，从而使项目的价值获得进一步提升。

5．套利退出

私募股权投资的目的始终只有一个，那就是获利。所以，大多数私募股权机构不会将长期持有作为投资目标，而是在投资项目上市，并且获利已经达到预期时，寻找适当的时机卖出所持股份，套利退出，见好就收。

014　术语大全

俗话说：“外行看热闹，内行看门道。”虽然部分 PE 的潜在投资者还属外行，但一旦投入，便涉及了自身的利益，实在不应该只是看热闹，而应该尝试着摸索出一些门道。

PE 具有非常强的专业性，其中不乏大量专业术语。为了让投资者更好地理解，有必要进行一些解释，具体如表 1-1 所示。

表 1-1　PE 术语大全

术　语	术语解释
GP	GP 是英语 General Partner 的缩写，它的中文含义为普通合伙人，其在实际操作中即为有限合伙制基金中的管理人

续表

术　语	术语解释
LP	LP 是英语 Limited Partner 的缩写，它的中文含义为有限合伙人，其在实际操作中即为有限合伙制基金中的投资者
有限合伙企业	有限合伙企业是 PE 中最为常见的组织形式之一，它由普通合伙人和有限合伙人共同构成。其中普通合伙人对该企业的债务承担无限连带责任，而有限合伙人对该企业的债务则承担以认缴资金为限的有限责任
管理层收购	为了获得运作公司的权益，私募股权公司通常会出资让现有的管理层购买该公司的股份。该形式的投资相对较为安全，因为管理层通过买入股份的方式，可及时获取该企业的运作情况以及市场状况
机构收购	当管理层收购了企业的多数股份时，私募股权机构实际上就获得了对企业的收购。除此之外，私募股权机构也可以通过购买该公司的方式，完成对该公司的收购
外部管理团队收购	当内部管理层因为经验和资金不足，或出现继承问题时，可能会被外部管理团队收购。值得一提的是，外部管理团队收购将增加私募股权公司的投资风险，因为企业管理层的变更可能会使企业出现运作上的问题
PE FOFs	PE FOFs 即私募股权投资母基金，它是指将投资者的资金投资于几个 PE 基金的基金
SPIN-OFF	SPIN-OFF 即企业分拆，它是指将原有企业的一个部分进行拆分，并让其成为一个独立的公司
孵化器	孵化器是指专门培养投资的商业概念和新技术的实体。为满足商业概念的发展，它会为投资提供场所以及法律、管理和技术等服务。私募股权公司为获得投资机会，通常会支持其正常运作
联合投资	联合投资即多个机构共同投资某个项目。联合投资的机构包括领投机构和跟投机构。其中，领投机构负责对待投项目商业计划书的可行性，而跟投机构则主要负责投资条款的协商
优先收益	优先收益，也称为“门槛收益率”，即以条款的形式规定只有当投资收益超过某一门槛时，作为普通合伙人的基金管理人才能从超出的利润中获得约定比例的收益，其目的在于保障有限合伙人的最低收益
承诺出资制	承诺出资制即有限合伙人在基金首次成立时，只需认缴一部分的投资本金，其余部分会根据投资项目的实际进度，再行缴纳。该方式下有限合伙人不需要一次性缴纳投资本金，可在一定程度上提高资金的使用率
关键人条款	关键人条款的制定主要是因为 PE 投资风险大，且基金管理人对基金的业绩有较大的影响。所以，它规定基金团队中的核心人员在基金存续期间必须严守岗位，如果该条款被违反，投资者可召开会议，并对所投资的基金进行清算

续表

术　语	术语解释
过桥融资贷款	过桥融资贷款(Bridge Financing)是指企业在IPO或私募融资前进行的短期贷款。该贷款的提供对象多为承销商或私募投资者，并且它的利息不以现金支付，而是以股票的方式支付

1.2 PE类型：各种资本全面网罗

前面在对PE概念进行解读时，已经提到PE定义的广义与狭义之分。本节将从广义PE的角度，对PE的类型进行详解。

015 初识PE资本

目前市场上大多按照具体的投资时间对PE资本进行分类，据此可将其分为7种类型，具体如图1-6所示。

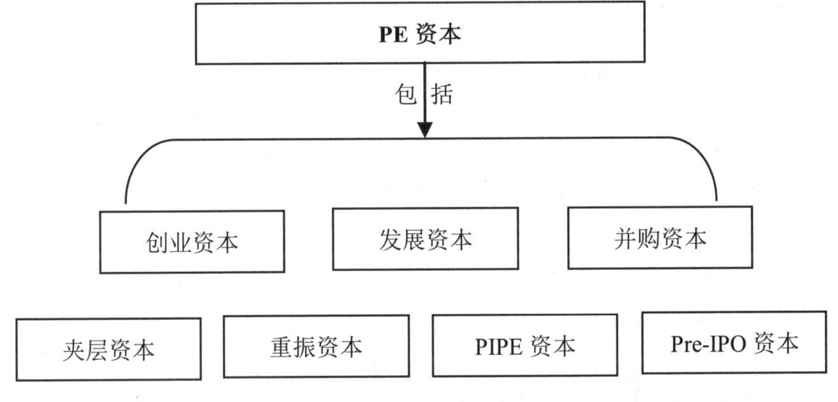

图1-6　PE资本的类型

016 认识创业资本

创业资本，也称为“风险投资”(Venture Capital，VC)，它是指对尚处于种子期的项目进行的投资。因为投资项目还处于起步阶段，所以它在市场、运营和财务等方面都具有不确定性，投资风险相对较大。

值得一提的是，该资本的投入风险和收益是并行的，虽然有较大的投资风险，但如果投资得当，便可获得更为可观的收益。

017 了解发展资本

发展资本，也称为“成长资本”，即对成长起来，并已在运作中获得了收益的项目进行的资金投入。

因为目标投资项目在投资前已经获得了收益，所以，该项目多被视为有发展潜力的项目。也正因为如此，许多 PE 资本都是在该阶段介入。就国内 PE 来看，该 PE 资本在 PE 资本中占比最大，甚至超过了 PE 总资本的一半。

018 浅谈并购资本

并购资本是对目标项目进行并购时，投入的资本。并购资本的运作模式多为收购目标企业后，对其进行控制，并通过一定手段增加其价值，在获得目标利润后，再行出售。

值得一提的是，被并购的企业多为发展较为成熟的企业，因此，在进行并购时往往需要大量的资金，其规模可多达 10 亿美元。

019 概说夹层资本

夹层资本(Mezzanine Capital)即用于夹层融资的资金。它是融资中出资方的一个专有名词。夹层资本的投入，不是以获得目标项目的控制权为目的，在股权持有时间上多偏向于中短期持有。

夹层资本的收益和风险处在债务资本和股权资本之间，其实质是长期无担保债权。之所以说夹层资本的风险处在债务资本和股权资本之间，主要是因为如果企业经营不善面临破产清算，它的清偿顺序依次是债务资本、夹层资本、公司股东。夹层资本处于清偿顺序的第二顺位。

020 认识重振资本

重振资本即用以重振表现不佳的企业的资金投入。需要注入重振资本的企业，多为由于财务问题或企业重组而出现目前经营受阻的企业。这部分企业虽然暂时面临困局，但是前景可期，而重振资本的投入则无疑给了企业一针强心剂。

021 浅谈 PIPE 资本

PIPE，即英语 Private Investment in Public Equity 的缩写，是指资本即以折价率购买上市公司股份的资本投入，其作用在于扩大了目标企业的资本规模。PIPE 资本可分为两种形式，具体如图 1-7 所示。

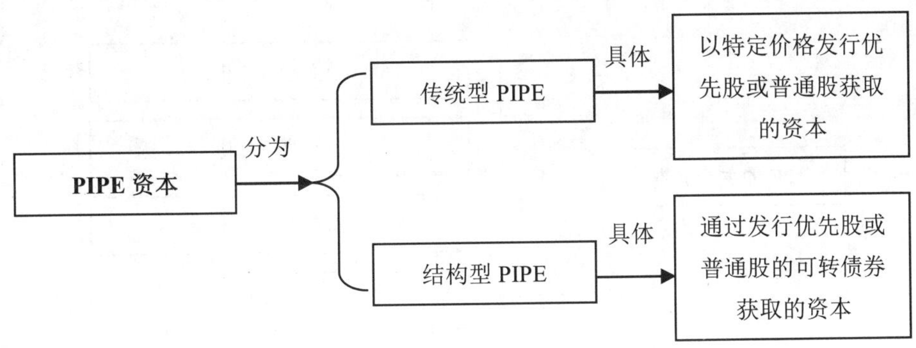

图 1-7　PIPE 资本的两种形式

022　了解 Pre-IPO 资本

Pre-IPO 资本是指对即将上市的企业上市，或对有上市势头的企业进行的资金投入。其运作模式为企业上市前投入，企业上市后出售所持股份退出。

与创业资本不同，Pre-IPO 资本是对已经达到上市水平的企业的投资，它的投资风险较小。而且因为它的投资对象多为近期内即将上市的企业，所以该资本可在短期内回收。除此之外，如果投资得当，便可获得较为可观的投资收益。

1.3　发展主因：广泛选择源自优秀

PE 之所以会获得越来越多投资者的青睐，并得到迅速发展，主要缘于三个方面的助力，如图 1-8 所示。本节将对这三大助力进行一一解读。

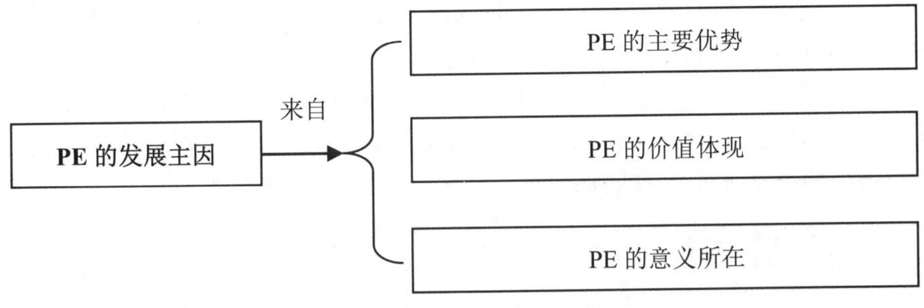

图 1-8　PE 的发展主因

023　PE 的主要优势

PE 的优势主要体现在四个方面，具体如图 1-9 所示。

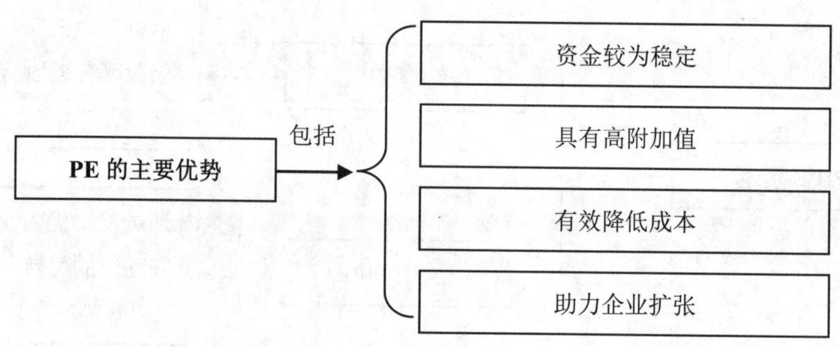

图 1-9　PE 的主要优势

024　资金较为稳定

由于中小企业受企业规模、企业信用等因素的影响，通过银行贷款获得融资有一定的难度。而且中小企业申请银行贷款通常会有一些附加条件，如抵押进行担保、支付一定的贷款利息、签订限制性的契约条款等。除此之外，银行贷款给企业后，如果企业出现了还款困难，还可能取消贷款，这无形之中使企业的未来管理资金多了一分不确定性。

与银行贷款不同，私募股权融资只是获得了投资权益，它不会使企业的负债进一步增加。而且私募股权投资后，投资方扮演的是投资合伙人的身份，一旦投资完成，短期内不会无故撤资，这就保证了企业资金的稳定性。

025　具有高附加值

私募股权投资机构中有大量专业化的人才，他们无论是专业知识、管理经验，还是人际网络都可以助力企业成长。

当私募股权投资机构对企业进行投资时，投资机构实际上就成为企业的股东之一，此时企业的利益直接关系到它的收益。因此，私募股权投资机构为了自身利益，也一定会竭尽所能地为企业发展谋福利。

026　有效降低成本

在获得私募股权融资之后，企业如果还要进行其他的融资，就会因为在私募股权资本注入之后，资产负债能力增强而降低融资成本。除此之外，如果企业此时想申请银行贷款，其成功率也会随之增加。而银行贷款的成本则会相应地降低，这样一来，企业融资的成本和难度就可以同时降低了。

027　助力企业扩张

在获得私募股权资本之后，企业实力实际上就从侧面得到了证明。而随着融资的完成，企业的知名度以及可信度也会呈现一定的增加。这种情况下，企业对外界的吸引力增强，企业往往更容易获得客户的青睐。

除此之外，私募股权投资机构带来的管理经验也会使企业生产效率在一定程度上得到提高，进而使企业的业绩大幅提升，而企业的提升又可以增强企业的竞争力，帮助企业更快地实现发展和扩张。

028　PE 的价值体现

作为重要的金融力量，私募股权投资对全球经济发展的价值是不可估量的，它的价值主要体现在以下三个方面，具体如图 1-10 所示。

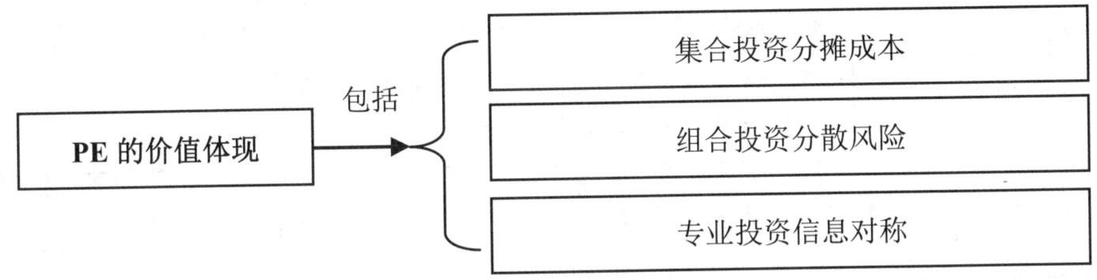

图 1-10　PE 的价值体现

029　集合投资分摊成本

投资成本是所有投资者在投资前必须慎重考虑的问题之一。与其他投资方式不同，PE 采取的是集合投资的方式。通过该方式，投资者不仅可以将交易成本进行分摊，还可以随着投资对象规模的扩大享受规模经济带来的收益，从而让自身的投资效率得到提高。

030　组合投资分散风险

虽然通过组合投资可以有效地分散投资带来的风险，但是个体投资者的分散投资却可能使投资成本增加。比如，当减少对某个企业的投资时，投资者对该企业的控制权也会相应被削弱。又如，投资者同时投资多个项目，需要对这些投资项目的相关情况及时进行了解，这无疑大大增加了投资的时间成本。

但是私募股权投资基金的集合投资是所有投资者共同承担交易成本，这样一来投资风险分摊到单个投资者身上，自然就小了不少。除了分散风险之外，该投资方式之下，投资者还可以享受规模经济带来的收益。

031 专业投资信息对称

私募股权投资从项目选择到监督控制的全过程都存在着信息不对称的问题，但是借助私募股权投资基金的专业化投资，却能很好地解决这一问题。这主要体现在两个方面，具体如图 1-11 所示。

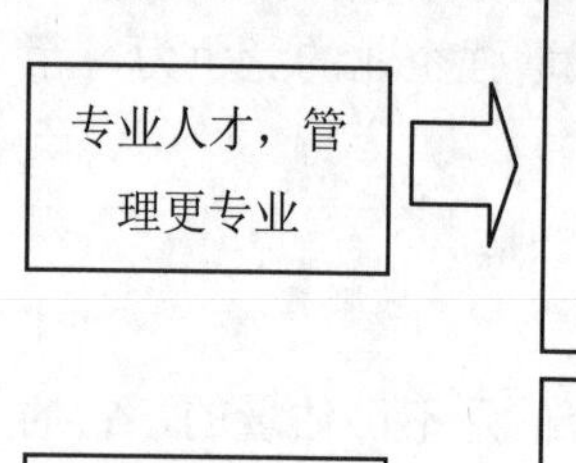

担当私募股权投资基金的管理人大多为金融界的精英，这部分人无论是专业知识，还是投资经验都比较丰富。他们在对项目的调研和对项目的管理方面都有一定的能力。有这些人做后盾，可在很大程度上减少信息的不对称

制度保障，减少道德风险

私募股权投资基金多为有限合伙企业的组织形式，制度要求投资协议一经达成，基金经理人便将作为企业股东参与企业的管理。所以，私募股权投资机构可以更加准确和及时地获取投资项目的具体情况，并据此做出相应的决策，从而推动企业价值的增长，而且不会因为委托代理带来不必要的道德风险

图 1-11 私募股权投资基金解决信息不对称的体现

032 PE 的意义所在

作为非上市企业发展的一针强心剂，私募股权投资基金对经济的发展无疑具有重大意义。就我国而言，发展私募股权投资基金主要有六个方面的意义，具体如图 1-12 所示。

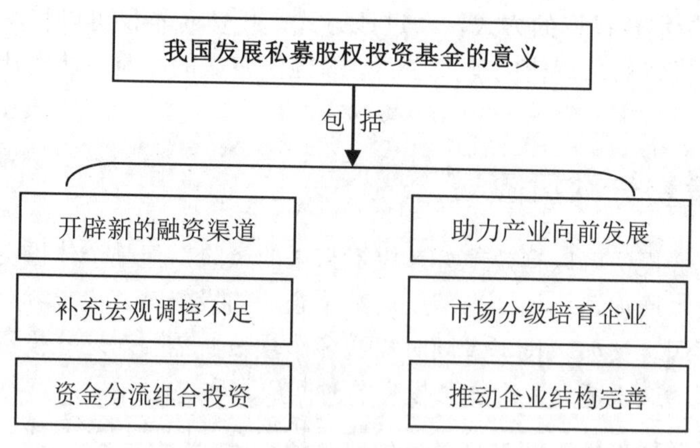

图 1-12 我国发展私募股权投资基金的意义

033　开辟新的融资渠道

以往人们的投资渠道比较有限，许多人都会选择将资金存入银行。如此一来，不少达不到贷款和上市条件的中小企业就不可避免会出现融资难的困局。

私募股权投资基金的出现可以在一定程度上缓解该困局。因为它采用的是直接融资的方式，所以其在投资项目确定之后，便可为投资目标注入资金。不仅如此，随着投资的获利，投资方式也会由原来的存银行变得多样化，从而起到引导资金流向的作用，让中国的资本市场更趋活跃。

034　助力产业向前发展

私募股权投资基金的介入，使投资机构获得对投资目标的部分控制权。在取得控制权之后，通过企业经济结构等的调整增加企业的价值又将作为其第一要务。所以，在此过程中，企业的产业将借力进行重组和升级。

除此之外，创新型企业素来是私募股权投资基金的支持对象。私募股权投资基金凭借其专业眼光和经济实力，可将创新型企业的成果走向市场化，从而能够推动我国新兴行业向前发展。

035　补充宏观调控不足

虽然宏观调控在促进就业、维持经济平稳、较快发展等方面具有不可替代的作用，但是因为经济结构、地区、行业等不尽相同，宏观调控不可避免地会对某些行业造成不利的影响。

而私募股权投资基金则可以通过对资金的引导，为宏观调控照顾不到的行业带来发展的契机，从而对宏观调控起到补充作用。

036　市场分级培育企业

虽然私募股权投资基金更多的是通过购买目标企业发行的股份进行投资，即在一级市场进行投资。但是随着私募投资机构的介入，该企业的股份在市场上将呈现更多的活力，而这无疑会促进该企业股份买卖、转让和流通，即二级市场的发展。

也就是说，私募股权投资基金对一级市场的投资，可以在一定程度上对二级市场的发展起引导作用。这对我国的中小板和创业板市场的发展意义尤其重大。

037　资金分流组合投资

目前，许多金融机构的资产配置仍集中在贷款、债券和股票三个方面，其资产配置相对较为单一。而私募股权投资基金不但具有高回报、高风险等特点，而且其与贷款、债券以及股票之间的联系较弱。也就是说，私募股权投资基金的投资具有较好的独立性。

也正因为如此，私募股权投资基金可成为除贷款、债券和股票之外，金融机构的又一资产配置领域。金融机构只需根据自身的风险承受能力，适当进行私募股权投资基金的投资，便可在资产配置上更显多样化。

038 推动企业结构完善

私募股权投资的投资对象大多为尚处于初创期的企业，这部分企业因为受到多方面因素的制约，其业绩往往具有不稳定性。而私募股权投资的介入，在购买该企业股票，扩大该企业资金规模的同时，可通过权益投资获得对企业的控制权，进而参与企业的管理。

因为私募股权投资机构对企业管理具有一定的经验，所以，在获得对企业的控制之后，私募股权投资会以其专业眼光在对投资企业进行监控的同时，适度介入企业的管理，从而推动企业结构的完善，帮助企业快速步入正轨。

1.4 价值投资：在比较中尽显优势

作为一种投资方式，PE 有其独特性，它与非法集资、天使投资、风险投资以及公募基金等投资方式有着明显的差异，PE 也正是在与上述投资方式的比较中，彰显其特有的优势。

039 初识非法集资

非法集资是指在未按法定程序获得相关部门的批准，单位或个人通过发行股票、债券、投资基金证券等方式私自向公众募集资金，并约定在一定期限内向出资方还本付息或给予回报的行为。

非法集资多以高回报为诱饵，引诱社会公众对其进行投资，实则早已布好陷阱，只等投资者带着资金往下跳，如图 1-13 所示。只要投资者对其注入的资金达到一定规模，非法集资者便会秘密转移资金，甚至直接携款潜逃。

图 1-13 非法集资

040 非法集资的显性特征

虽然非法集资对社会危害巨大，人人谈之色变，但是非法集资有四大显性特征，只要在此基础上进行把握，便可在一定程度上降低陷入非法集资的陷阱。非法集资的四大显性特征具体如图 1-14 所示。

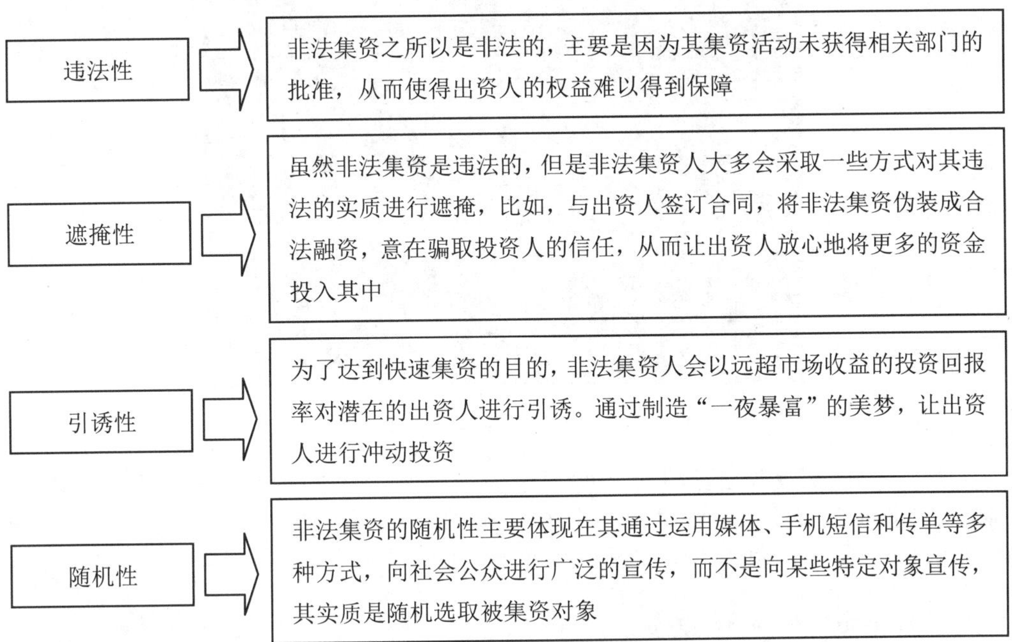

图 1-14 非法集资的显性特征

041 PE 与非法集资的差异

部分投资者因为对 PE 与非法集资难以正确区分，以至于谈及 PE 便大惊失色。其实两者之间存在着明显的差别，主要体现在两个方面。

其一，PE 是依照相关法律要求进行的投资活动，只有在获得相关部门的批准之后，才可以获得融资资格；而非法集资的各种运作则完全属于违法行为。其二，虽然 PE 披露的信息较为有限，但是会及时对资金使用情况进行披露；而非法集资则无法出示其资金使用明细。

042 初识天使投资

天使投资(Angel Investment))最初是由百老汇内部人员为表达对资助者的敬意而创造出来的一个词汇。虽然对百老汇的创作进行投资，在当时看来具有较大的风险，但是仍有部分资助者为了艺术而慷慨解囊。这些资助者就像“天使”一样，给百老汇的发展带来了希望，如图 1-15 所示。于是百老汇的内部人员便将这些资助者的投资称为“天使投资”。

图 1-15　天使投资

时至今日，天使投资的概念已变得更为宽泛，它代表的是投资者或投资机构对原创项目或小型初创企业的前期投资。天使投资既是一种风险投资，也是一种权益投资，通过天使投资，投资方可获得对投资对象的部分控制权。

043　天使投资的主要特点

天使投资主要有三个特点，具体如图 1-16 所示。

直接融资	天使投资由投资者或投资机构直接对目标企业进行权益投资，它是种子期企业最重要的融资途径
全面支持	投资者进行天使投资，除了带来资金之外，还包括投资者自身的资源。为了保障投资收益，投资者将利用自身资源全面支持企业的发展
小型投资	天使投资以个人投资为主，对投入资金的门槛相对较低，因此，其投资的资金规模大多较小

图 1-16　天使投资的主要特点

044 PE 与天使投资的差异

PE 与天使投资的差异体现在三个方面，具体如图 1-17 所示。

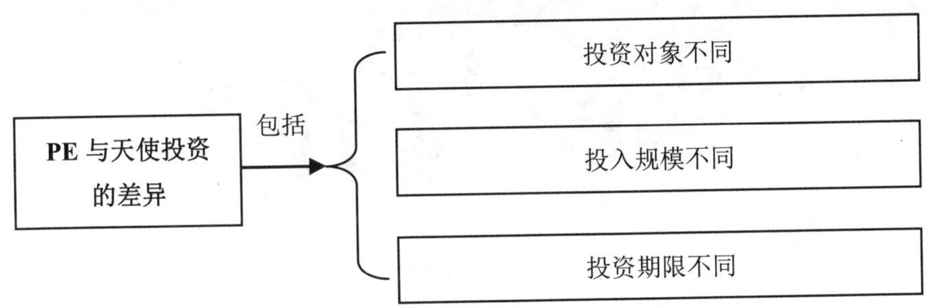

图 1-17 PE 与天使投资的差异

接下来分别从投资对象、投入规模和投资期限三个方面，对两者的差异进行解读。

1. 投资对象不同

PE 与天使投资在投资对象的选择上有着明显的差异。PE 的投资对象多为已有明确的上市目标或已经有了上市势头的企业。而天使投资则更注重对发展前期的企业进行投资。

2. 投入规模不同

PE 与天使投资在投入规模上的差异体现在两方面，即投入金额的大小和投入资金的次数。具体来说，PE 的投入规模相对较大，且采用逐步多次投入的方式。而天使投资则是投入规模较小的一次性投入。

3. 投资期限不同

PE 的本质还是获利，所以当投资对象上市后，它会适时出售持股退出，投资期限相对较短。而天使投资则既可以短期投资，获利退出，也可以通过权益投资管理企业，并对股份进行长期持有。

045 初识风险投资

风险投资(Venture Capital，VC)又称“创业投资”，它有广义和狭义之分。从广义上来说，所有高风险与高收益的投资都属于风险投资。而狭义的风险投资则特指对高新技术领域的投资。因为风险投资具有较大的不确定性，所以也有人将其称为“疯投”，如图 1-18 所示。

图 1-18　风险投资

046　风险投资的主要功能

作为企业发展和成果转化的催化剂，风险投资以其功能对企业和科技的发展发挥了不可替代的作用。风险投资的功能主要体现在以下四个方面，具体如图 1-19 所示。

募资功能	风险投资对投资方来说是一种投资，对融资方来说则是一个有效的融资途径。风险投资所带来的资金可以使面临资金周转困境的企业重新焕发活力，这一点对创新型企业的意义尤其重大
配置功能	风险投资是在对投资对象经过前期的评估之后做出的，只有达到出资方的相应要求才会获得其注入的资金。在看似只是一方对另一方的评估，实际上代表的却是资本市场的具体配置
优化功能	随着风险资本的注入，投资方通过购股获得对目标企业的控制权。其以自身资源在加速企业重组的同时，更提高了企业的产权流动效率，这个过程是对企业内部与外部的同时优化
导向功能	风险资产是基于投资收益与风险确定的价格。该价格不仅给其他投资者提供价格参考，更为其他投资者画下了一条风险警戒线。其他投资者需要通过该投资的风险决定自身操作，而风险投资在其中就起到了一个很好的导向作用

图 1-19　风险投资的主要功能

047　PE 与风险投资的差异

PE 与风险投资的差异集中体现在三个方面，具体如图 1-20 所示。

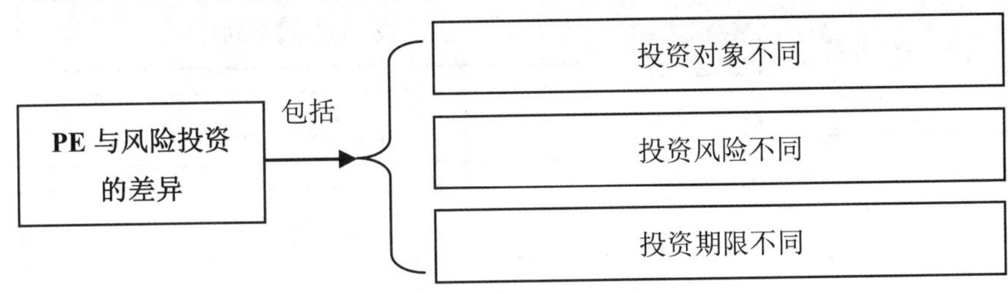

图 1-20　PE 与风险投资的差异

下面分别解读 PE 与风险投资的三大差异。

1．投资对象不同

风险投资追求的是高回报率，所以其投资对象大多是前景可期或有较大发展潜力的高新技术企业。而 PE 的投资对象则没有明显的限定。

2．投资风险不同

风险投资之所以重点突出“风险”，主要就是因为其介入时投资对象尚处于初创期，甚至是种子期，投资具有很大的不确定性。而 PE 则选在投资对象已具备一定规模时才进行介入，其投资风险明显要小一些。

3．投资期限不同

风险投资在投资对象发展前期便进行介入，且企业上市之后，为追求高收益，大多不会在短期内出售持股，其投资时间相对较长，而 PE 则是在投资目标发展得比较成熟时介入，待企业上市后便套利退出，其投资时间明显短于风险投资。

048　初识公募基金

公募基金(Public Offering of Fund)即发行人通过公募或公开发行向不特定的社会公众投资者发售证券的发行方式。

公募基金具有信息透明、风险分担等特点，其投资可享受市场带来的整体回报，投资的规模越大，基金获取市场平均利润的概率就越大。但是，该基金的超额收益不可能长期脱离业绩基准。

049　PE 与公募基金的差异

PE 与公募基金主要有四个方面的差异，具体如图 1-21 所示。

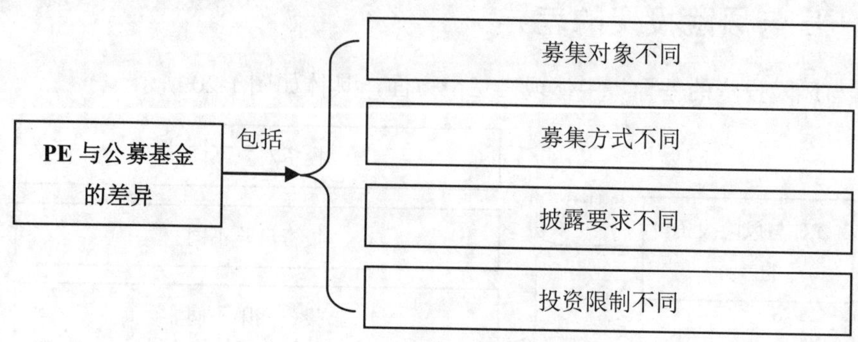

图 1-21　PE 与公募基金的差异

下面分别从募集对象、募集方式、披露要求及投资限制方面，进行具体说明。

1．募集对象不同

公募基金以社会公众为募集对象，其投资对象具有很大的不特定性。而 PE 则是以相对少数的投资对象为募集对象(可以是机构，也可以是个人)，其募集对象相对特定。

2．募集方式不同

公募基金以公开发售的方式募集资金，而 PE 则是以非公开发售的方式募集资金，这是两者之间最大的区别。

3．披露要求不同

公募基金的信息披露内容包括投资目标、投资组合等诸多方面，其信息披露的要求较为严格。相比之下，PE 对信息披露的要求则较为宽松，基金管理人只需不定期对极为有限的信息进行披露即可。这也使得 PE 比公募基金更具保密性。

4．投资限制不同

公募基金的限制涉及投资品种、投资比例、投资与基金类型的匹配等诸多方面，而 PE 的投资限制则主要来自投资协议。

第 2 章

前景总览：行业纵观未来参照

学前提示

私募股权投资行业从出现至今的几十年里，得到了快速发展，一批又一批的私募股权投资机构不断涌现。与此同时，在其发展过程中也呈现出一些较为明显的趋势。本章内容希望通过对私募股权投资发展情况以及未来方向的探讨，给投资者提供一些参考意见。

要点展示

- 发展历程：PE 的阶段性变化
- 行业代表：国内外知名 PE 分析
- 发展方向：根据趋势把握机遇

2.1 发展历程：PE 的阶段性变化

私募股权投资源自美国，在 20 世纪末期一些富有者在未经专业人员与机构组织的情况下，将资金投资于石油、钢铁等具有明显投资风险的行业，这实际上就是私募股权投资的最初形态。

050 国外发展历程

现代意义上的私募股权投资以 1946 年为起点，时至今日它已经历了 70 年的发展。在这 70 年间，它的发展大致经历了五个阶段，具体如图 2-1 所示。

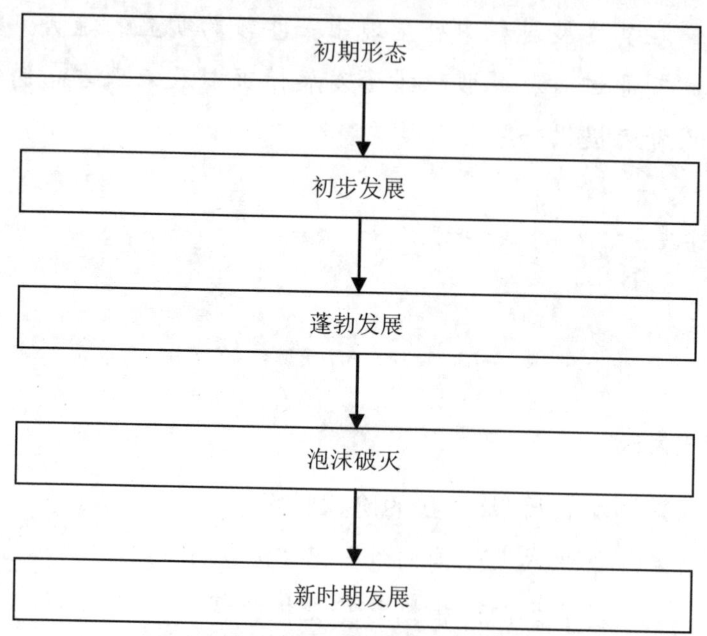

图 2-1 国外私募股权投资的发展历程

051 初期形态

现代私募股权投资的最初形式是美国的一些富裕家庭或大家族对某些企业进行投资。这些富裕家庭或大家族为了更好地进行投资，甚至设立了专门的投资理财办公室。随着时间的发展，原本的投资理财办公室逐渐获得独立，并演变为提供私募股权投资意见的专业机构。

许多书籍文献中将 1946 年作为现代私募股权投资的起点，主要是因为在这一年第一家正式的私募股权投资公司ARD宣告成立。20世纪30年代至40年代前期，美国中小企业因为无法获得长期的资金支持，难以得到明显发展。而ARD正是看到了这一问题，将其投资对象定位锁定在中小企业。该公司在成立之后的25年内以高于同期道琼斯工业平均指数3个百分点的年回报率证明了自身能力。

052　初步发展

因为受到1940年通过的《投资公司法案》的影响，公司制基金投资公司的经理人只能获得工资而无法持有本公司股份，其工资与合伙制基金中的普通合伙人有着天壤之别。

为改善这种现状，吸引更多专业人才的加入，越来越多的有限合伙制基金投资公司开始成立，有限合伙制也成为此时最主要的私募股权投资形式。据统计，1969年至1975年7年间就有近30个有限合伙制基金公司成立，这些有限合伙制基金公司的融资总额甚至达到了3.76亿美元之多。

除此之外，美国在1978年通过相关法案之后，养老基金也作为有限合伙人涌入私募股权投资大军中。它的加入在壮大私募股权投资的同时，也对私募股权投资的组织转型起到了很好的促进作用。

053　蓬勃发展

在现代私募股权投资发展30多年之后，于20世纪80年代初期迎来了蓬勃发展。这一时期私募股权投资得到了政策支持，资本所得税持续下降，越来越多的资本开始投入私募股权投资领域，从1980年到1987年8年间私募股权投资通过有限合伙制募集的资金达到178亿美元之多，该数额是20世纪70年代私募股权投资融资总额的12倍。

但是1987年之后，由于投资经验不足、过度投资以及投资机构间的竞争加剧等原因，通过私募股权投资获得的回报不尽如人意，其获得的资本也在短期内出现一定程度的下降。

054　泡沫破灭

在经历了20世纪80年代短期的下坡路之后，私募股权投资在20世纪90年代迎来了黄金时代，其投资的多个领域都获得了高速增长，而投资者也借此普遍获得了较为可观的收益。私募股权投资之所以能够在此时迎来“第二春”，主要得益于三个方面的改善，具体如图2-2所示。

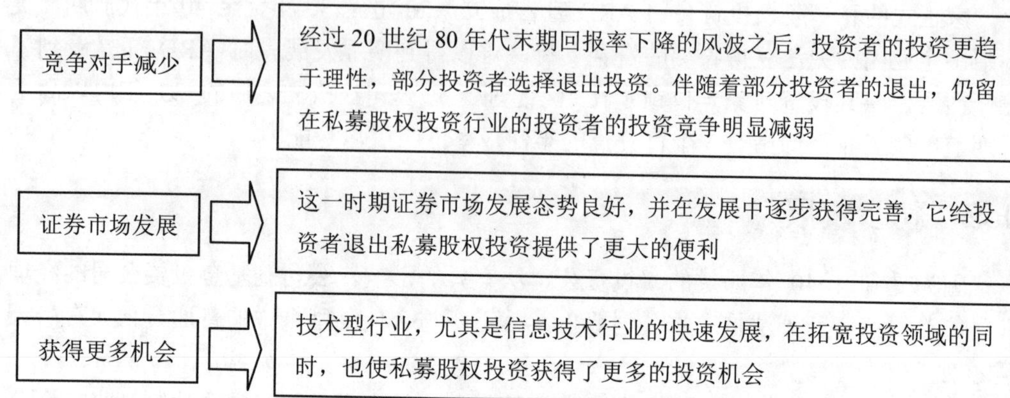

图 2-2　私募股权再次发展的原因

2000 年之后，随着私募股权投资泡沫的破灭，越来越多投资者在进行私募股权投资时，更加趋于理性，投资者私募股权投资的规模再次下降。值得一提的是，虽然私募股权投资泡沫破灭，但是私募股权在经过前期发展之后，无论是资金规模，还是私募股权投资机构的数量都获得了较好的增长。

055　新时期发展

随着 21 世纪以来不动产价格的走高以及私募股权高回报率的吸引，2004 年成为投资者的新宠。而私募股权投资也借由这股东风开始了新一轮的发展，成为除银行贷款和首次公开募股之外最重要的融资渠道之一。

经过 70 余年的发展，私募股权投资日益成为西方国家 GDP 的重要组成部分，其对部分国家 GDP 的贡献率甚至达到了 5%左右。而私募股权投资机构也在此过程中不断获得发展，并涌现出大量具备一定规模的公司，如 KKR、黑石、凯雷、高盛、美林和阿波罗等。

056　国内发展历程

现代私募股权投资开始于 1946 年，而我国于 1984 年才引入私募股权投资这一概念。虽然我国私募股权投资起步时间相对较晚，但是经过 30 多年的发展，我国私募股权投资也逐渐发展壮大。

与国外私募股权投资相同，我国私募股权投资也呈现阶段性变化。总的来说，我国私募股权投资大致经历了三个阶段，具体如图 2-3 所示。

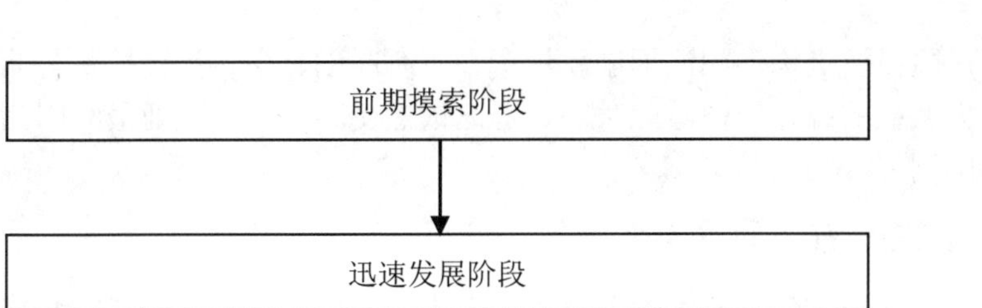

图 2-3　国内私募股权投资的发展历程

057　前期摸索阶段

我国私募股权投资的摸索始于 20 世纪 80 年代，而其最初进行尝试的领域则是风险投资领域。1985 年《关于科学技术改革的决定》对风险投资的部分问题进行了规定，该决定的出台为风险投资机构的设立提供了参考。

在决定出台后不久，中国第一个风险投资机构——中国新技术创业投资公司(以下简称中创公司)在一片呼声中筹建完成，这也意味着我国私募股权投资的发展开始步入正轨。

058　迅速发展阶段

经过几年的发展，20 世纪 90 年代我国私募股权投资初具规模，再加上国外私募股权投资基金的融入，我国私募股权投资市场一片火热，并迎来了投资的热潮。该时期的发展大致又可分为三个阶段，接下来就对这三个阶段进行具体说明。

1. 第一阶段(1992—1997 年)

该阶段多为海外投资基金对国有企业的投资。因为此时我国私募股权投资体制还不够完善，投资行为在很大程度上受到行政干预，再加上国内无法顺利进行投资的退出，所以 1997 年前后大量基金因为看不到投资出路，纷纷撤出投资。而这一阶段的投资至此也正式宣告失败。

2. 第二阶段(1998—2003 年)

1999 年、2000 年相继出台的《中共中央关于加强技术创新、发展高科技、实现产业化的决定》和《关于建立中国风险投资机制的若干意见》对我国私募股权投资制度以及风险投资原则提供了重要参考。

借助这股东风，我国私募股权迎来了第二次投资热潮，国内在政府的主导下出现了大量风险投资机构，如深圳创新投资、上海联创、中科招商等。与此同时，国内也开始了创业板的筹办。但是此时基金退出依然受限，许多企业最终因为无法将投资收回而面临倒闭。

3. 第三阶段(2004年至今)

前面两次投资热潮都因为无法顺利退出而走向失败，直到 2004 年这种情况终于有了变化。2004 年深圳中小企业板在一片呼声中进入公众视野，至此我国私募股权投资拥有了自己的退出方式——IPO 退出。伴随着退出方式的出现，我国私募股权投资迎来第三次投资热潮。

2004 年，新桥资本收购深圳发展银行 17.89%的股权，掀开了国外资本控股中国商业银行的序幕。随后越来越多的私募股权投资到国内市场中，国内私募市场呈现一片火热。而国内私募股权投资也在此时获得了较好的发展，无论是规模，还是数量，都出现了明显增长。

059 海归创业阶段

海归创业并不需要太多启动资金，只要项目足够好，自然能获得私募股权投资融入的资金，创业风险相对较小。再加上国内企业在纳斯达克上市的限制较之前已有明显减少。21 世纪以来越来越多留学海外的学子选择回国创业，国内涌现出了大批创业企业，如百度、搜狐、新浪等。

海归除了给国内私募股权投资带来创业人员之外，更带来了大量的风险投资。而风险投资的涌入在给海归创业的融资提供更多可能的同时，也对海归创业的发展起到促进作用。

060 国内 PE 的主要特征

虽然国内私募股权投资的出现晚于国外数十年，但是发展势头比较强劲。我国私募股权投资在发展中呈现出其独特的特征，总的来说，我国私募股权投资有四个特征，具体如图 2-4 所示。

接下来对我国私募股权投资的这四个特征进行逐一说明。

1. 国内投资机构快速成长

因为我国私募股权起步相对较晚，所以目前本国投资机构在数量、资金管理规模等方面与外资私募股权机构之间还存在着较大的差距。但不可否认的是，我国私募股权投资的募资金额和投资金额正保持着较快的增长速度，我国私募股权投资机构管理的资本明显增加。如果我国私募股权投资机构能够保持这种良好态势，其后势还是比较可期的。

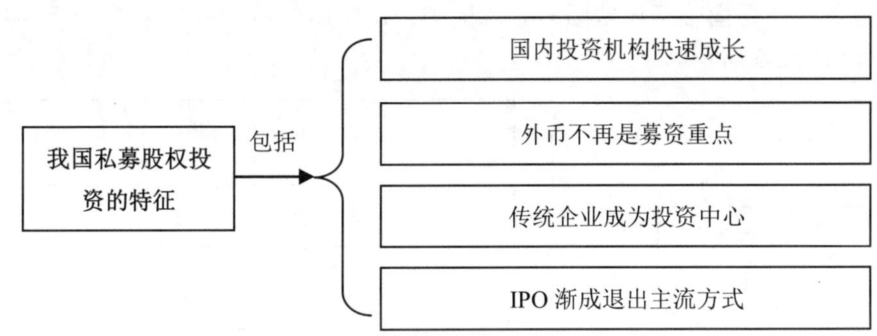

图 2-4　我国私募股权投资的特征

2. 外币不再是募资重点

2008 年之前，外币始终占据国内私募股权投资募集资金的主流。2008 年以后，随着股权投资政策的放宽，资金募集对象也发生了变化。在这个过程中，人民币基金逐渐成为国内私募股权投资募资的新宠，在其快速发展中冲击了外币的统治地位，甚至出现了超过外币的情况。

3. 传统企业成为投资中心

虽然我国私募股权投资对传统行业的投资起步相对较晚，但是传统行业，尤其是成熟的传统行业，大多已经具备一定的规模。所以，为了减少投资风险，增加投资的胜算，越来越多的私募投资机构选择将传统行业作为投资对象，而传统行业则由此逐渐成为国内私募股权投资的投资中心。

4. IPO 渐成退出主流方式

国内私募股权投资常见的退出方式包括 IPO、合资并购、企业内部回购、同行出售等，其中 IPO 占到退出总比例的 40%，该方式俨然成为退出的主流方式。该局面的出现，在很大程度上得益于私募股权投资对象的变化。

随着私募股权投资在传统行业投资的增加，越来越多获得私募股权投资的传统行业在发展中逐渐壮大，并迈入上市的大门。而私募股权投资通过投资获得目标收益之后，为了保障收益，必然会选择合适时机退出投资，此时最适合的退出方式无疑就是 IPO 退出。

061　国内 PE 的发展障碍

近年来我国经济增速惊人，越来越多的国内外私募股权投资机构选择将投资目光放在中国市场，而本土私募股权近水楼台先得月，利用地缘优势，在这种良好的经济态势中获得了飞速发展。尽管国内私募股权投资总体上呈现出快速发展趋势，但是在其发展过程中还是面临了一些阻碍。总的来说，阻碍国内 PE 发展的因素主要有四个，具体如图 2-5 所示。

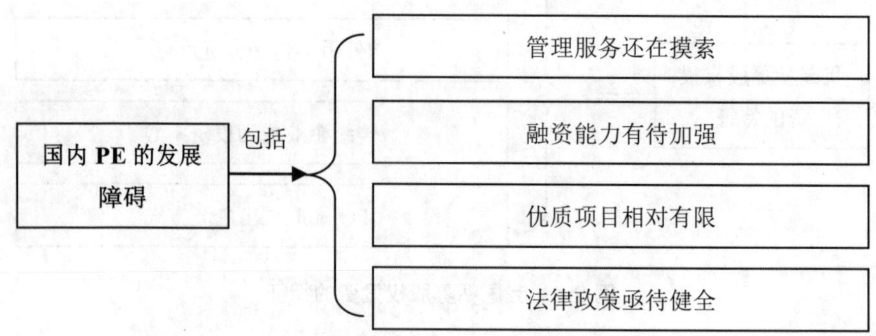

图 2-5　国内 PE 的发展障碍

下面，对国内 PE 发展的四大障碍进行简要的说明。

1．管理服务还在摸索

由于本土私募股权投资起步比较晚，其在管理服务方面尚处于摸索阶段。比如，虽然有限合伙制是私募股权投资的最佳组织形式，但是国内仍有部分地区对该组织形式缺乏必要的支持力度。

2．融资能力有待加强

与外资私募股权投资融资动辄上亿元的规模相比，本土私募股权投资在融资能力上还有待进一步加强。当然，我国私募股权投资融资能力有限与投资环境的限制是分不开的。比如，从融资对象看，国有资本受到政策限制，能够进入私募股权投资的资本相对有限，这在很大程度上减少了本土私募股权投资的可融资本。

3．优质项目相对有限

虽然可供私募股权投资进行投资的中小型企业数量比较多，但是私募股权投资在投资时往往会选择拥有核心技术、成长性好的企业或项目。这使得大多数私募股权投资加入少数优质项目的竞争，而为了获得优质项目，部分私募股权投资机构不得不增加投资成本，如此一来，私募股权投资通过投资获取的收益自然而然就下降了。

4．法律政策亟待健全

受国内私募股权投资起步较晚的影响，我国与私募股权投资的相关法律政策还不够完善，除此之外，临时政策的频繁出台也造成了政策之间的矛盾。而我国相关法律政策的不完善，也给本土私募股权投资的实际操作造成了阻碍。

062　国内 PE 的环境改善

政府对国内私募股权投资的发展至关重要，通过政府的积极引导，可以在一定程度上改善国内私募股权投资的投资环境。总的来说，政府可以通过四个途径改善国内私募股权投资的投资环境，如图 2-6 所示。

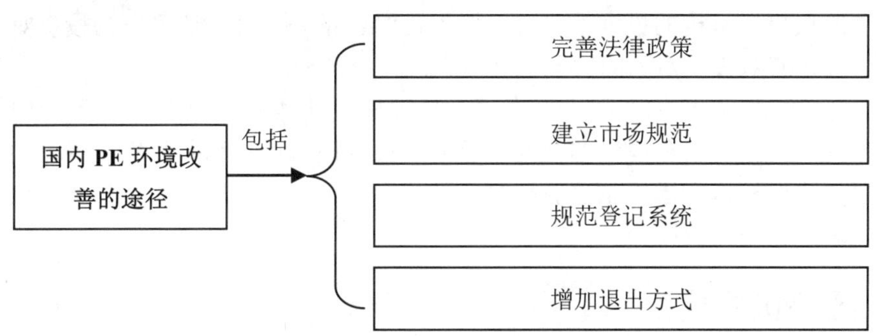

图 2-6　国内 PE 环境改善的途径

1．完善法律政策

相关法律政策既是进行私募股权投资的保障，也是促进私募股权投资快速健康发展的催化剂。虽然随着我国私募股权投资的发展，我国制定了一些相关的法律政策，国内私募股权投资也有了初步的法律依据，但是目前法律政策仍不够完善。因此，政府应积极促进法律政策的完善，为私募股权投资提供更全面的保障。

2．建立市场规范

由于私募股权投资法律政策还有待完善，再加上不同地区的具体情况不同，目前，监管部门对市场的监管难以达成统一，这无疑将限制国内私募股权投资的发展。在这种情况下，政府应通过对监管部门的协调，建立统一的市场规范，对私募股权投资进行有序而统一的管理。

3．规范登记系统

目前，我国股权投资机构数量较为有限，这在一定程度上对股权登记和托管业务的办理带来了限制。虽然我国政府进行了成立股权托管中心的尝试，但其在实际操作中仍存在一些问题。对此，政府可在股份制企业成立时介入，进而规范登记系统，为企业上市做好准备。

4．增加退出方式

目前，IPO 是国内私募股权投资退出投资的最主要途径和最佳选择，该退出方式在国内已趋于成熟。除此之外，还出现了其他退出方式，如合资并购、企业内部回购、同行出售等。虽然可供选择的退出方式越来越多，但还是存在不适用的情况，因此，根据实际需要，适当地增加退出方式还是很有必要的。

2.2 行业代表：国内外知名 PE 分析

私募股权投资机构的投资不仅可以给投资对象带来资金，还可以为投资对象带来专业化管理，其对投资对象的发展意义重大。

但是不同的投资机构之间也存在着一些差距，优秀的私募股权投资机构实力强劲，它们能够给投资对象提供的帮助也更多。按照地域可将私募股权投资机构分为国外私募股权投资机构和国内私募股权投资机构。本节将分别对这两种私募股权投资机构中的代表进行一一解读。

063 国外机构代表

国外私募股权投资机构是指由外国人在国外创办的私募股权投资机构。目前，较为活跃的国外私募股权投资机构有 8 个，具体如图 2-7 所示。

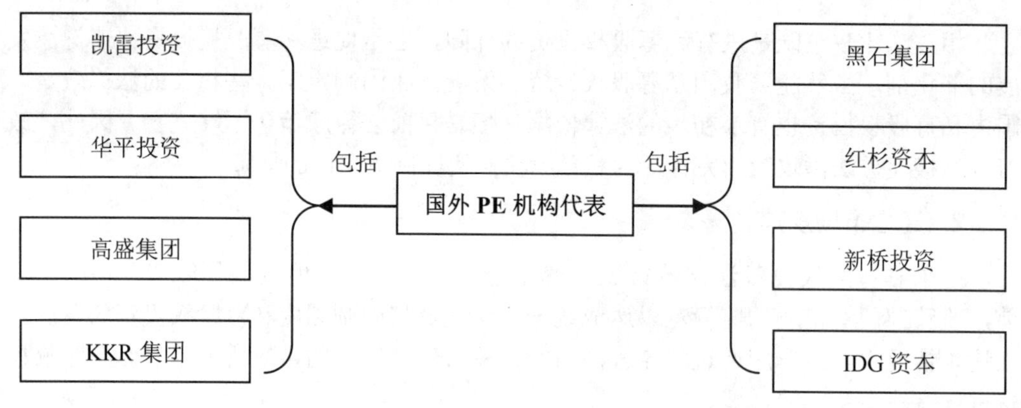

图 2-7 国外 PE 机构代表

064 认识凯雷投资

凯雷投资集团(The Carlyle Group，有人称为卡莱尔集团)，简称凯雷，于 1987 年在美国华盛顿成立。

凯雷的投资集中在风险投资、企业融资以及杠杆融资等方面，最主要的投资领域是私募股权、房地产和信贷。作为全球最大的私募股权投资机构之一，其在 2012 年的管理规模便达到了 1560 亿美元。

相比于其他风险投资机构，凯雷带有明显的政治色彩，其在运作上善于利用知名政治人物的明星效应，在对凯雷进行投资的投资者中，不仅有美国前总统乔治·布什、菲律宾前总统拉莫斯、英国前首相约翰·梅杰，还有本·拉登家族，凯雷因此被称为“总统俱乐部”。

虽然相比于华平、高盛和 KKR 等投资机构，凯雷起步相对较晚，但其借由独特的政治背景仍走在行业领先位置。自成立以来，凯雷共投资 1000 多个项目，总投资金额超过 600 亿美元，并创造了超过 800 亿美元的营业额。截至 2016 年年底，其在我国进行了 50 多个项目、20 多亿美元的投资。

065 了解黑石集团

黑石集团(Blackstone Group)也称为“百仕通集团”，于 1985 年在美国纽约成立。作为全球最大的独立另类资产管理机构之一，黑石集团的投资主要集中在私募股权投资股权、不动产、信贷等领域。

经过 20 余年的发展，黑石集团于 2006 年创造了超 22 亿美元的利润，人均利润达 295 万美元，是高盛的八倍。借由良好的发展态势，黑石集团成为全球最大的私募股权投资机构之一，并于 2007 年成功上市，成为全球第一个上市的私募股权投资公司。

目前，黑石管理资产规模超过 1000 亿美元，并在伦敦、巴黎、洛杉矶、中国香港、东京等多地均设有办事处，发展态势良好。

066 浅谈华平投资

华平投资(Warburg Pincus)于 1966 年在美国纽约成立。作为全球领先的私募股权投资机构，华平投资涉及美洲、欧洲、亚洲，其在伦敦、孟买、中国香港、北京、阿姆斯特丹等地均设有办事处。

目前，华平投资的资金管理规模超过 400 亿美元，并对 700 多家企业进行了超过 500 亿美元的投资，其投资对象多为成长型企业，投资领域涉及信息通信、房地产、媒体和杠杆收购等领域，而在投资期限上，华平投资的投资时间偏长，平均投资期限在 5 年以上。

华平投资于 1994 年在中国香港设立办事处，成为最早进入中国的私募股权投资机构，它因此被称为“第一个吃中国螃蟹者”。

067 概说红杉资本

红杉资本(Sequoia Capital)成立于 1972 年，总部设在美国硅谷。作为全球最大的风险投资机构，红杉资本曾对 500 多家企业进行投资，如苹果、谷歌、雅虎等。其投资领域涉及科技、消费、医疗、新能源等，投资对象多为具有高成长性的企业。

红杉资本中国管理团队的资金管理规模包括 20 亿美元和 40 亿元人民币，其对中国市场的投资较为广泛，投资的企业包括阿里巴巴集团、京东商城、新浪网、唯品会、聚美优品、匹克运动等。它正在为越来越多的中国团队实现企业创业和上市梦想，其对中国企业的发展也起到了越来越大的作用。

红杉资本的投资曾造就著名企业围绕红杉资本进行投资的“红杉现象”，它投资对象的市值甚至达到了纳斯达克市场总值的 10%，其在整个私募股权投资机构的地位可见一斑。

068　认识高盛集团

高盛集团(Goldman Sachs)于 1869 年在美国纽约成立，它是一家全球领先的私募股权投资机构，也是全球历史最悠久的投资银行之一，因此被称为“百年老店”。高盛集团专注于投资、咨询以及金融服务的提供，其客户涉及多个行业，既有机构客户，如私营公司、金融企业、政府机构等，也有个人客户。

经过近一个半世纪的发展，高盛集团的投资早已遍布世界各地。目前，它在 20 多个国家设立了超过 40 个办事处。高盛的市场运作能力丰富，其投资运作具有全球眼光。也正是因为这个原因，高盛曾多次在金融危机中屹立不倒，获得“赚钱机器”“创造历史”等美誉。

069　了解新桥投资

新桥投资(Newbridge Capita)于 1994 年由太平洋集团和布兰投资公司共同创立。作为全球领先的私募股权投资机构和亚洲最大的私募股权投资机构之一，新桥投资专注于投资眼光及增值业务的提供，其投资领域涉及私募股权、风险投资以及债务投资等。

新桥投资的资金管理规模约为 17 亿美元，它致力于在亚洲地区投资，并在中国香港、东京、首尔、孟买等地均设有办事处。新桥投资注重于对具有较好市场前景的优势企业进行投资。比如，其曾用 5 亿美元收购韩国第一银行。

070　浅谈 KKR 集团

KKR 集团(Kohlberg Kravis Roberts)，也有人将之直接译为“科尔伯格-克拉维斯”，于 1976 年在美国纽约成立。作为领先的私募股权投资机构，KKR 集团有“杠杆收购天王”的美誉。

KKR 集团的投资对象遍布全球，它在伦敦、巴黎、东京、北京等地均设有办事处。KKR 集团注重运用投资经验和专业化管理为企业的长远发展提供策略支持，目前其资金管理规模超过 900 亿美元，它的主要融资对象包括金融机构、保险公司、社会养老基金等。

071 概说 IDG 资本

IDG 资本(IDG Capital Partners，IDG)于 1993 年成立。同年，IDG 与上海科委合资成立了第一家合资风险公司——美国太平洋技术风险投资基金—中国。IDG 对中国的风险投资始于 1992 年，是最早进入中国的私募股权投资机构之一。

IDG 资金管理规模约为 38 亿美元，目前在香港、北京、深圳、上海等地都设有分支。IDG 注重与中国创业者一起创立领先的技术型企业，它与中国创业者保持着亲密的合作关系，并为投资对象提供资金、经验等支持。

作为致力于中国市场的国际投资机构，IDG 资本对中国企业进行了非常广泛的投资。截至 2016 年，IDG 资本已经投资的中国企业超过 300 家，包括百度、腾讯、搜狐、如家、携程、91 手机助手和波司登等。IDG 资本除对企业进行资本投入之外，还为被投资企业提供了大量的增值服务，正因为如此，其投资的企业中已有 70 多家获投企业通过努力成功完成上市或并购。

作为国内投资行业与合伙人合作时间最长的投资机构，其在多个领域拥有专业化的管理及运作水准。再加上 IDG 资本曾在 2005 年至 2009 年这五年间创造了“五年翻十倍”的业绩。其在私募股权投资行业内广获美誉，甚至成为不少创业者和投资者最理想的合作对象。

072 国内机构代表

虽然我国私募股权投资起步相对较晚，但发展至今也经历了 30 余个春秋。随着我国私募股权投资的发展，国内涌现出了一批具有一定实力的私募股权投资机构。

目前，国内多依据资金管理量、资金募集量和资金投资规模等指标，对私募股权投资机构进行排名。参照上述指标，国内较为活跃的私募股权投资机构主要有 8 个，具体如图 2-8 所示。

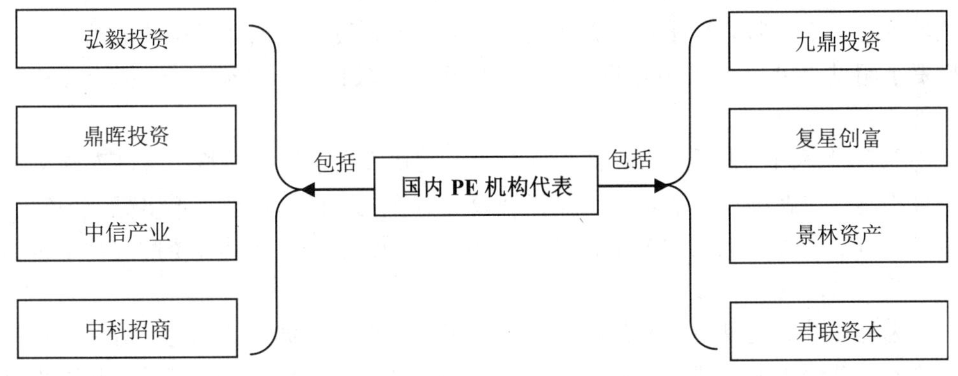

图 2-8 国内 PE 机构代表

073 认识弘毅投资

弘毅投资成立于 2003 年，它是北京弘毅远方投资顾问有限公司(Beijing Hony Future Investment Advisor Ltd)的简称。作为联想控股成员企业，其主要业务为股权投资和管理，而其投资对象则主要是成长型企业，其中既包括高成长性的民营企业，也包括可并购和改制的国有企业。

虽然我国私募股权投资起步比较晚，但是弘毅投资却是国内起步较早的私募股权投资机构。正是因为起步较早，弘毅投资在基金的管理运作上具有丰富的经验，再加上其在设立上参照国际私募股权投资机构，在业务上立足于国内市场，所以，其在国内私募股权投资机构中具有较强的竞争力。

目前，弘毅投资管理着五只基金，资金规模达 200 多亿元人民币，投资的企业超过 70 家。弘毅投资具有雄厚的资金实力，其投资额动辄达到上亿元。如 2011 年，其曾对新华保险投资 73.5 亿元人民币，一时之间轰动整个市场。

而弘毅投资除对被投资对象提供资金投入之外，还为其提供大量增值服务，许多被投资企业因此做大做强，有的甚至成功上市。正因为如此，弘毅投资被市场广泛认可，并俨然成为国内私募股权投资行业的“领头羊”。

074 了解九鼎投资

九鼎投资是昆吾九鼎投资管理有限公司的简称，其总部设在北京，并在全国 50 余个地区设有分支机构。九鼎投资的主要投资领域包括消费品、新材料、新能源、环保和农业等 10 余个领域，在这些领域的部分领域中，甚至设立了专门的基金。目前，九鼎投资不仅管理着多只人民币基金，更管理着一只美元基金。

九鼎投资主要针对成长期及成熟期企业或项目进行投资，该投资机构通过对其投资领域进行长期的研究和跟踪，并在此基础上进行投资，以增加投资的成功率。其共计投资了超过 260 个企业或项目，而在这些企业或项目中，已经有 70 余个完成上市或正处于上市在审中。

与弘毅投资的“大手笔”相比，九鼎投资的单个投资在资金规模上，看起来有些“小打小闹”，在其投资的项目中投资规模上亿元人民币的项目并不多见，但它投资的数量相对较多(如单在 2012 年就投资了 10 余个项目)，而且其投资的成功率也相对较高。

正因为如此，九鼎投资在最近几年获得了很多荣誉。如在第三方研究机构——清科集团的综合评比中，其在 2011 年、2012 年和 2015 年均获得“中国最佳私募股权投资机构”的美誉。

与其他投资机构不同的是，九鼎投资非常重视投后管理工作。它不仅为被投资企业提供了大量的增值服务，更为被投资企业的管理层培训成立了专门的平台——“九鼎商学院”。这也是其投资成功率相对较高的主要有力武器和投资者及创业者广泛看好它的原因之一。

075 浅谈鼎晖投资

鼎晖投资成立于 2002 年，是鼎晖投资基金管理公司的简称，其前身是中国国际金融有限公司的直接投资部。鼎晖投资最初的业务是私募股权投资，经过 10 余年的发展，现在它的业务除了私募股权投资之外，还包括创业投资、证券投资、夹层投资和地产投资等板块。

成立 10 多年来，鼎晖投资已经发展成拥有超过 100 名专业投资管理人员的大公司，并在北京、上海、深圳、香港、胡志明和新加坡等地均设有分部。而从其投资对象看，鼎晖投资已累计投资了超过 150 家企业，甚至其中已有 30 余家成功完成了上市。

作为中国最大的另类资产管理机构之一，鼎晖投资一直以来都注重对中国市场进行投资。这一点从其在中国广设分部便可以看出。除此之外，鼎晖投资还对包括蒙牛乳业、李宁体育用品、分众传媒、双汇食品和九阳小家电等数十个中国知名品牌进行了投资。

076 概说复星创富

复星创富成立于 1992 年，它是上海复星创富投资管理有限公司的简称。复星创富的前身为“广新科技有限公司”，作为复星集团旗下专职股权投资及管理的公司，复兴创富成立之初，只是一家资本为 3.8 万元的小规模咨询公司，其最主要的业务为市场调查及科技咨询。经过 20 多年的发展，它俨然已经成为全球领先的私募股权投资机构。

复星创富以“持续发现和把握投资机会、持续优化管理提升企业价值、持续建设多渠道融资体系对接优质资本”的投资理念，广泛投资于连锁、消费品、金融保险和信息科技等领域。目前，复星创富旗下的五只基金，已对 20 多家企业完成投资，资金管理总规模达 60 亿元人民币。

值得一提的是，复星创富于 2007 年在上海成功上市。作为一家对社会怀有感恩之心的良心企业，复星创富在获得收益的同时，时刻不忘回报社会。其成立的 20 多年间已累计向社会捐献了超过 60 亿元人民币，称其为“中国私募股权投资行业内的首善”也不为过。

077 认识中信产业

中信产业成立于 2008 年，它是中信产业投资基金管理有限公司的简称，作为中信证券股份有限公司及中信集团公司旗下专职投资公司，其有志成为全球领先的私募股权投资机构。

中信产业注重通过对被投资对象的研究分析及增值服务的提供，在提升被投资企业价值的同时，获得投资带来的收益，其主要业务范围为发起和设立股权(或产业)投资基金。

与一般的私募股权投资机构直接对企业进行投资不同，中信产业以 FOF 模式进行产业投资。中信产业不仅有优秀的管理团队做支撑，更有雄厚的资本及庞大的人际关系网做后盾，这也是它获得迅速发展的重要原因。

和复星创富不同，中信产业注册成本便达到了 1 亿元人民币，而其在成立之后便实现快速发展，不到短短 3 年时间，其总资产便超过了 40 亿元人民币。而其目前管理的四只基金的资金总规模甚至达到了 300 多亿元人民币，由此便不难看出其资金雄厚和实力的强劲。

078 了解景林资产

景林资产是景林资产管理有限公司的简称，该公司于 2004 年在开曼群岛设立，现将总部设在中国上海。景林资产先后在中国香港和美国的证券监管机构注册，并以中国证券投资基金业协会资产管理类的第一批特别会员的身份，获得了该协会的首批私募基金管理人资格。

景林资产的投资对象主要为已上市及拟上市的资产管理公司，该公司管理的信托计划包括金色中国基金系列、深国投景林稳健以及深国投景林丰收等，且一直以来都保持着较好的业绩。

正因为如此，该公司获得了诸多高净值个人用户和机构客户的信任，其中不仅包括中国工商银行、中国银行和招商银行等国内多家银行，还包括海外主权财富基金、保险公司、大型银行以及跨国公司等机构。

079 浅谈中科招商

中科招商是中科招商投资管理集团有限公司的简称，原名为中科招商创业投资管理有限公司。该公司于 2000 年在深圳成立，注册资本为 11.3 亿元人民币，现将总部设在北京。

作为国内首批获批成立的大型人民币创业投资基金专业管理机构，中科招商开了

被业内称为“中科招商模式”(即将投资决策、风险控制、增值服务、财务管理以及资源配置进行统一管理的一种模式)的股权投资基金管理先河，此模式甚至成为国内股权投资基金的主要模式之一。

作为国内规模最大的人民币股权投资基金专业管理机构，中科招商已经拥有超过 400 个员工，并管理了超过 500 亿元资金的大公司。而从投资情况看，中科招商已累计对 300 余家企业进行了投资。在这 300 余家被投资企业中，仅 2010 年和 2011 年两年就有 23 家成功完成上市。

经过 10 多年的发展，现在的中科招商不仅已经成为中国投资市场、融资市场以及产业市场的领先机构，而且在全国 20 多个地区建立了分部。正是因为在投资领域做出了骄人的成绩，中科招商曾获得 CVAwards“2011 年度中国最佳私募股权投资机构”、《上海证券报》“金融资·卓越投资机构”等诸多荣誉。

080　概说君联资本

君联资本，是君联资本管理有限公司的简称，其管理的 6 期美元基金和 3 期人民币基金，资金管理总规模超过 200 亿元人民币。该公司成立于 2001 年，总部设在北京。因为它是联想控股旗下的风投公司，所以其原名为“联想投资”，直到 2012 年才更名为君联资本。

君联资本注重信誉、战略以及人才培养，以“成为一家最有价值、最受尊敬并具有国际影响力的投资公司”为目标，通过为被投资对象提供资金和管理，促进被投资企业在创新和成长中实现增值。

成立 10 余年来，君联资本不仅组建起了一支超过 50 名专业投资人员的投资队伍，还对 200 多家企业进行了投资。在其投资的这些企业中，有 30 余家企业成功完成上市，另外还有 20 多家企业成功实现并购。

2.3　发展方向：根据趋势把握机遇

很多事物都可以通过当前的发展情况，窥探出其未来的发展方向，私募股权投资也是如此。本节内容希望通过对私募股权投资发展趋势的探讨，给投资者提供一些借鉴。

081　PE 主要发展趋势

经过几十年的发展，私募股权投资无疑获得了极大的发展，这一点从不断涌现的私募股权投资机构不难看出。与此同时，私募股权投资的发展也呈现出明显的趋势。以我国私募股权投资为例，其发展的趋势主要有四个，具体如图 2-9 所示。

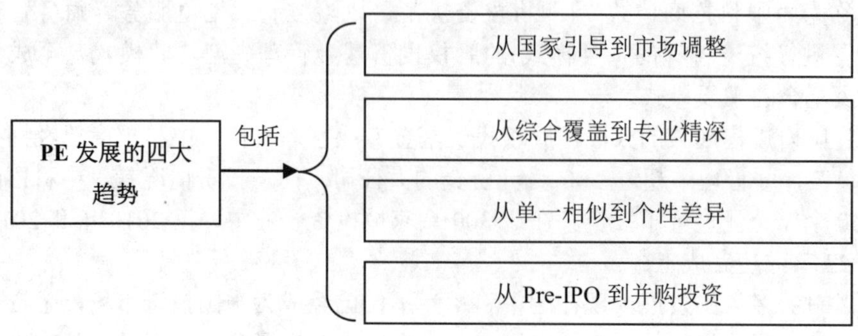

图 2-9　PE 发展的四大趋势

082　从国家引导到市场调整

从 20 世纪 80 年代第一批创投机构的成立，到 21 世纪初政府引导基金的出现和发展，在我国私募股权投资出现之初，政府对其发展起到了明显的引导作用。而近年来，随着投资市场的日益活跃，市场对各种资源开始发挥越来越大的配置作用，而私募股权投资也因此由国家引导逐渐向由市场调整方向转变。

083　从综合覆盖到专业精深

过去私募股权投资多为综合性的基金，这些基金的特点就是对多行业进行投资的覆盖，一旦出现看好的项目便急于进行投资。虽然在这种方式下，私募股权投资机构通常可以获得较多的投资机会。但是与此同时，经常会因为对投资对象了解不深，而无法获得较高的成功率，所以，最终的投资效果也很难达到预期。

正因为如此，部分私募股权投资基金开始放弃以往广撒网式的投资方式，转而采取专业精深的投资方式。虽然在这种投资方式之下，私募股权投资机构投资次数相对较少，但是因为在投资之前已对相关行业以及被投资对象有了较为全面和透彻的认识，所以成功率相对较高，因而在这种相对稳健的投资方式之下，私募股权投资基金通常可以创造出较好的业绩。

所以，在看到“疗效”之后，越来越多的私募股权投资机构开始转变投资方式，而私募股权投资方式也开始由综合覆盖逐渐向专业精深转变。

084　从单一相似到个性差异

目前，国内大部分私募股权投资机构在许多方面均具有相似性，一方面直接导致了私募股权在激烈竞争部分投资项目的同时，错过了一些优质项目；另一方面，因为我国私募股权投资起步相对较晚，所以与境外私募股权投资机构相比，国内私募股权

投资机构实力较弱，经常在项目争夺中败下阵来。

正因为如此，国内部分私募股权投资机构日益重视对企业品牌的打造，甚至在投资对象的选择上展示出一定的差异性。如弘毅投资就多选择以并购的方式，完成对国企的投资，并获得了较好的发展。

085 从 Pre-IPO 到并购投资

从数量上看，目前私募股权投资多以 Pre-IPO 资本的方式对拟上市的企业进行投资，从而在企业上市后快速退出获得短期回报。但是由于这部分企业在被投资时已达到一定规模，其股权价格相对较高，所以，即便企业成功完成上市，私募股权投资可以获得的投资收益也很有限。

除了 Pre-IPO 投资之外，现在行业内另一种常用的投资方式为并购。与 Pre-IPO 投资不同，并购投资不仅可以获得被投资企业的股份，还能在股权比重达到一定程度的情况下，实现对被投资企业的控制。正是因为并购投资带有明显的权益性，所以，最近几年并购基金日益受到私募股权投资机构的青睐。

第 3 章
募资融资：资金支持运作保障

学前提示

无论是私募股权投资机构，还是被投企业，资金支持都是它们运作中最直接的保障。

常言道："巧妇难为无米之炊。"为了保证有足够的运作资金，在资金不足的情况下，私募股权投资机构和企业需要分别通过募资、融资来筹集资金。

要点展示

- 参与主体：四大主体通力合作
- 募资变化：三大变化看清募资
- 募资对象：四大渠道有效募资
- 募资流程：有序进行四步完成
- 融资准备：八大准备赢在前期
- 融资流程：明确方向少走岔路
- 融资意义：雪中送炭获得新生
- 融资技巧：掌握方法融资有道
- 注意事项：四大要点助力募资
- 其他须知：全面掌握有备无患

3.1 参与主体：四大主体通力合作

私募股权投资并不是单个主体能够独立完成的，它的运作极其复杂，需要各大参与主体通力合作。总的来说，私募股权投资的参与主体主要包括四方，具体如图 3-1 所示。

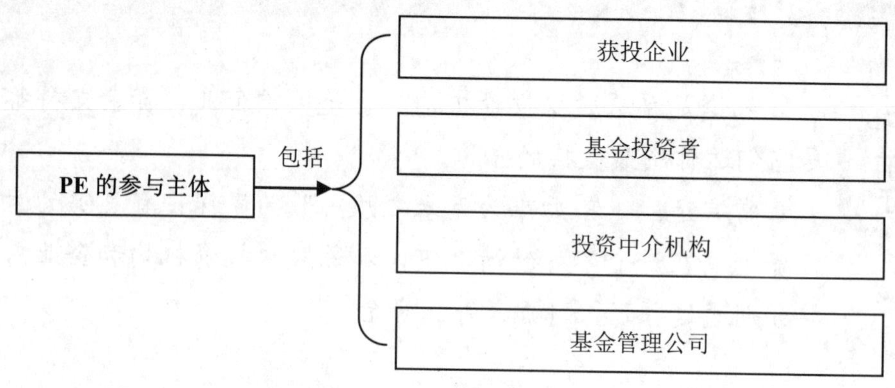

图 3-1　PE 的参与主体

086　认识获投企业

获投企业，顾名思义，就是被私募股权投资机构投资的企业。这些企业在运作中面临资金困境，亟待新资金的注入以走出当今困局。但是企业所处的时期不同，其所需的投入资金以及资金用途会呈现出一定的差异。

具体来说，初创时期的企业，需要一笔资金用来启动项目，具体资金数额根据项目而定；发展时期的企业，需要资金增强企业实力，进而在企业竞争中占据有利地位；成熟时期的企业，需要通过资本注入快速成长，以期在短期内完成上市；而完成上市的企业，则需要通过再融资进一步增强自身实力。

087　了解基金投资者

私募股权投资具有较高的准入门槛，只有满足了一定的条件，才能成为私募股权投资的投资者。也正因为如此，目前私募股权投资的主力军仍是机构投资者，除此之外，只有一小部分富人以个体投资者的身份进行私募股权投资。

比如，美国私募股权投资的最主要投资者是作为机构投资者的公共养老金和企业养老金，两者的投入总和占到了私募股权投资总投入的约三分之一。需要说明的是，机构投资采取的是根据私募股权投资的投资对象的具体运作，分阶段进行投资，而非一次性注资。

088 浅谈投资中介机构

中介机构对私募股权投资的运作正发挥着日益重要的作用，它在助力私募股权投资募集资金、提供投资对象、评估投资者表现等方面的作用具有不可替代性，它的存在能够帮助各方及时获取相关信息，从而减少信息获取的时间成本。

伴随着私募股权投资在我国不断发展，为各方提供便利的中介机构也在发展中不断壮大，中介机构的类型也渐趋多样化。目前，中介机构提供的服务已经涉及市场营销、融资代理、投资顾问、人员招募、股票经纪等方面，它正为私募股权投资提供着越来越全面的服务。

089 概说基金管理公司

私募股权投资的资金载体是基金，而管理这些基金的是基金管理公司。基金管理公司最重要的构成部分是基金经理人和基金管理人。作为基金管理公司的中流砥柱，基金经理人和基金管理人大多是投资经验丰富，且在某些行业或对特定企业发展阶段有专业水准的业内精英。

基金经理人和基金管理人主要负责将私募股权投资基金进行投资，并通过投资操作将持股变现，使私募股权投资获得收益。他们的投资眼光和投资能力对私募股权投资的运作至关重要。基金经理人和基金管理人的投资水平越高，私募股权投资就越可能获得成功。

3.2 募资变化：三大变化看清募资

随着有限合伙制私募股权投资的发展，越来越多的企业开始选择进入私募股权领域，而获得私募股权投资之后成长起来的企业，如腾讯、苏宁、小米等也以 LP 的身份进入私募股权投资市场，私募股权投资的资金募集方式也因此开始出现一些变化。尤其是在社保基金进入市场之后，对私募股权造成了深刻影响，私募股权投资资金募集方式的变化开始日益显现。

以我国为例，私募股权投资在资金募集方面的变化主要包括三方面，具体如图 3-2 所示。

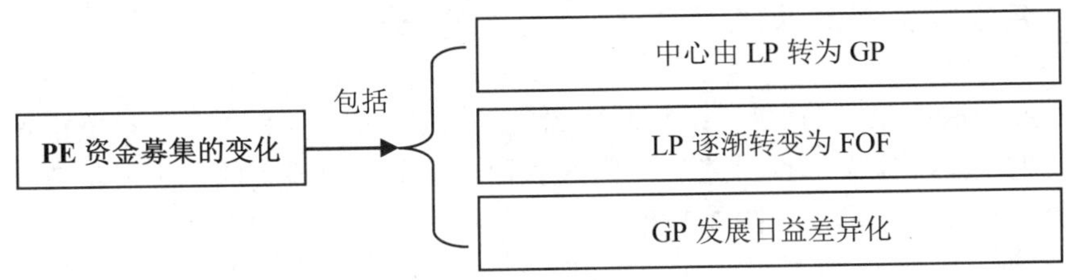

图 3-2 PE 资金募集的变化

090 中心由LP转为GP

在过去的有限合伙制私募股权投资中，因为缺乏明确规定，GP和LP在权利上存在一些模糊，资金掌握在LP手中，GP无法获得投资的管理权，二者常因为意见难达成统一而“分家”。

随着私募股权投资的发展，相关制度逐步得到完善，GP和LP的权利渐趋明确。与此同时，大量专业化的LP开始出现，它们注重通过专业机构募集资金，找到志趣相投的合作者。在这种情况下，优秀的GP越来越少，而私募股权的资金募集中心也开始由LP向GP，特别是优秀的GP转变。

091 LP逐渐转变为FOF

社保基金进入私募股权投资市场，并加大对该市场的投入力度，给私募股权投资的资金募集带来了巨大的变化，其中最为显著的一点是使LP逐渐转变为FOF。虽然本土PE FOF尚处在起步阶段，其在资金来源、投资人才、系统配套等方面还存在一些不足，但目前本土PE FOF正处于快速发展期，且外资PE FOF已经在国内获得了较好的发展。

可以预见，在不久的将来，无论是民间投资人，还是政府引导基金都将向FOF模式转变。

092 GP发展日益差异化

随着私募股权投资资金募集方式的日益多样化，GP获得快速发展，并在发展中逐渐显现出差异化。越来越多的GP开始根据自身专业知识对特定行业进行投资。因为对投资领域认识较为深入，GP往往能够获得更高的投资成功率。

正因为如此，这些GP的投资更显专业化。它们的投资对投资者的吸引力更大，也更容易寻找到长期的投资者。而这无形之中也提高了这些GP，甚至是整个私募股权投资资金募集的效率。

3.3 募资对象：四大渠道有效募资

随着私募股权投资的逐步发展，越来越多的投资者涌入私募股权投资市场，私募股权投资的资金募集渠道也日益多样化。从我国私募股权投资的资金募集情况看，资金募集渠道有四个，具体如图3-3所示。

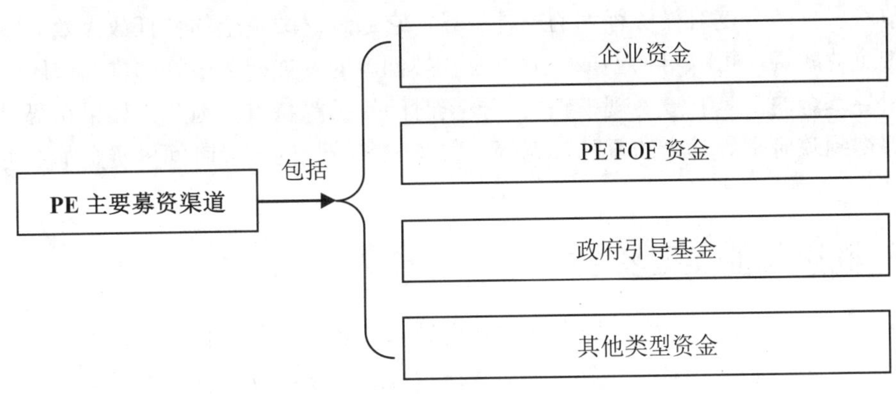

图 3-3　PE 主要募资渠道

093　认识企业资金

企业资金是我国私募股权投资的最主要募资对象，按照所有权的性质，企业资金主要可分为三大类型，即国有资金、非国有资金以及外资资金。

在以上三类资金中，外资资金因为受到国家相关政策的限制，能够进入私募股权投资市场的资金较为有限。而在投入私募股权投资市场的国有资金和非国有资金中，以大中型国企资金、上市公司资金和金融机构资金为主。

随着我国私募股权投资市场的发展，私募股权投资的募资也开始出现一些新的募资对象，如社保基金就曾对私募股权投资机构进行过投资。

094　了解 PE FOF 资金

PE FOF 是英语词汇 Private Equity Fund of Funds 的简称，中文译为“私募股权投资母基金”。它指的是通过直接投资私募股权投资，间接达成投资私募股权投资的公司的基金。

与其他私募股权投资募资方式不同，PE FOF 采取的是先获得资金，再对基金进行投资，在此过程中，资金依次在 LP、FO、PE 和企业之间流动。总的来说，PE FOF 的资金主要通过两种方式获得，一种是直接通过 LP 获取；另一种则是从 PE 基金中募集。

095　浅谈政府引导基金

政府引导基金也称为“创业引导基金”，它指的是政府牵头出资，以股权、债权等方式对企业进行投资。政府引导基金不以营利为目的，而是想通过主动投资，引导投资机构、社会资本以及地方政府等对目标企业的发展提供资金支持。

政府引导基金是对投资行为的一种引导，它通过财政资金的杠杆放大效应，有效地增加企业融资，可以对初创期企业以及科技创新的发展起到很好的推动作用。而且政府引导基金通常具有投资规模较大、投资时间较长等特点。因此，如果私募股权投资能够得到政府引导基金的青睐，就等于其在未来较长的一段时间内资金基本可以得到保障。

096 概说其他类型资金

除了企业资金、PE FOF 资金和政府引导基金之外，私募股权投资还有一种资金募集渠道，那就是其他类型资金。特别是在我国经济长期较快发展的背景下，居民的个人收入不断增长，部分富有的个人选择进入私募股权投资市场，无疑又使富有的个人或家庭日益成为私募股权投资的又一重要募资对象。

但是目前我国个人进行私募股权投资的时机尚不成熟，个体投资者为避免陷入“非法集资”的风波，通常不会将资金大量投入私募股权投资领域。所以，私募股权投资机构在选择资金募集对象时，可以适当考虑富有的个人或家庭，但不宜将其作为最主要的资金提供者。

3.4 募资流程：有序进行四步完成

从资金募集意向的出现到募资的完成，需要一个过程。在此过程中，私募股权投资机构需要经历四个步骤，具体如图 3-4 所示。

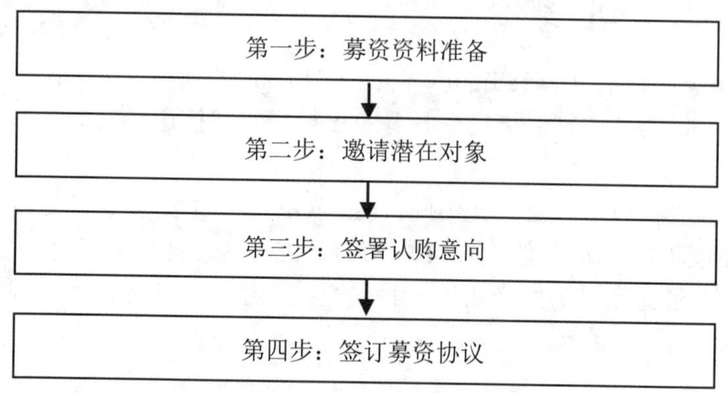

图 3-4 私募股权投资机构募资流程

097 募资资料准备

募资资料准备是募资前期必须完成的工作之一，而且这些资料是募资的关键，丝毫马虎不得。在此过程中，募资发起人需要对资金募集制订初步计划，并据此完成《资本招募说明书》的编写。

《资本招募说明书》是所有募资资料中最关键，也是最重要的资料。在后面还会对其内容进行详细说明。

098 邀请潜在对象

《资本招募说明书》完成后，募资发起人就可以借此在市场上进行募资推广，并给潜在的募资对象发出募资邀请。

值得一提的是，在此过程中，募资发起人需根据非公开原则和数量限制原则运作。如果在市场推广时，双方达成了初步意向，那么双方将对相关法律文件进行初步起草，并根据双方意向对《资本招募说明书》进行修改。

099 签署认购意向

在达成初步投资意向，并进行双方沟通之后，募资发起人将根据沟通结果对投资对象进行明确。在明确了投资对象之后，募资发起人还将组织有投资意向的投资对象签署《投资者认购意向书》，以此对投资的相关事项和双方的法律关系做出明确的规定。

100 签订募资协议

签署《投资者认购意向书》之后，双方将再次进行会谈。如果双方在会谈中达成了投资的共识，那么，将在此时进行正式协议的签订。在正式协议签订完成后，双方还会到工商管理局办理相关手续，至此，资金募集便最终完成了。

3.5 融资准备：八大准备赢在前期

资金是企业发展不可或缺的资源，如果企业能够获得私募股权投资的资金注入，那么企业的发展无疑就多了一份保障。但私募股权投资的投资权毕竟掌握在私募股权投资机构手中，因此，企业要获得私募股权资本，还需要进行一些前期准备。

101 八大准备

总的来说，企业对私募股权投资进行融资，需要做好八个方面的准备工作，具体如图 3-5 所示。

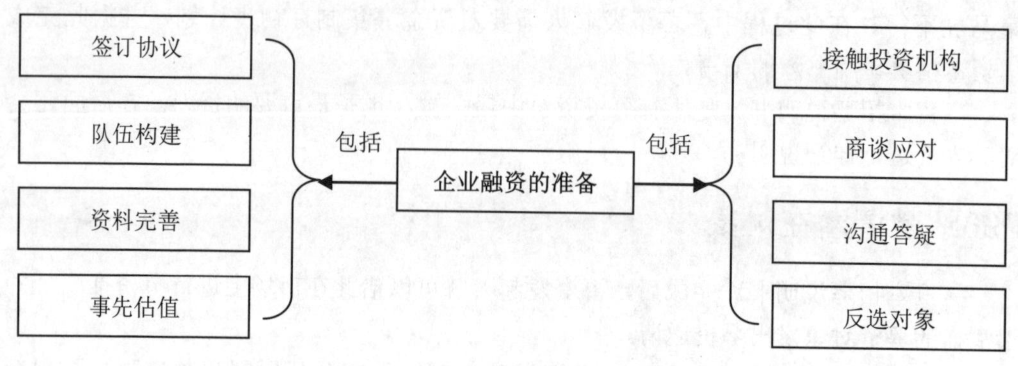

图 3-5　企业融资的准备

102　签订协议

企业如果有私募股权投资融资的意向，那么，在寻找融资对象之前，应先与一家投资银行(或融资顾问)签订服务协议。这份协议的内容应涉及投资银行(或融资顾问)在企业进行私募股权投资融资时需要提供的整体性服务。

该协议一经签订，企业就可以从银行(或融资顾问)处得到私募股权投资融资的专业化意见，进而为整个融资过程提供一定的保障。

103　队伍构建

正所谓“一人智短，众人智长”，企业的力量是有限的，甚至有的企业根本就没有融资经验。而专业队伍往往能够更全面地看待问题，因此，为了保障私募股权投资融资各项工作的顺利进行，在与投资银行签订服务协议之后，企业需要与投资银行组建专职团队，并共同准备相关的私募股权投资融资材料。

104　资料完善

企业要获得私募股权投资融资，有必要准备一些私募股权投资融资所需要的资料。具体来说，企业进行私募股权投资融资需要准备的资料主要包括以下内容。

(1)　一份包括企业简介、产品、业务、市场分析等内容的私募股权投资融资备忘录。该备忘录需以幻灯片的形式呈现，因此，内容所占的页数宜介于 20～30 页。页数太少，会显得企业没底蕴，而如果页数太多，则有可能会让私募股权投资机构产生企业信息处理能力太差的错觉。

(2)　一份企业历史财务数据列表。在该列表中，企业需要列出近三年来经审计的财务报告。企业财务情况是私募股权投资机构重点关注的内容，企业应该慎重对待，认真做好统计工作。

(3) 对未来的财务预测。企业需要对融资成功后，未来三年的收益进行预测。对未来财务的预测，是企业成长性的体现，因此，它也是私募股权投资机构最为关注的一项内容。

105 事先估值

在有私募股权投资融资意向，并准备好相关资料之后，企业需要为融资设立一个目标估值，对企业股份出让比例和融资数额进行明确。在此过程中，如果企业经验有限，可以寻求投资银行的帮助。

通常情况下，企业进行私募股权投资融资所出让的股份不宜超过 25%，因为如果出让的股份过多，企业管理层手中的话语权将被削弱，这样一来，企业管理层可能会丧失对企业的控制权。

106 接触投资机构

在确定出让的股份之后，企业需要与投资机构进行接触，就相关问题进行必要的沟通。

在此过程中，企业不必亲自与投资机构取得联系，因为投资银行会和相关私募股权投资机构的合伙人就相关问题进行电话会议沟通，并向它们介绍公司的情况，让私募股权投资机构对企业产生兴趣。

107 商谈应对

在与部分私募股权投资机构的合伙人取得联系之后，投资银行会把企业的融资材料同时发送给多家私募股权投资机构，并且与它们就该项目融资的相关事宜进行详细讨论。

这个阶段的主要目的就是使最优秀的私募股权投资机构能对企业产生兴趣，进而为企业提供更多的融资选择，并在有意向对企业进行注资的私募股权投资机构中，选择最佳的投资机构。

108 沟通答疑

私募股权投资机构在投资之前，必然会提出一些问题，企业需要对这些问题进行回答。当然，在此过程中，投资银行会与私募股权投资机构进行密切沟通，并代替企业回答私募股权投资机构的第一轮问题。

该过程的目的是进一步明确有哪些私募股权投资机构对企业有兴趣，有兴趣的私募股权投资机构中对企业的估值情况如何，以及它们的投资经验如何，能否助力企业成功完成上市。

109 反选对象

经过上述步骤之后，企业和投资银行对私募股权投资机构的投资兴趣已经有了大致的了解，此时企业要在有投资意向的私募股权投资机构中做出选择，选择最佳的合作对象。

在此过程中，投资银行会充分发挥能动性，帮助企业选择几家最适合作为合作对象的私募股权投资机构。这几个被选择的私募股权投资机构通常是对企业所在的行业有专业认知，对企业的发展可以起到促进作用，甚至可以帮助企业成功完成上市的投资机构。

3.6 融资流程：明确方向少走岔路

在经过前期的了解，明确了合作对象之后，企业要获得资金，还需经历 9 个步骤，具体如图 3-6 所示。

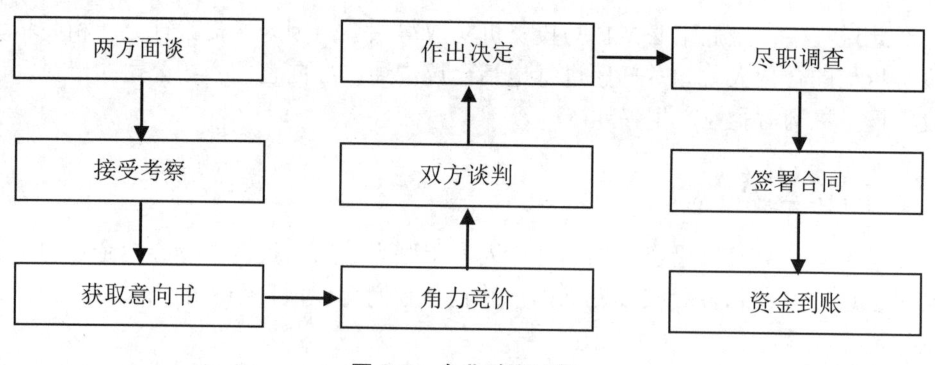

图 3-6 企业融资流程

110 两方会谈

在明确选择私募股权投资机构之后，投资银行会组织私募股权投资机构代表和企业家就融资的相关事宜进行两方会谈。

在此过程中，投资银行会选派核心人员参与会议，向企业家介绍私募股权投资机构的相关信息，代表企业家回答私募股权投资机构提出的部分问题，并对企业需要会谈的私募股权投资机构进行对比，以便于企业家做出选择。

111　接受考察

在企业家与私募股权投资机构代表会谈之后，企业需要接受私募股权投资机构的实地考察，调查内容包括企业的工厂、店铺以及办公地点等。

在此过程中，为了考察的顺利进行，企业家不宜直接参与，但是可以选派相关人员陪同考察团。而投资银行则会全程参与到私募股权投资机构的考察中，以确保考察团的疑问得到及时解答。

112　获取意向书

在私募股权投资机构完成对企业的考察之后，如果对企业仍有投资意向，则会向企业发出投资意向书。投资意向书实际上就是初步的投资合同，在该合同中，会列明企业估值、出让股份、股份类型及交易时间等信息，以给企业提供初步的投资参考。

113　角力竞价

如果企业发展潜力足够好，可能会接到多个私募股权投资机构发出的投资意向书，在该意向书中，私募股权投资机构会列出相关的投资内容，以供企业进行选择。

因为在不同私募股权投资机构的投资意向书中，投资的具体数额等信息会有差异，所以，私募股权投资机构的投资意向书实际上就是对企业的让股进行角力竞价，而企业则可以通过投资意向书做出最佳的选择。

114　双方谈判

在获得私募股权投资机构的投资意向书之后，投资银行会与企业家就投资的相关事宜与私募股权投资机构进行谈判。这一过程的主要目的是使企业获得最佳的融资条件，因此投资机构会通过谈判，助力企业获取最高价格和最有利的投资条款。

115　做出决定

经过与私募股权投资机构的谈判之后，企业需要根据私募股权投资机构的投资意向书，做出最终决定。

私募股权投资机构会在谈判后，列明投资条件重新拟定投资意向书，企业需要做的就是在投资意向书中选择最佳的方案，决定合作的私募股权投资机构，并与之正式签订投资意向书。

116　尽职调查

企业与私募股权投资机构正式签订投资意向书之后，私募股权投资机构将对企业进行尽职调查。而投资银行在此过程中主要起着协调作用，通过对尽职调查过程的组织，确保尽职调查的顺利进行。

专家提醒

尽职调查的调查内容分为三个部分，即法律、财务和经营。其中法律调查的内容包括企业注册文件、法律文件、经营执照和许可证等，私募股权投资机构会出资聘请律师对上述资料进行核实；财务调查的内容主要是企业的历史财务数据，私募股权投资机构将出资聘请专业的会计师对相关数据进行核算；而经营调查则主要包括企业经营情况、经营策略和未来规划等内容，私募股权投资机构将选派本机构的人员对这些内容进行分析和评价。

所以，在私募股权投资机构进行尽职调查之前，企业需先行对上述内容进行认真检查，以确保材料的准确性，让私募股权投资机构看到企业的融资诚意。

117　签署合同

私募股权投资机构在完成对企业的尽职调查之后，将会根据调查情况，拟定最终的投资合同，并将合同发给企业。私募股权投资机构给出的最终投资合同，将详细列出投资的具体事项。

值得一提的是，虽然这已经是名义上的最终合同，但是如果企业对其中的某些内容不太认同，还可以提出异议，并与私募股权投资机构就此进行谈判，以达成双方的共识。

118　资金到账

私募股权投资机构与企业共同签署最终合同之后，将会在规定时间内(通常是 15 个工作日以内)，将投资资金注入企业的账户内。与此同时，私募股权投资机构会向企业获取投资权益，如获得最少一个董事席位，从而对企业的发展过程进行监控。至此，企业私募股权投资融资便最终完成了。

3.7　融资意义：雪中送炭获得新生

面对外界的冲击，不少企业在发展中会出现资金不足的情况，此时，为了保障企业的继续运行，进行适当的融资是很有必要的。相比于其他融资方式，PE 融资具有无须担保、程序相对简单等特点，因此，不少创业者会倾向于通过 PE 进行融资。

PE 融资对企业的意义是多方面的，具体来说，企业通过 PE 进行融资主要有三大意义，具体如图 3-7 所示。

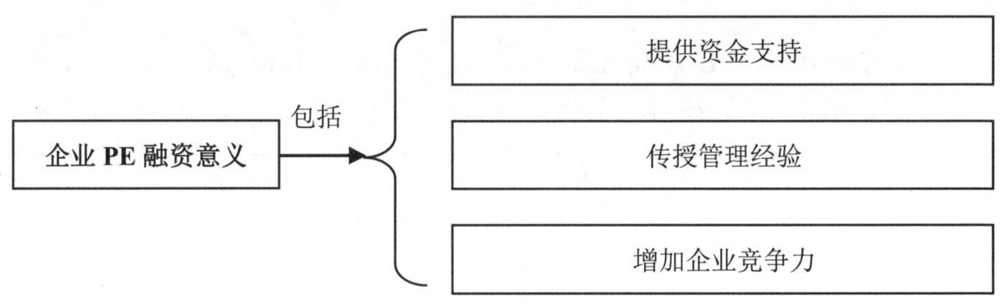

图 3-7 企业 PE 融资意义

119 提供资金支持

资金与企业发展好比是米和饭的关系，正所谓“巧妇难为无米之炊”，在资金不足的情况下，企业是难以获得长远发展的。而当资金匮乏时，企业通过私募股权投资进行融资就具有了重大的意义。

对于初创期企业来说，不管是人员雇用、场地租赁，还是设备使用，都需要大量资金，资金不足是经常出现的事。而没有了资金的支撑，企业将难以维持日常的运作，更不用说创造收益了。此时企业如果获得私募股权资本，就能够很好地解决所面临的资金难题。

120 传授管理经验

私募股权投资机构中有大量专业化的投资人才，他们大多对所投资的领域有深入的认知，所以，私募股权投资融资给企业带来的不仅仅是资金的支持，更有管理经验的传授。如帮助企业培训专门的管理人才、促进企业向现代化管理迈进以及优化企业产权关系等。

121 增加企业竞争力

私募股权投资融资可从三方面增加企业竞争力。首先，获得私募股权投资融资本身就说明企业具有一定的竞争力，而且随着融资的成功，企业对于外界的吸引力也会进一步增强；其次，私募股权资本的注入，使企业管理的资金规模变大，运用现有资本，企业可以放手去寻求发展；最后，在私募股权投资机构的帮助下，企业结构优化，管理水平不断提高，竞争力明显增强。

3.8 融资技巧：掌握方法融资有道

在当前经济形势下，PE 融资无疑是中小企业的最佳融资选择。但要增加融资成功率，企业还需掌握一定的技巧。企业 PE 融资主要有四个技巧，如图 3-8 所示。

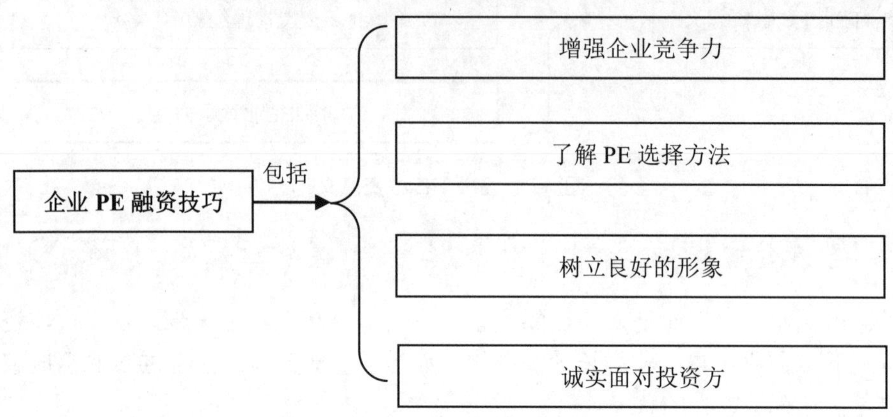

图 3-8 企业 PE 融资技巧

122 增强企业竞争力

企业竞争力是企业实力的主要体现，也是私募股权投资机构选择投资对象时重点关注的内容之一。通常情况下，竞争力越强的企业，越容易获得私募股权资本。因此，提高企业竞争力是企业进行 PE 融资前需要着力做好的工作。

但是对于提高企业竞争力的具体方法，许多企业主所知有限。其实提高企业竞争力可以从以下几方面做出努力：立足市场，发展市场需要的产业和技术；“人无我有，人有我优”，寻找市场欠缺的产品和服务，并将其做到精深；培养专业化人才，为企业的未来发展做准备；树立企业自己的品牌，增加企业的知名度；根据时代的发展，推动企业向现代化管理方向转变等。

123 了解 PE 选择方法

私募股权投资机构寻找投资项目有一定的方法，企业可以据此更好地满足私募股权投资机构的要求，进而让私募股权投资机构注意到自己。通常情况下，私募股权投资机构的项目选择有两种方法，具体如图 3-9 所示。

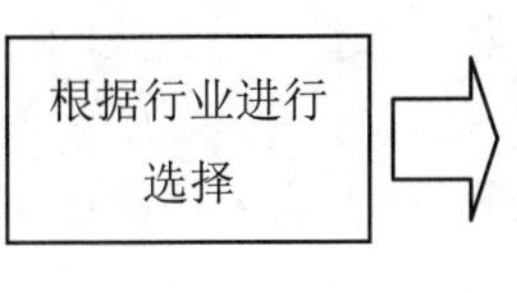

私募股权投资机构在选择具体的投资对象时，通常会对投资的行业进行选择。投资行业确定后，投资机构会对该行业的基本情况进行了解，并将该行业内排名靠前的企业列出。
接着，私募股权投资机构会对名单中的企业进行逐一调查，并据此确定最终的备选名单

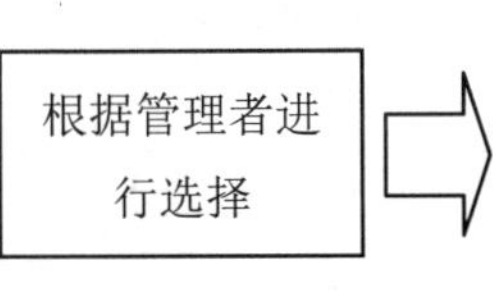

除了企业排名之外，企业的管理者也是私募股权投资机构重点考虑的内容。不少私募股权投资机构就是根据企业的管理者进行项目的选择。当然，私募股权投资机构对企业管理者的关注多以人际关系网维系，是一个长期的过程，通过私募股权投资机构与企业管理者联络通常要经过一段较长的时间

图 3-9　PE 项目选择方法

124　树立良好的形象

除了真实实力的竞争之外，对企业形象的树立，并让投资者认识企业也是吸引融资不可忽视的因素。毕竟“酒香都怕巷子深”，如果投资者根本不认识企业，那么对企业进行投资也就无从谈起了。

具体来说，企业形象的树立可以从以下几方面做出努力：培养企业家精神、增强企业团队协作能力、传达积极向上的企业文化以及优化企业环境等。而在进行宣传时，则可以以网络、电视、书籍和宣传单等为载体，进行具体的宣传。

125　诚实面对投资方

树立良好的企业形象，为的是让投资者对企业留有良好印象。但是在此过程中，应该实事求是，而不应为了表面上好看就对相关问题进行隐瞒。因为企业融资实质上就是一个合作伙伴的过程，如果企业不能诚实地面对投资方，那么双方在融资完成后，可能会因为前期沟通不足，出现一些新问题，甚至双方会因此出现信任危机。

值得一提的是，私募股权投资机构大多有丰富的调查经验，如果企业采取瞒骗策略，“报喜不报忧”，可能很快就会被私募股权投资机构识破。如此一来，结果很可能就会适得其反。因此，在此过程中，企业最好的策略就是要诚实面对投资方。

3.9　注意事项：四大要点助力募资

私募资本进入一个企业之前，会按照企业管理层提供的经营策略评估该企业的核

心竞争力。企业的核心竞争力和它的运作及实现在很大程度上决定了企业的未来成长方向。私募股权资本将在了解企业核心竞争力之后，与公司管理层一起，为企业的未来发展做出规划。

在进行私募股权投资融资时，除了上文提到的内容之外，还有许多需要注意的事项，其中最主要的如图 3-10 所示。

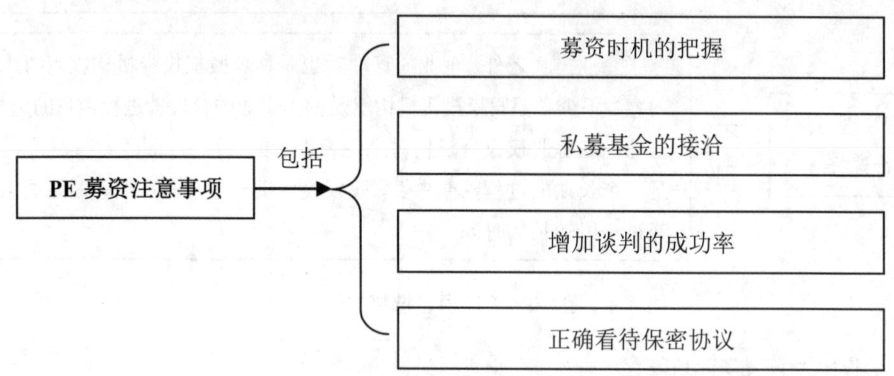

图 3-10　PE 募资注意事项

126　募资时机的把握

虽然中国共有近千万家企业，但目前已经完成上市的中国企业却不到 3000 家。拿民营企业来说，中国民营企业的平均寿命仅为 2.9 年。一个民营企业要从创业板完成上市，难度相当大。

在企业经营中有一个“死亡之谷”定律，即大多数创业项目在开始后的三年内将走向死亡，如果企业成立满三年依然挺立，则有望走出死亡之谷。所以，为了使投资获得更高的成功率，私募股权投资对于项目的选择有着较为严格的要求。

在目前风险投资/创投企业和私募股权投资基金之间的界限日益模糊的现状下，除了部分基金专注于投资金额在 1000 万元人民币以内的早前项目以外，大多数基金的投资门槛在 2000 万元人民币以上，更有投资金额在 1000 万美元以上的。所以，如果企业融资额仅为百万元人民币级，则不必寻求私募股权融资，此时，向个人、银行贷款或寻求个人天使投资或许是更好的选择。

从以往经验看，服务性企业发展至 100 人左右，年收入达 1000 万元以上，在收支平衡或已经获得小额盈利时，可考虑进行首轮股权融资；而制造业企业的首轮股权融资，则宜安排在年税后盈利达到 5 万元左右时。这些节点的出现基于企业融资的估值。如果企业融资时估值达不到要求，私募股权投资基金很可能会因为企业规模太小而放弃投资。

127 私募基金的接洽

虽然部分企业通过毛遂自荐的方式获得了私募股权资本的青睐，但从中国企业的融资情况看，大部分企业都是通过私募股权投资基金的基金管理人推介或中介机构牵线，而达成私募股权投资融资的。

中国经济的发展有着极大的周期性，企业需要根据不同的经济发展阶段，判断私募股权投资融资的市场情况。通常情况下，当经济景气时，企业融资相对容易，在融资时甚至可能出现多个基金竞争一家企业的情况。特别是一些发展前景较好的领域，如新能源、环保等，只要企业总体不是太差，在此时一般很容易就会达成私募股权投资的融资。

在私募股权投资融资中，专业投资顾问与执业律师在与私募股权投资机构的接洽中起着关键性的作用。因为投资顾问和执业律师对企业经营特点、法律风险等较为熟悉，所以私募股权投资基金在选择投资对象时，通常会考虑他们的意见。因此，企业在与私募股权投资接洽时，应充分意识到投资顾问和执业律师的作用，并据此做好相关的工作，提高私募股权投资基金对企业的关注度。

128 增加谈判的成功率

就中国企业私募股权投资融资数据看，最终能够谈判成功的只占到了总数的 20%左右。谈判失败的原因有很多，其中最主要的包括以下几个。

1. 价值判断认识不足

许多企业家因为是企业创始者的缘故，对企业有着深厚的感情，认为企业在自己的手中已经发展起来，并具有了一定的实力。所以，当私募股权投资基金上门谈合作时，通常会开出一个远超出市场的价格。

与企业家不同，私募股权投资在对企业进行估值时，会立足市场，遵循价值规律，所以，它对于企业的估值通常会低于企业家自己做出的估值。而在双方估值存在着较大差距时，谈判自然也就难以进行下去了。

2. 融资时机没有把握好

许多企业都是在面临资金周转困境时才意识到进行私募股权投资融资，这实际上就是融资时机没有把握好。要知道，私募股权投资也是以获利为目的的，在经调查获知企业的财务状况之后，它又怎么会随意将资金置于有明显风险的项目呢？

3. 融资目的不切实际

部分企业家在企业所在的领域做得比较成功后，却突然生出投资新领域的想法，并想通过私募股权投资融资来实现自己的想法。这其实是不切实际的，因为企业家大多对将要投资的新领域不够熟悉，在这种情况下，投资的成功率相对较低。看清这一点的私募股权投资基金，自然也不敢贸然对此项目注资。

129 正确看待保密协议

通常情况下，企业在完成私募股权投资基金的考察后，私募股权投资基金还会要求企业签署保密协议，并提供财务数据。在咨询业务中，企业也会在此时通过电话获得私募交易的指导。

保密协议的签署，并不说明私募股权投资已经认定了投资此项目，而仅仅代表私募股权投资基金将企业列入了备选名单。此时，如果企业家对需要提交的材料没有足够的了解，一定要咨询专业的融资顾问，切不可因为材料准备的不足，为接下来的工作带来不必要的麻烦。

通常情况下，签署保密协议为私募股权投资机构提供了版本，其内容中包括的要点如下。

(1) 保密材料的保密期间通常在三年以上。

(2) 凡是标有“商业秘密”字样的文件，都属于保密的范围，但是公知领域的信息除外。

(3) 保密人员既包括私募股权投资机构和企业，也包括参与投资的相关人员，如基金的顾问(包括其聘请的律师)、雇员等。

3.10 其他须知：全面掌握有备无患

除了上述几节涉及的内容之外，在私募股权投资募集资金和企业通过私募股权投资融资时，还需要对其他的一些事项进行必要的了解，本节将对这些不容忽视的内容一一进行解读。

130 募资原则

我国对私募股权投资的资金募集设有严格的法律规定，如果私募股权投资机构的操作违反了规定，很可能会因此卷入“集资诈骗罪”“非法吸收公众存款罪”等刑事风波。所以，私募股权投资机构在进行资金募集时，需要遵从一定的原则，具体如图 3-11 所示。

1. 认识募资非公开原则

我国在《公司法》《证券法》和《合伙企业法》等法律文件中，都规定了私募股权投资机构资金募集时，既不得利用公开渠道进行宣传，也不能对投资收益做出承诺。所以，在这种情况下，私募股权投资机构只能采取非公开原则，否则就违反了法律规定。

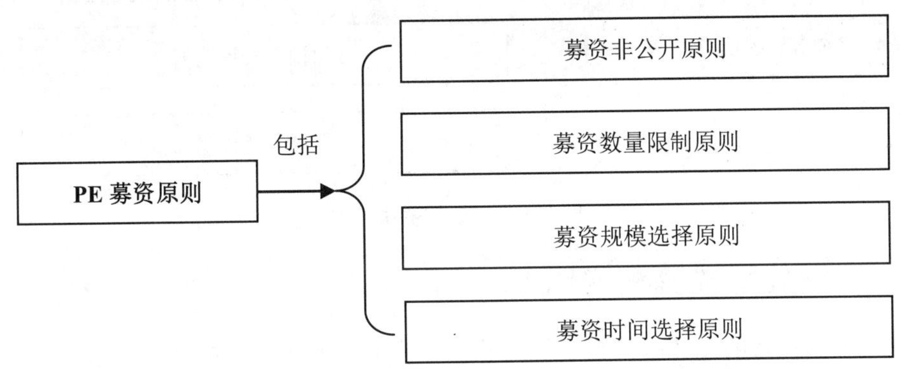

图 3-11　PE 募资原则

2．了解募资数量限制原则

除了对非公开原则做出规定之外，相关法律文件还对募资的人数进行了明确的限定。如《公司法》中规定未上市的股份制有限公司，股东的总人数应控制在 200 人以内；而《合伙企业法》和《信托法》则明确指出企业合伙人和信托自然人的数量都需控制在 50 人以内。

不难看出，私募股权投资的资金募集在人数上有着明显的数量限制。因此，私募股权投资在进行资金募集时，需要特别注意，不能让总人数超过规定限制。

3．浅谈募资规模选择原则

我国法律只对自然人参与信托计划的投资规模有所规定，而在其他的私募股权投资组织形式中，私募股权投资机构在选择募资规模时，只需根据自身需求决定具体数额即可。

4．概说募资时间选择原则

与投资规模相同，我国对私募股权投资的募资时间也没有限制。所以，为了防止出现资金闲置，私募股权投资机构可以根据自身需要选择募资时间和资金到位时间，只要保证投资时有足够的资金即可。

131　募资说明书

在募资发起人与投资者达成初步投资方案之后，募资者还需要制定具体翔实的募资说明书，将双方的权利和义务进行明确。根据私募股权投资的组织形式，可以将募资说明书分成三类，具体如图 3-12 所示。

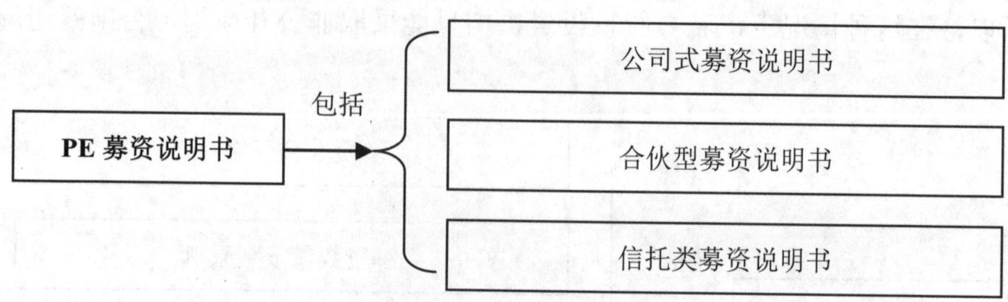

图 3-12　PE 募资说明书

132　认识公司式募资说明书

不同组织形式的私募股权投资，其募资说明书，即《资本招募说明书》的内容也会有所不同。其中以公司为组织形式的私募股权投资的募资说明书，即公司式《资本招募说明书》的主要构成部分如表 3-1 所示。

表 3-1　公司式《资本招募说明书》的主要构成部分

构成部分	具体内容
发起机构相关信息	该部分需要将发起人所在的机构、机构的法定代表人、机构所在的位置、联系电话等内容列出
投资提示	该部分需要对投资的现状以及投资等进行说明
词语释义	该部分需要对《资本招募说明书》中出现的特定词语进行解释，如“基金”或“本基金”，表示的就是募资基金的名称
基金基本信息	通常情况下，该部分需列出基金名称、组织形式、投资目标、投资领域、注册地址、基金发起人、基金管理人、基金托管人、基金资金规模、募资方式、最低认缴金额、存续时间和募集时间等信息
基金管理概况	该部分需包括基金管理公司的基本信息、股东构成、各部门职能、投资团队、投资顾问等内容
资金认缴要求	资金认缴要求通常包含投资人数限制、最低投资限额、投资人资格要求、出资方式等内容
基金组织构成和管理事项	该部分需要对基金的组织构成(如管理人、股东会、董事会等)、管理人员、托管的相关事项进行说明
投资具体事项	该部分包括投资行业、投资方法策略、投资限制、投资决策流程、投资风险管理、投后监控、投资退出方式等内容
基金资金	主要包括资产构成和资产处置
资金收支和分配	需对资金收益来源、分配方式和支出情况以及亏损分担事项进行具体说明

续表

构成部分	具体内容
基金纳税	对法定纳税事宜进行具体说明
基金解散及清算	需对基金解散条件(如经营期限已满)、清算组、清算流程、清算费用和清算公告等内容进行具体说明
投资风险说明	需要对投资风险进行提示，列出投资的主要风险，并且给投资者提供投资参考
信息披露事项	需对信息披露的具体内容、时间、形式，以及对管理部门和社会披露信息事项进行具体说明

133　了解合伙型募资说明书

有限合伙型私募股权投资与公司式私募股权投资的《资本招募说明书》在内容的构成上有较大的相似性，但又不尽相同。具体来说，合伙型《资本招募说明书》的主要构成部分如表 3-2 所示。

表 3-2　合伙型《资本招募说明书》的主要构成部分

构成部分	具体内容
发起机构相关信息	该部分需要将发起人所在的机构、机构的法定代表人、机构所在的位置、联系电话等内容列出
投资提示	该部分需要对投资的现状以及投资等进行说明
词语释义	该部分需要对《资本招募说明书》中出现的特定词语进行解释，如“基金”或“本基金”，表示的就是募资基金的名称
基金基本信息	通常情况下，该部分需列出基金名称、组织形式、投资目标、投资领域、注册地址、基金发起人、基金管理人、基金托管人、基金资金规模、募资方式、最低认缴金额、存续时间和募集时间等信息
基金管理概况	该部分需包括基金管理公司的基本信息、股东构成、各部门职能、投资团队、投资顾问等内容
资金认缴要求	资金认缴要求通常包含投资人数限制、最低投资限额、投资人资格要求、出资方式等内容
基金组织构成和管理事项	该部分需要对基金的组织构成(如普通合伙人、管理人、决策机构等)、管理人员、托管的相关事项进行说明
投资具体事项	该部分包括投资对象、投资方法策略、投资限制、投资决策流程、投资风险管理、投后监控、投资退出方式等内容
基金资金	主要包括资产构成和资产处置

续表

构成部分	具体内容
资金收支和分配	需对资金收益来源、分配方式和支出情况以及亏损分担事项进行具体说明
基金纳税	对法定纳税事宜进行具体说明
基金解散及清算	需对基金解散条件(如普通合伙人提出解散意见并获得了合伙人的同意)、清算组、清算流程、清算费用和清算公告等内容进行具体说明
投资风险说明	需要对投资风险进行提示，列出投资的主要风险，并且给投资者提供投资参考
信息披露事项	需对基金记账、年度会计报告及审计、定期报告，以及对管理部门和社会披露信息事项进行具体说明

134　浅谈信托类募资说明书

因为信托类私募股权投资的双方是委托方与受托方的关系，所以信托类《资本招募说明书》通常以合同条款的形式出现，在名称上通常称为《××信托·私募股权投资基金集合资金信托计划资金信托合同》，其具体内容如表 3-3 所示。

表 3-3　信托类《资本招募说明书》的主要构成部分

构成部分	具体内容
词语释义	该部分需要对《资本招募说明书》中出现的特定词语进行解释，如“本基金”，表示的就是募资基金的信托计划名称
信托当事人信息	该部分需列出委托人、受托人的基本信息，以及受益人(实际上就是指委托人)账户信息
信托类别和目的	该部分需对信托用途、资产管理以及信托的具体目的进行具体说明
信托资产规模和信托时间	该部分需对信托计划的资金总规模、初识资产最低限额、计划时间以及计划时间延长的相关事项进行具体说明
信托认购事项	主要包括信托的单位价格、认购单位与对应金额以及资金往来方式等内容
信托成立以及推介事项	需对信托成立条件、生效时间、生效前后的利息计算以及推介区域和推介时间进行具体说明
信托资产	需对信托资产的范围进行规定，信托资产通常包括两方面，即委托人投入的信托资金和由于管理信托资产等获得的其他资产
投资具体事项	该部分包括管理原则和机制、投资步骤、投后管理、投资方式、投资限制以及资金退出方式等内容
当事人权利和义务	该部分需分别对委托人、受托人以及收益人的权利和义务分别进行具体说明

续表

构成部分	具体内容
资产保管	该部分主要包括《保管协议》的签订以及保管人的主要职责等内容
收益权变更	该部分需对收益权转让、继承和质押等情况下出现的收益权变更进行具体说明
费用计算和支出	该部分需对资金支出(如纳税)、费用计提方法和原则等内容进行具体说明
收益计算和分配	该部分需对信托收益来源、收益率、收益分配方式和原则等内容进行具体说明
报酬和管理费用	该部分主要包括报酬范畴、报酬标准和计提、管理费用范畴以及管理费用标准和计提等内容
收益权变更	该部分需对收益权转让、继承和质押等情况下出现的收益权变更进行具体说明
文件挂失	该部分需对挂失条件、挂失资料、挂失费用等内容进行具体说明
信托变更和终止	该部分需对信托合同变更、信托合同终止条件和终止后的资产归属等事宜进行具体说明
投资风险说明	该部分需对基金投资风险进行提示，列出主要风险来源(如投资对象风险、道德风险等)，并且对风险的控制和承担进行说明
违约及解决方案	该部分需对受托人和委托人违约时需要承担的责任，以及当双方有争议时具体的解决方案
通信联络事项	该部分需对通信更新时限、具体联络方式和通信变更未通知另一方时的责任划分进行具体说明

135　出资文件准备

除了募资说明书之外，在进行私募股权投资资金募资时，私募股权投资机构的募资发起人还需要在认缴出资文件方面做好充分准备。认缴出资文件主要包括三种，具体如图 3-13 所示。

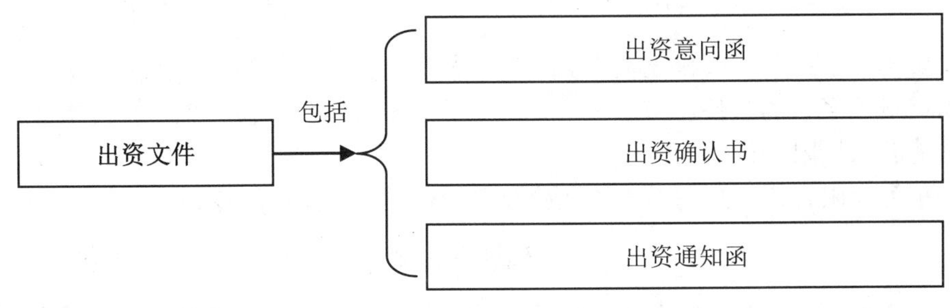

图 3-13　出资文件

136 认识出资意向函

私募股权投资的出资意向函是投资者对私募股权投资的意向签署，其内容主要包括投资者对投资对象已有初步的了解，将拟定投资该私募股权基金一定数额，并且自愿承担投资风险及对相关投资事项做出声明和保障等。

出资意向函的模板具体如下。

出资意向函(模板)

致：×××(此处填写募资方管理人名称)

本公司在签署本出资意向函之前，已对×××(此处填写募资方管理人名称)将募资并管理的×××基金(此处填写投资的基金名称)的组织说明书等文件有了初步的了解，在基于风险评估和财务安排的情况下，决定对该基金进行投资。

本公司拟将人民币____万元(¥____)(此处填写投资金额)投资于×××基金(此处填写投资的基金名称)。

本公司签署本出资意向函，即说明本公司自愿承担投资于×××基金(此处填写投资的基金名称)可能出现的风险及损失。如果获得未来经理人的同意，本公司将作为×××基金(此处填写投资的基金名称)的投资人，配合管理人签署与此次投资相关的所有正式法律文件。

同时，本公司对此次投资做出以下声明和保证。

1. 按照中国法律、法规等文件和相关主管部门的要求，本公司具有认购×××基金(此处填写投资的基金名称)的资格，并已经获得了出资的授权及批准，对×××基金(此处填写投资的基金名称)进行的出资确认与本公司已承担的所有义务均不构成抵触或冲突。

2. 本公司在出资时提供的所有材料皆是真实、准确、有效的，保证无瞒骗及遗漏等情节。

3. 本公司的出资资金皆为合法的自有资产。

4. 本公司承诺对本次投资的事项及相关资料尽到严格保密的义务。

137 了解出资确认书

出资确认书由私募股权投资中募资方出具，它是一个对本次募资中所有投资者的投资情况进行确认的文件。在该文件中，私募股权投资的募资方需将资金募集情况列出，并将转账期限进行告知。

以下为有限合伙制组织形式的私募股权投资出资确认书的模板。

出资确认书(模板)

依据中国《合伙企业法》及本企业合伙协议的相关规定，并综合资金募集中出现的具体情况，下面对本次资金募集的所有认缴及实缴资金进行确认，具体情况如下表所示。

合伙人姓名(或名称)	合伙人证件号码	认缴金额	认缴方式	实缴金额	认缴方式	出资比例

所有合伙人约定在____年____月____日之前将出资金额划入合伙企业在银行设立的专用账户内。

所有合伙人签名(或盖章)：

138　浅谈出资通知函

出资通知函是私募股权投资的募资方在需要投资者实缴资金时，出具的一个文件。它的内容主要包括实缴金额数、缴纳期限及接受转账的账户信息。

以下为出资通知函的模板。

出资通知函(模板)

×××(此处填写投资者姓名或名称)：

按照×××基金(此处填写投资的基金名称)的出资进度和支付要求，现通知贵公司在____年____月____日以前向以下账户支付人民币____元(¥____)。

开户行：

账户名称：

账户号码：

特此发出通知！

×××(此处填写基金管理人名称)

____年____月____日(此处填写发函时间)

第 4 章

组织设立：基于规定适合为上

学前提示

私募股权投资基金的组织形式，即基金根据法律确定的组织存在方式。它既是对基金管理人和投资者关系的确认，也是基金内部运行的法律保障。

目前，私募股权投资基金的组织形式有三种，本章将分别对这三种组织形式以及它们之间的差异进行解读。

要点展示

- 公司式投资：公司组织私募基金
- 合伙制投资：合伙协议设立基金
- 信托类投资：契约维系明确权益
- 差异性展示：多方较量找寻最佳

4.1　公司式投资：公司组织私募基金

按照私募股权投资的组织形式，可将其分成三类，具体如图 4-1 所示。本节将重点介绍公司式私募股权投资的相关内容。

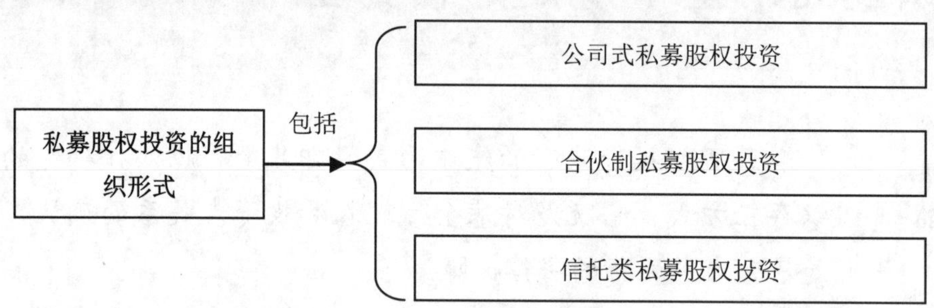

图 4-1　私募股权投资的组织形式

139　初识

公司式私募股权投资基金，顾名思义，就是以公司的形式组织和运作的私募股权投资基金。

在这种组织形式下，公司式私募股权投资基金的投资者通过购买基金公司的基金份额获得该公司的股权之后，可以作为股东参与公司的相关决策。而基金公司的管理者则以公司的名义进行投资。

140　政策要求

公司式私募股权投资组织设立的主要法律文件是《公司法》，除此之外，《证券法》也是其设立的重要参照之一。如我国《公司法》规定，公司可以采用私募的形式，非公开进行发行。

公司式私募股权投资基金企业可分为有限责任公司和股份有限公司两种，不同类型的公司，其政策要求也有所不同。下面对上述两种不同类型的公司的政策要求进行具体说明。

1．有限责任公司型 PE 企业设立的政策要求

按照《公司法》的有关规定，有限责任公司型 PE 企业的设立，主要包括以下四个要求。

(1)　必须拥有符合法律规定的公司名称。具体来说，目前有限责任公司型 PE 企业的名称多为×××股权投资有限公司或×××创业投资有限公司。

(2) 公司应具备固定住所。有限责任公司型 PE 企业的住所通常就是其注册地或办公地。

(3) 股东人数限制。根据《公司法》第二十四条的规定，有限责任公司由 50 个人以内的股东共同出资设立。因此，有限责任公司型 PE 企业的股东人数需控制在 50 个人以下。

(4) 公司章程由所有股东共同制定。有限责任公司型 PE 企业在制定公司章程时，需要获得所有股东的签字和确认。

2．股份有限公司型 PE 企业设立的政策要求

按照《公司法》的有关规定，股份有限公司型 PE 企业的设立，主要有以下四个要求。

(1) 必须拥有符合法律规定的公司名称。如×××股份有限公司。

(2) 公司应具备固定住所。股份有限公司型 PE 企业的住所通常就是其注册地或办公地。

(3) 发起人数限制。根据《公司法》的相关规定，股份有限公司的发起人数为 2～200 人，并且超过半数的发起人需在国内拥有住所。

(4) 公司章程由所有发起人共同制定。股份有限公司型 PE 企业在制定公司章程时，需要获得所有发起人的签字和确认。

(5) 非公开发行。股份有限公司型 PE 企业只能采取私募的方式募集资金，而不能以公开或变相公开的形式向社会募集资金。

141 资料准备

公司式私募股权投资基金企业的设立，需经过国家工商总局及其下属的省、市、区工商局。申请人向工商局提交申请时，工商登记机构会根据企业准备的资料及企业的自身情况，给出当场予以登记/规定期限内准予设立登记/补齐资料后受理登记申请的答复。具体来说，公司式私募股权投资基金企业的设立，需经过四个步骤，具体流程如图 4-2 所示。

企业设立不同步骤需要的资料有所不同，接下来就对图 4-2 中的四个步骤需要准备的文件和相关事项，进行具体说明。

1．申请名称预先核准需要准备的文件

根据《公司登记管理条例》的相关规定，企业在申请名额预先核准时需准备以下文件。

(1) 所有公司股东或发起人签字、确认的名称预先核准申请书。

(2) 所有公司股东或发起人指定代表或共同委托代理人的证明文件。

(3) 其他工商局要求提供的相关文件。

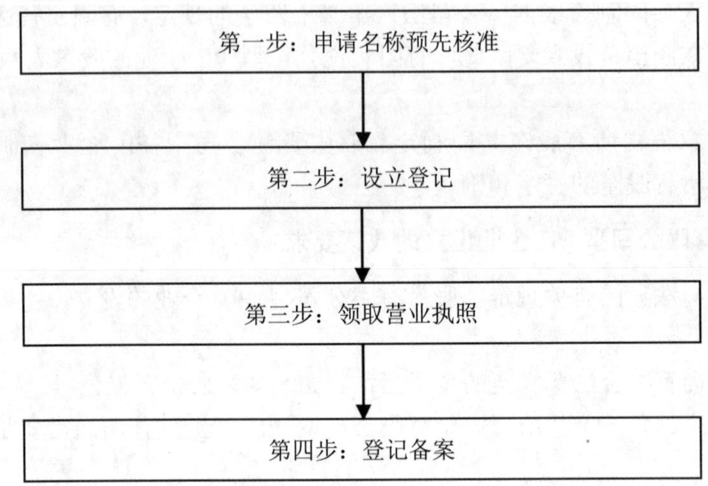

图 4-2　公司式私募股权投资基金企业的设立流程

2．设立登记需要准备的文件

有限责任公司型 PE 企业和股份有限公司型 PE 企业在进行设立登记时需要准备的文件有所不同，下面分别进行说明。

A．有限责任公司型 PE 企业设立登记需要准备的文件

按照工商登记部门的相关规定，有限责任公司型 PE 企业在设立登记时需要准备如下文件。

(1) 公司法定代表人签字、确认的设立登记申请书。

(2) 所有公司股东指定代表或共同委托代理人的证明文件。

(3) 公司章程。

(4) 合法验资机构出具的验资证明。

(5) 公司发起人股东主体或自然人身份证明文件。

(6) 列明公司经理、监事、董事姓名和住所及与委派、选举或聘用有关的证明文件。

(7) 公司法定代表人身份及任职证明。

(8) 公司名称预先核准通知书。

(9) 公司住所证明文件。

(10) 其他工商登记部门要求提供的相关文件。

B．股份有限公司型 PE 企业设立登记需要准备的文件

按照工商登记部门的相关规定，股份有限公司型 PE 企业在设立登记时需要准备如下文件。

(1) 公司法定代表人签字、确认的设立登记申请书。

(2) 公司董事会指定代表或共同委托代理人的证明文件。

(3) 公司章程。

(4) 合法验资机构出具的验资证明。

(5) 公司发起人股东主体或自然人身份证明文件。

(6) 列明公司经理、监事、董事姓名和住所及与委派、选举或聘用有关的证明文件。

(7) 公司法定代表人身份及任职证明。

(8) 公司名称预先核准通知书。

(9) 公司住所证明文件。

(10) 其他工商登记部门要求提供的相关文件。

3．领取营业执照的相关事项

公司式私募股权投资基金企业设立登记成功后，将收到登记机关发放的企业营业执照，而营业执照签发的日期则默认为企业的成立时间。

值得一提的是，因为国家工商局实行了“三证合一”的登记制度，在获得企业营业执照之后，企业无须再行办理组织机构代码证和税务登记证，只要凭法人营业执照即可进行刻章和银行开户。

4．登记备案的相关事项

因为公司式私募股权投资基金企业具有特殊性，所以企业在获得营业执照 1 个月之内，需到管理部门申请备案。

具体来说，在国家工商管理部门注册登记的企业，需到国务院管理部门申请备案。而在省级或省级以下工商管理部门注册登记的企业，则需到所在地省级管理部门申请备案。

142 构架呈现

根据《公司法》的相关规定，在公司式私募股权投资基金企业的组织构架中，通常设有股东会、监事会、董事会和基金管理人等组织，它们之间的具体关系如图 4-3 所示。

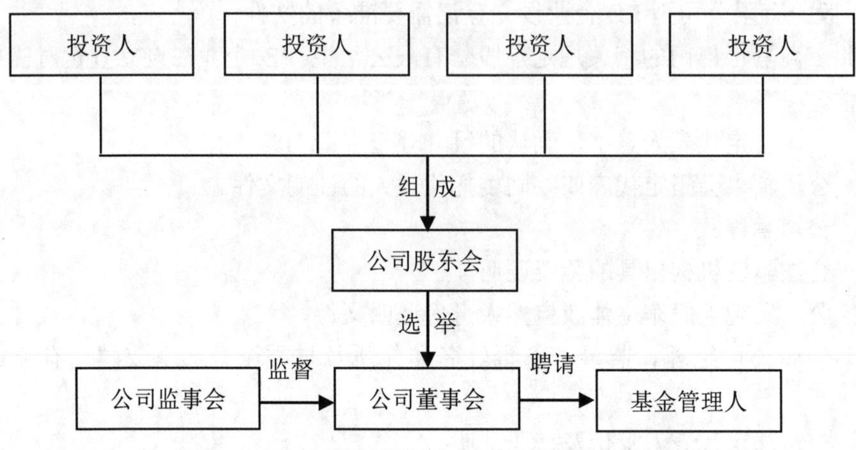

图 4-3　公司式私募股权投资基金组织构架

143　特色展示

公司式私募股权投资基金主要有三大特色，具体如图 4-4 所示。

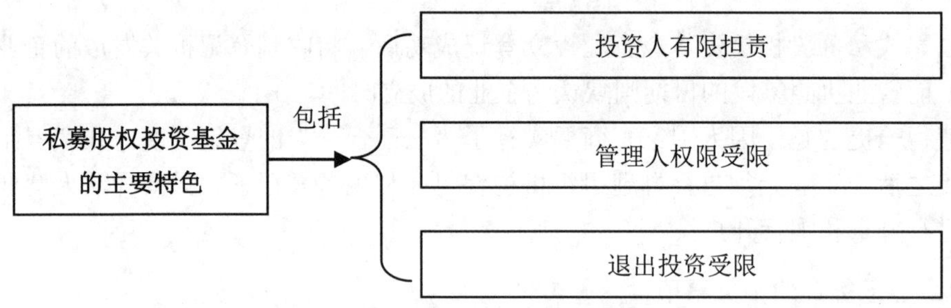

图 4-4　私募股权投资基金的主要特色

接下来分别对私募股权投资基金的投资人有限担责、管理人权限受限以及退出投资受限进行解读。

1．投资人有限担责

《公司法》第三条规定，公司作为企业法人，财产具有独立性，公司以自身资产对产生的债务担责。这意味着，有限责任公司型 PE 企业的股东只需在出资额以内进行担责，而无须承担连带责任。这样一来，投资者以有限责任公司型 PE 企业进行投资，就可以很好地规避法律风险，并降低投资风险。

2．管理人权限受限

虽然根据《公司法》的规定，公司式私募股权投资基金企业有着较为完善的内部治理结构，企业的股东会、董事会、监事会和管理层都有各自的职责。其中，管理层的主要职责是保证企业管理和运作的正常进行。

但是股东会作为企业的最高权力机构，拥有对企业的最终决策权。而大股东在股东会又有较大的话语权。所以，大股东有时会借助权力之便，影响企业决策，甚至直接制约基金管理人的投资决策。

3. 退出投资受限

虽然投资者在以公司式私募股权投资基金的方式进行投资时，可以通过股权转让、减资(即为弥补亏损而减少资本)等方式退出投资。但是，减资需要获得股东会的同意，通常不容易达成，且其过程往往需要较长的时间。所以，投资者退出公司式私募股权投资基金投资时，大多数情况下仍只能以股权转让的方式进行。

除此之外，如果公司股东抽逃出资(即虽保留股东身份和出资数额，却暗中撤出资金的行为)情节严重的，还可能因此面临行政责任。

4.2 合伙制投资：合伙协议设立基金

首先需要特别说明的是，本节所说的合伙制是指有限合伙制。有限合伙制私募股权投资基金与公司式私募股权投资基金不同，它是根据协议设立的，并且管理人同时也是投资人。

144 初识

有限合伙制私募股权投资基金采取的是合伙投资的方式，它的合伙人由普通合伙人和有限合伙人构成，两者的权利与义务有很大的不同，具体如图 4-5 所示。

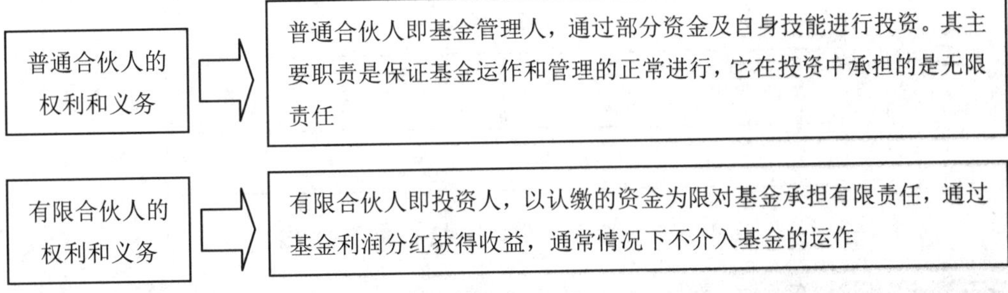

图 4-5　普通合伙人和有限合伙人的权利与义务

145 政策要求

有限合伙制私募股权投资组织设立的主要法律文件是《合伙企业法》，该文件规定有限合伙制私募股权投资组织的设立需要满足以下条件。

(1) 合伙人数量限制。有限合伙制私募股权投资基金应由 2～50 人共同设立，并且其中最少要有 1 个普通合伙人。

(2) 提供书面合伙协议。有限合伙制私募股权投资基金的设立需提供书面合伙协议，协议上应列明合伙人的权利和义务，并获得所有合伙人的签名和盖章。

(3) 企业名称要求。企业名称需符合法律规定，在名称中应出现“有限合伙”四个字。

(4) 出资规定。合伙人的出资应为自有的合法财产或财产权利，且出资方式、数额和出资时限应严格按照协议进行。值得一提的是，在协商一致的情况下，普通合伙人还可以通过劳务进行出资。

(5) 其他要求。除上述要求之外，有限合伙制其母股权投资组织的设立还需满足一些其他条件，如具备项目开展所需的资金、设备等。

146 设立流程

有限合伙制私募股权投资基金设立流程与公司式私募股权投资基金大体相同，其设立流程具体如图 4-6 所示。

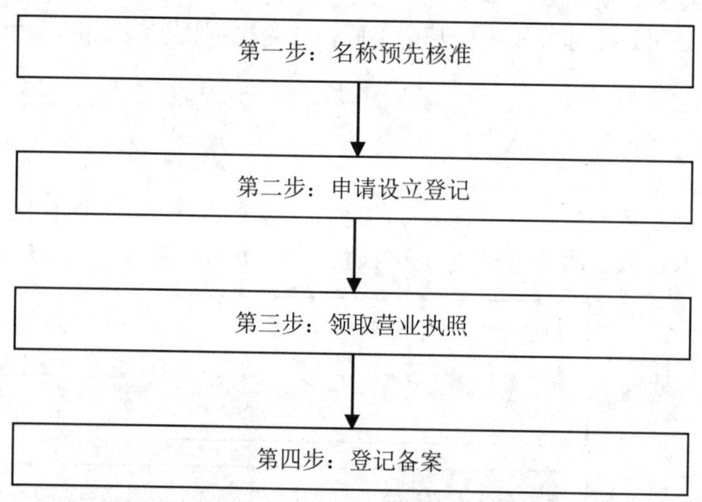

图 4-6 有限合伙制私募股权投资基金设立流程

147 资料准备

在有限合伙制私募股权投资的设立过程中，具体的步骤往往需要做不同的资料准备。总的来说，在其设立过程中，需要准备的材料如下。

(1) 企业名称预先核准申请书。

(2) 企业名称预先核准通知书。

(3) 所有合伙人签名、确认的设立申请书。

(4) 所有合伙人的身份证明。

(5) 所有合伙人指定代表或共同代理人的证明文件。

(6) 企业合伙协议。

(7) 所有合伙人对每个合伙人认缴或实缴出资的确认书。

(8) 所有合伙人委托执行事务合伙人的委托书(如果执行适合合伙人是法人或其他组织，需提交其委派代表的委托书即身份证明)。

(9) 企业主要经营场所的证明文件。

(10) 国务院工商部门要求提交的其他证明文件。

148 构架呈现

和公司式私募股权投资基金企业不同，有限合伙制私募股权投资基金企业通常不设立监事会、股东会和董事会等机构，其主要组成为合伙人大会和基金管理人，它的组织构架如图 4-7 所示。

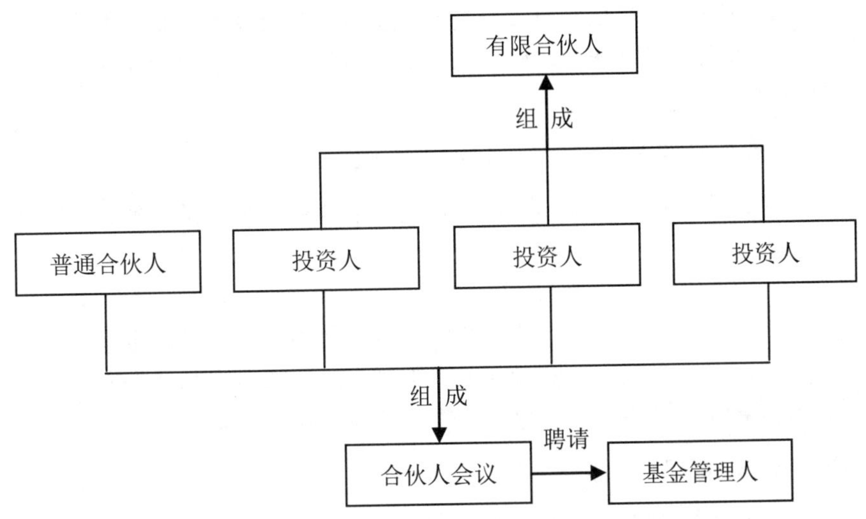

图 4-7 有限合伙制私募股权投资基金组织构架

149 新法律的影响

在我国已经备案的数千家私募股权投资企业中，最主要的组织形式仍是有限合伙制私募股权投资基金企业。之所以会出现这种局面，新《合伙企业法》可谓是功不可没。新《合伙企业法》的出台，对有限合伙制私募股权投资基金企业的设立具有重大影响，这主要体现在三个方面，具体如图 4-8 所示。

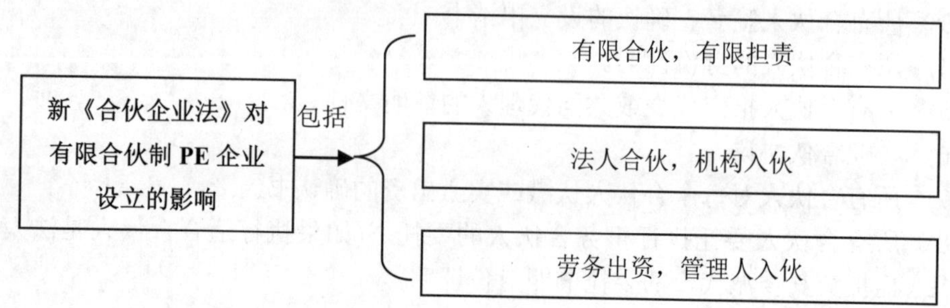

图 4-8　新《合伙企业法》对有限合伙制 PE 企业设立的影响

下面将分别从上述三个方面，详细解读新《合伙企业法》对有限合伙制 PE 企业设立的影响。

1．有限合伙，有限担责

新《合伙企业法》明确指出，合伙企业分为有限合伙企业和普通合伙企业，这实际上就从法律上承认了有限合伙制私募股权投资基金企业。而随着法律对有限合伙企业的确立，作为有限合伙制私募股权投资基金企业有限合伙人的基金投资者，只需以投资金额为限，承担有限责任。这样一来，基金投资者的投资风险实际上就被控制在了一定的范围内。

2．法人合伙，机构入伙

在原有的《合伙企业法》中，规定合伙企业的合伙人只能是自然人，而作为法人的机构投资者不具备合伙资格。新《合伙企业法》中则明确指出，法人也可以成为企业合伙人。

也就是说，伴随着新《合伙企业法》的出台，普通公司、国有企业、上市公司、社会团体等，都可以作为机构投资者入伙有限制私募股权投资基金企业，这在无形之中就使有限制私募股权投资基金企业的合伙人范围得到了扩大。

3．劳务出资，管理人入伙

新《合伙企业法》中明确指出，在得到所有合伙人一致同意的情况下，普通合伙人可以通过技术、管理水平等技能或智力进行劳务出资。这样一来，基金管理人的劳务出资便有了法律保障。而伴随着基金管理人的入伙，带来的除了合伙人范围的扩大之外，更有可能使基金管理人出资后受到激励，进而促进企业得到更好的发展。

150　协议内容

有限合伙制私募股权投资基金企业是根据协议设立的，其主要协议为《合伙协议》。《合伙企业法》中对《合伙协议》的内容有着明确的规定，通常来说，《合伙协议》需列明企业名称及主要经营场地；合伙目的及经营范围；合伙人姓名(或名称)住所及出资方式；入伙及退伙事项；解散及清算事项；违约担责事项等。

而有限合伙制私募股权投资基金企业因为自身的特殊性，除了上述内容之外，在《合伙协议》中还需对其他事项做出具体说明，其中最主要的包括四个方面，具体如图 4-9 所示。

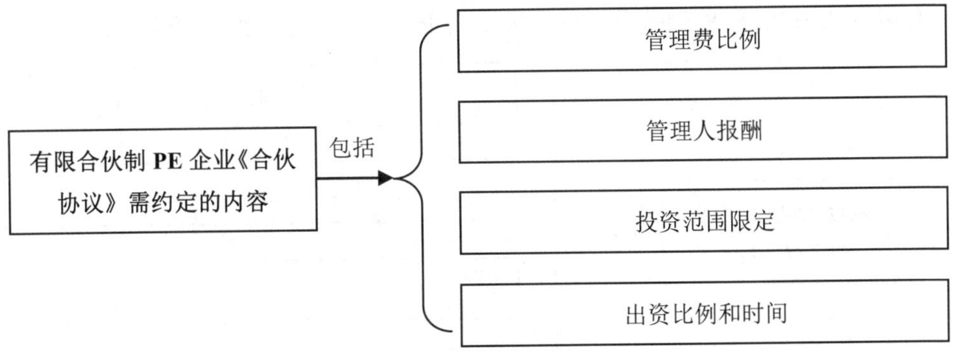

图 4-9　有限合伙制 PE 企业《合伙协议》需约定的内容

接下来对有限合伙制 PE 企业《合伙协议》需约定的四个方面进行一一解读。

1. 管理费比例

因为基金管理人作为普通合伙人，不仅要执行企业事务，还要对基金进行管理，所以，《合伙协议》中通常会明确管理费比例。一般情况下，企业的管理费是以年计算，数值通常为承诺资本的 2%左右，也有部分企业根据基金存续时间划定不同的管理费比例，具体数值需经过合伙人共同协商决定。

2. 管理人报酬

为了对管理人起到激励作用，进而使基金投资获得更多回报，《合伙协议》中会约定管理人报酬。通常情况下，当投资回报率超过约定比例时，管理人便可以获得收益分成，分成比例多为 20%左右。

3. 投资范围限定

一般情况下，有限合伙制私募股权投资基金企业的《合伙协议》中会对基金的投资范围进行限定，即哪些领域是主要投资对象，哪些领域是不允许投资的。这其实是为保证基金投资于相对熟悉的领域，从而降低投资的风险。

4. 出资比例和时间

因为企业的运作离不开资金，而有限合伙人又是有限合伙制私募股权投资基金企业中最主要的资金提供者。

所以，为了保证企业有充足的资金维持正常的运作，《合伙协议》中会对有限合伙人的出资比例和时间进行约定。除此之外，为提升普通合伙人的积极性，普通合伙人也需要进行出资。

151 特色展示

有限合伙制 PE 企业的特色主要表现在四个方面，具体如图 4-10 所示。

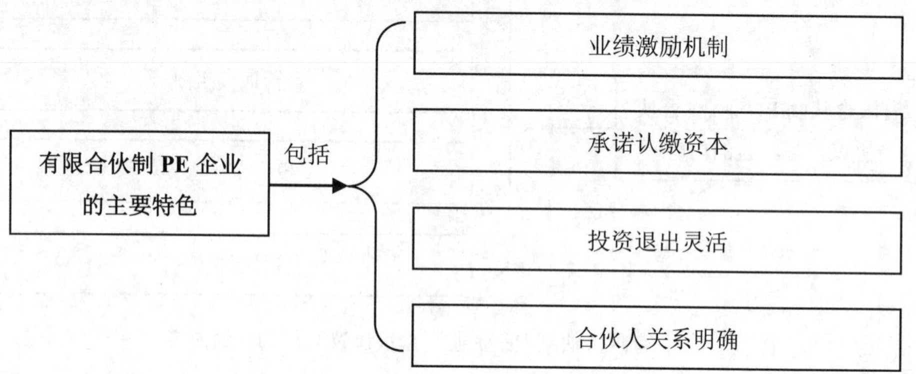

图 4-10 有限合伙制 PE 企业的主要特色

下面对有限合伙制私募股权投资基金企业的四大特色分别进行说明。

1. 业绩激励机制

因为基金管理人报酬由两部分构成，即管理费和业绩报酬，所以，其实际报酬与基金业绩联系在了一起。在这种机制之下，基金管理人为了获得更多的报酬，势必会尽全力提高基金业绩。这实际上对基金管理人的工作起到了一个很好的激励作用。

2. 承诺认缴资本

有限合伙制私募股权投资基金企业中，实行的是承诺认缴资本制，有限合伙人可以分期支付承诺认缴的资本。这一制度虽然提高了有限合伙人的资金使用率，但也给企业的运作埋下了隐患。因为部分有限合伙人在后期没有兑现出资承诺，致使企业因为资金不足，难以维持正常运作。

3. 投资退出灵活

有限合伙人可以通过退伙、转让等方式，按照《合伙协议》的约定直接提取权益账户内的资金，完成投资退出。其相对简单的退出操作，使有限合伙人的退出程序变得更为简单、灵活。

4．合伙人关系明确

《合伙企业法》第六十七条、第六十八条规定，普通合伙人负责有限合伙企业事务的执行，有限合伙人不能代表企业执行事务。若有限合伙人违反该规定，其或将因参与企业管理而承担无限连带责任。

所以，在有限合伙制私募股权投资基金企业中，基金的管理权牢牢地掌握在了普通合伙人手中，普通合伙人借助其自身的专业优势，可大大提高基金管理及决策效率。

152　组织优势

相比于其他组织形式，有限合伙制私募股权投资基金企业有着众多的优势，其中最主要的包括四个方面，如图 4-11 所示。

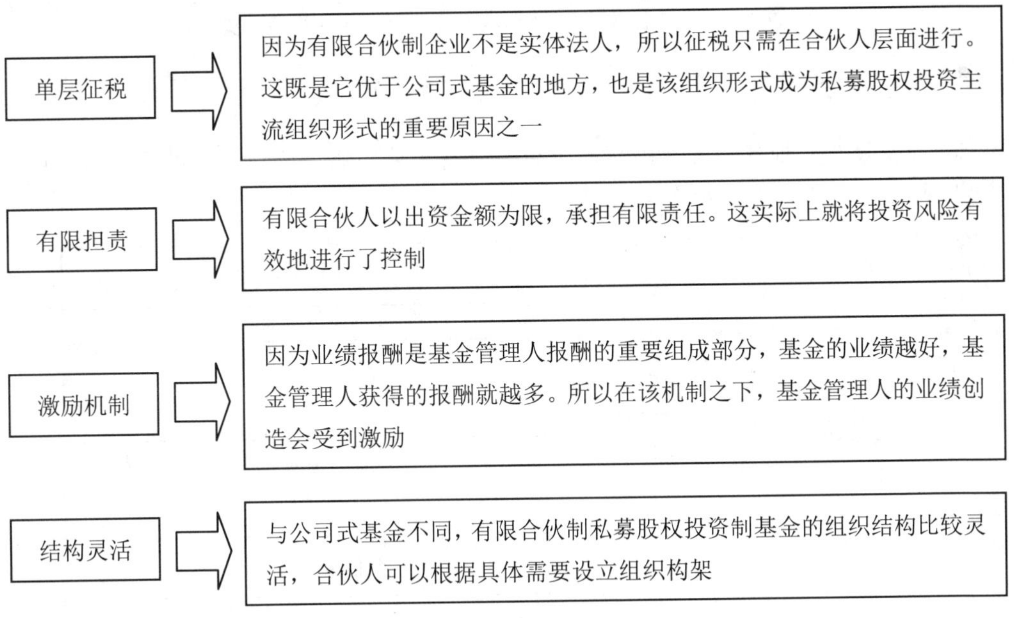

图 4-11　有限合伙制私募股权投资基金企业的组织优势

153　组织劣势

没有什么事物是十全十美的，虽然有限合伙制私募股权投资基金企业的组织形式有着众多优势，但它同时也存在着一些劣势。这主要体现在三个方面，具体如图 4-12 所示。

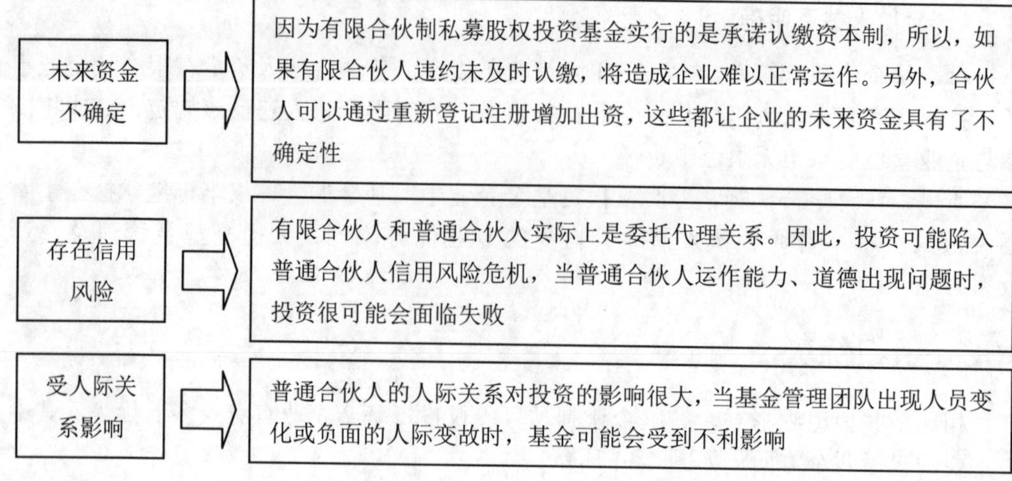

图 4-12　有限合伙制私募股权投资基金企业的组织劣势

154　注意要点

因为有限合伙制私募股权投资基金企业具有私募属性，所以在它的设立过程中，需要特别注意几点，具体如图 4-13 所示。

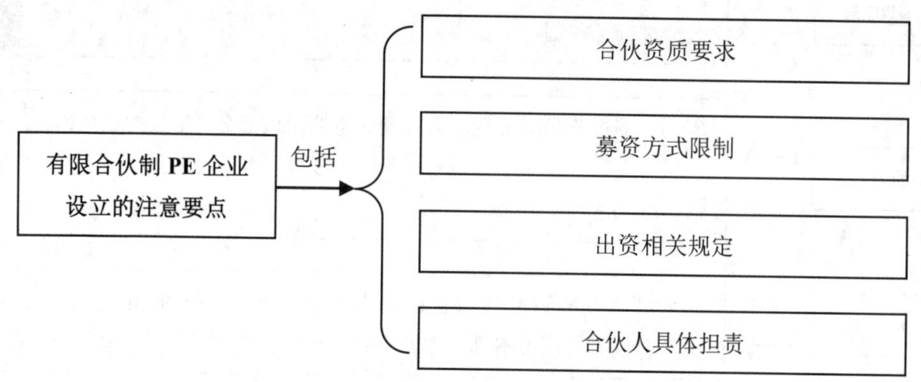

图 4-13　有限合伙制 PE 企业设立的注意要点

接下来对有限合伙制私募股权投资企业设立过程中的几个注意要点，分别进行一一说明。

1. 合伙资质要求

目前，法律对有限合伙人资质尚无硬性规定，自然人和法人皆可成为有限合伙制私募股权投资基金企业的有限合伙人。而对普通合伙人资质则有着明确的法律规定。《合伙企业法》中明确规定，只有拥有完全民事行为能力的自然人才具备普通合伙人资质。国有企业、上市公司和社会团体等机构投资者都不能成为普通合伙人。

2. 募资方式限制

因为有限合伙制私募股权投资基金企业带有私募属性，所以它只能采用非公开发行的方式募集资金。除此之外，法律对其合伙人的数量也有明确的限制。有限合伙制私募股权投资基金企业的合伙人数量需控制在 2～50 人，并且其中至少要有 1 个普通合伙人。

3. 出资相关规定

《合伙企业法》中对出资方式有着明确的规定，即有限合伙人只能以资金出资，而普通合伙人除了以资金出资之外，还可以用劳务进行出资。另外，虽然法律对最低出资额没有进行明确规定，但监管机构通常会对企业首期到位的资金做出要求。如上海要求有限合伙制私募股权投资基金企业股东的最低出资额为 500 万元。

4. 合伙人具体担责

《合伙企业法》规定，有限合伙人在不介入基金管理的前提下，以出资为限对企业承担有限责任。但是，如果有限合伙人有介入基金管理的实质，则需要承担相应的风险，情节严重的甚至还需要承担无限连带责任。因此，有限合伙人的责任承担需根据其具体行为而定。

4.3 信托类投资：契约维系明确权益

信托类私募股权投资基金以信托契约的形式对各方的权利和义务进行确定，它是一种基于信任设立的组织形式。在这种组织形式中，投资者仅可作为受益人共享投资收益，而不能介入基金的运作。

155 初识

信托类私募股权投资基金即将事先募集的资金交给基金管理团队或信托公司进行投资管理。信托类私募股权投资基金与代理投资相似，信托公司在集合多方资金的基础上设立基金(即信托计划)，并由信托公司自己或委派其他机构运用设立的基金，进行私募股权投资。

156 政策要求

法律对信托类私募股权投资基金企业的设立，以及其信托计划的制订都有明确的规定，接下来分别对这两部分的规定进行说明。

1. 信托类 PE 企业设立要求

按照《信托公司管理办法》的相关规定，信托类 PE 企业的设立，需要满足以下要求。

(1) 公司章程需符合《中华人民共和国公司法》及中国银行业监督管理委员会的相关规定。

(2) 股东需满足中国银行业监督管理委员会对入股资质的要求。

(3) 注册资本不得低于《信托公司管理办法》的最低限额。

(4) 企业相关人员，如董事、管理人员等，需符合中国银行业监督管理委员会的相关任职要求。

(5) 企业的组织机构、信托业务操作规程及风险控制制度必须是健全的。

(6) 营业场所、安全防范措施及与业务相关的其他设施，需符合相关要求。

(7) 满足中国银行业监督管理委员会要求的其他条件。

2. 信托类 PE 信托计划制订要求

根据《信托公司集合资金信托管理办法》的相关规定，信托类 PE 信托计划的制订，需要满足以下要求。

(1) 委托人具备投资者资质。

(2) 信托计划的唯一受益者是参与该计划的委托人。

(3) 单个信托计划的合格机构投资者数量不限，但是自然人数量应控制在 50 人以内。

(4) 信托时限不得低于 1 年。

(5) 信托资金的投资方向及投资策略已经确定，且满足国家产业政策和其他相关规定的要求。

(6) 信托收益权应分成等额份额的信托单位。

(7) 信托计划中需对受托人报酬进行明确，且信托公司只能拿取合理报酬，而不能用信托资金牟利。

(8) 满足中国银行业监督管理委员会要求的其他条件。

157 设立流程

与其他私募股权投资组织形式不同，信托类私募股权投资基金采取“先筹资，后投资”的方式设立，其具体流程如图 4-14 所示。

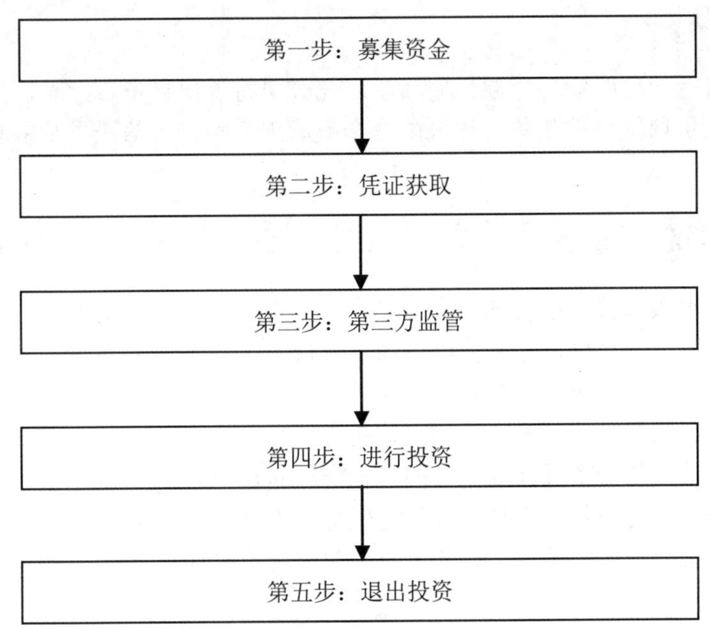

图 4-14　信托类私募股权投资基金设立流程

接下来对信托类私募股权投资基金设立的各个步骤，分别进行说明。

1．募集资金

因为信托类私募股权投资基金以“先筹资，后投资”的方式设立，所以，其设立的第一步就是募集资金。在这一过程中，信托人将按照信托计划通过信托平台募集所需的资金。

2．凭证获取

投资者如果有信托类私募股权投资基金的投资意向，需在此时购入信托凭证，并在签署委托协议后，将资金付给信托人。

3．第三方监管

在资金募集完成后，信托公司将与第三方机构——银行签订《信托资金保管合同》，并将资金交予银行。而银行则需提供与投资资金周转相关的业务。

4．进行投资

在与第三方签订合同之后，信托公司将通过投资顾问挖掘投资项目，并适时进行投资。

5．退出投资

在投资进行一段时间后，项目完成，信托公司将退出投资。此时，信托公司和投资人需根据投资前签订的相关文件分配资金或承担风险。而信托类私募股权投资基金的设立至此便完成了。

158 资料准备

信托类私募股权投资基金的设立需要准备的资料比较多，除了公司式私募股权投资基金设立时的资料之外，还需要准备如下资料。

(1) 基金设立时的《信托计划》。

(2) 信托公司与投资者需签订的《信托合同》。

(3) 信托公司与投资顾问需签订的《投资顾问合同》。

(4) 信托公司与银行需签订的《信托资金保管合同》。

(5) 发行公告、成立公告、认购风险申明书等法律性文件。

159 构架呈现

信托类私募股权投资基金企业的组织由管理公司、受益人大会、信托公司、投资顾问等构成，它们的关系如图 4-15 所示。

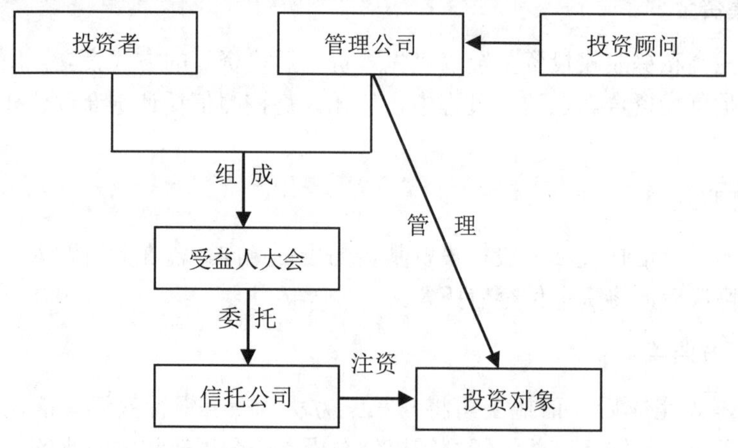

图 4-15 信托类私募股权投资基金组织构架

160 特色展示

信托类私募股权投资基金企业主要有四大特色，具体如图 4-16 所示。

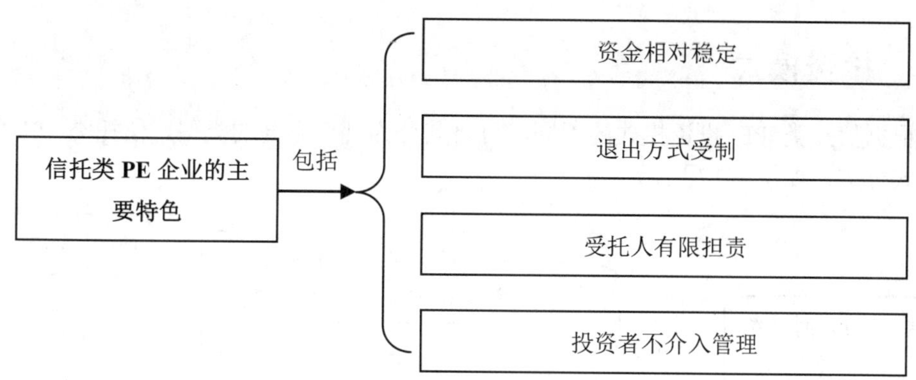

图 4-16　信托类 PE 企业的主要特色

下面对信托类私募股权投资基金企业的四大特色进行一一解读。

1．资金相对稳定

信托类 PE 企业在资金上的要求，比公司式 PE 企业、有限合伙制 PE 企业都要严格。因为信托类 PE 多为封闭运作，所以，它往往要求资金一次性到位。而在其封闭期间，又是不允许随意赎回的，这就很好地保证了基金资金的相对稳定。

2．退出方式受制

首先，上面也提到了，在信托类 PE 封闭期内，投资者是不能对投资份额随意进行赎回的。这就使有退出需求的投资者，只能在此时以转让的方式退出。但是，有的信托合同中甚至对转让的时间做出约定，而且在投资者进行份额转让时，还需支付一定的费用。

3．受托人有限担责

《信托法》第三十七条中明确规定，受托人因为未尽到职责或相关事务处理不当造成的损失，以其固有资产担责。这就表示，在信托类 PE 中，受托人仅在未尽受托义务或违反相关法律、法规时，需要承担资金亏损责任，而在其他情况下，是不需要承担责任的。

4．投资者不介入管理

《信托公司私人股权投资信托业务操作指引》第二十一条明确规定，在信托计划设立后，信托公司对投资拥有独立决策权。而受益人大会虽然能够对信托公司进行监督，但是不能参与投资决策。也就是说，在信托类 PE 中，作为委托人的投资者是不能介入基金的日常管理的。

161　投资模式

根据信托类 PE 投资模式的不同，可将其分为几个不同的类型。信托类 PE 的投资模式分类，如图 4-17 所示。

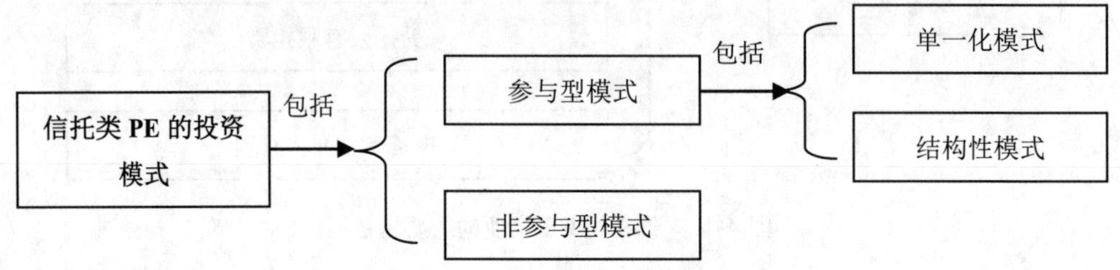

图 4-17　信托类 PE 的投资模式

接下来分别对信托类 PE 的三个投资模式进行具体介绍。

1. 单一化模式

单一化模式中，信托公司向投资者募集资金后设立信托计划，并对投资对象进行投资。在这种模式中，涉及的主体包括投资者、信托计划、信托公司、投资对象和受益人大会，它们的具体关系如图 4-18 所示。

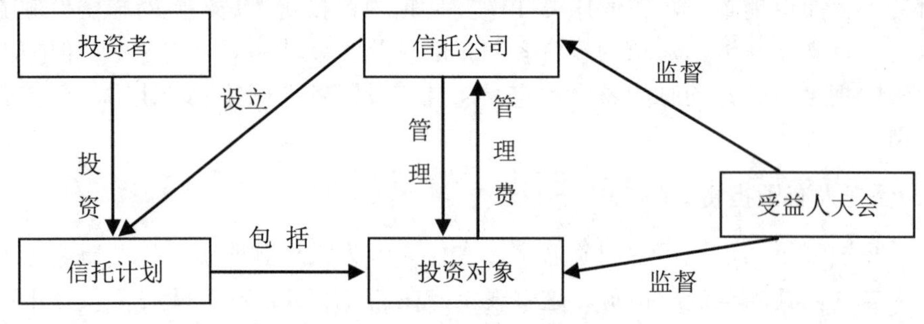

图 4-18　单一化模式的结构

2. 结构性模式

结构性模式中，投资者仍是主要的出资方(出资额约为募资总量的 99%)，他们优先受益。而作为发起人的信托公司也需要投入少量资金(出资额约为募资总量的 1%)，但他在受益上是劣于投资者的。在这种模式中，也涉及投资者、信托计划、信托公司、投资对象和受益人大会这五大主体。这些主体的具体关系如图 4-19 所示。

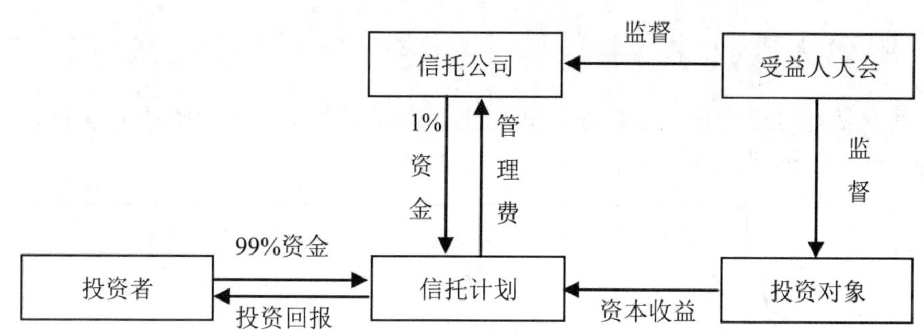

图 4-19 结构性模式的结构

3. 非参与型模式

除了上述两种参与型模式之外，信托类 PE 还有一种非参与型模式。该模式采用的是“信托+有限合伙”的形式，即信托公司委托投资公司运营资金，这也是当前信托类 PE 的主流模式。

与参与型模式不同，在这种模式中，参与主体包括投资者、信托计划、投资公司、投资对象、受益人大会和投资机构，这些主体的具体关系如图 4-20 所示。

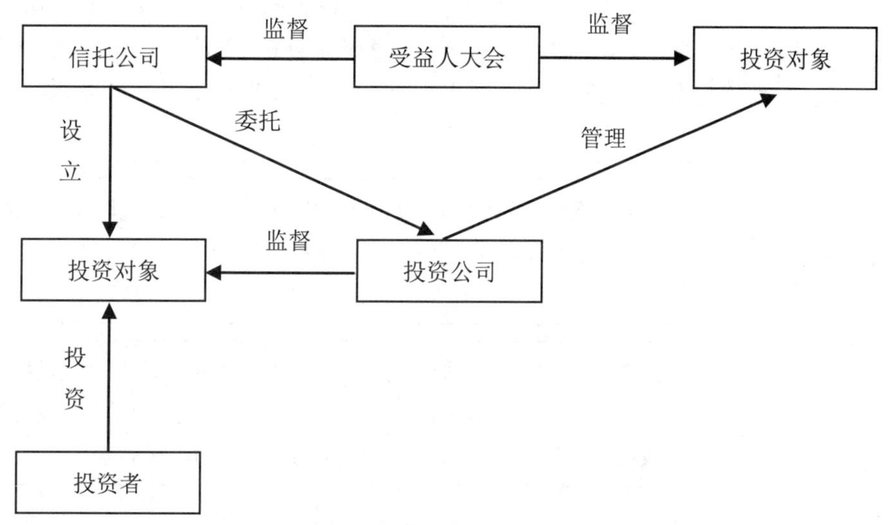

图 4-20 非参与型模式的结构

值得一提的是，在这种模式中，投资的构成与其他模式有所差异。虽然投资者仍是主要的投资方，但是其认购比例不能超过 99%，而作为普通合伙人的投资公司也需对基金进行不低于 1%的认购。

162　组织优势

与其他私募股权投资基金组织形式相比，信托类私募股权投资基金有着众多独特的优势，这主要体现在六个方面，具体如图 4-21 所示。

快速集资	与其他私募股权投资基金组织形式不同，信托类私募股权投资基金通过专门的平台——信托平台，可以在短时间内将募资信息广泛告知投资者，进而快速完成资金的募集
节约成本	因为信托类私募股权投资基金不具备实际主体资质，所以，它在设立时没有注册新交易实体的要求。这可以在很大程度上减少动产、不动产等的投入，从而起到节约成本的作用
融资便利	除了首次融资之外，信托类私募股权投资基金还可在封闭期结束后，安排固定时间供投资者申购。它这种相对便利的融资方式，对基金资金的增加起到了很好的促进作用
单层纳税	从法律关系看，信托类私募股权投资基金是不具备实际主体资质的，因此，它不需要纳税。这样一来，投资者只需从受益人这个层面进行纳税，而不需要缴双重税。所以，在这种组织形式下，投资者的税收成本是相对较低的
进出灵活	信托类私募股权投资基金是基于契约设立的基金，投资者可以通过契约对基金进行投资。与此同时，投资者也可以依据契约的约定退出投资。所以，它的进入和退出都是比较灵活的
主体分离	信托类私募股权投资基金中将各个主体进行分离。如投资者通过投资可获得收益，但不能介入基金的管理。而信托公司则拥有基金投资的独立决策权，并对基金的相关事务进行管理。两者的权利是有明显界限的

图 4-21　信托类私募股权投资基金的组织优势

163　组织劣势

虽然信托类私募股权投资基金有着众多明显的组织优势，但与此同时，它也不可避免地存在着一些组织劣势，这主要体现在三个方面，具体如图 4-22 所示。

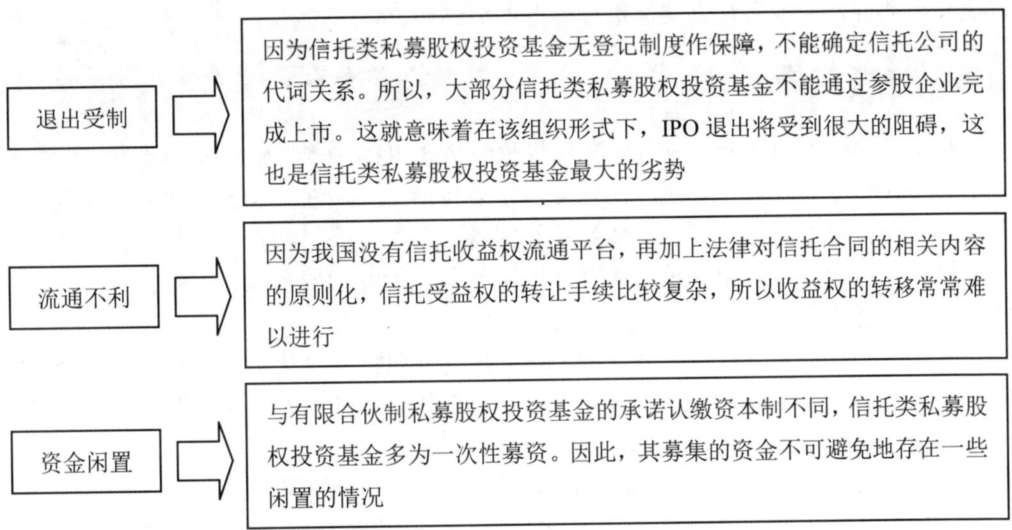

图 4-22　信托类私募股权投资基金的组织劣势

4.4　差异性展示：多方较量找寻最佳

各 PE 组织形式间存在着明显的差异，这些差异集中体现在五个方面，具体如图 4-23 所示。

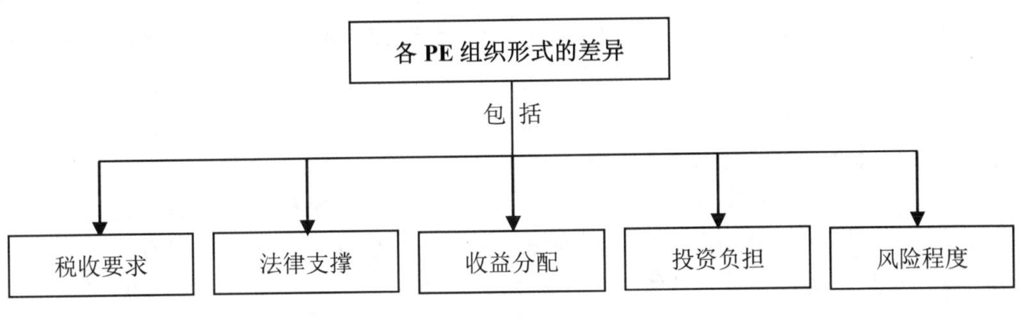

图 4-23　各 PE 组织形式的差异

164　税收要求

就我国私募股权投资而言，三种私募股权投资基金组织形式在税收方面的要求有着较大的区别。这种区别主要来自基金是否具备独立的法人地位。

具体来说，公司式私募股权投资基金属于独立法人，因此，该基金需缴纳企业所得税。即它需要从企业所得税和个人所得税两个层面双重纳税。而有限合伙制私募股权投资基金和信托类私募股权投资基金，则因为基金本身不具备独立法人地位，所以它们只需从合伙人或委托人层面进行单方面的纳税。

165 法律支撑

从主要参考的法律看，三种私募股权组织形式也存在着明显的差异。

公司式私募股权投资基金的法律支撑主要包括《公司法》《证券法》和《创业投资企业管理暂行办法》等，法律体系比较完备。其中《公司法》主要是对公司式私募股权投资基金的设立做出要求；而《证券法》和《创业投资企业管理暂行办法》则分别明确了公司式私募股权投资基金的发行和行为规范。

有限合伙制私募股权投资基金的法律支撑主要包括《合伙企业法》《合伙企业法登记管理办法》《国务院关于个人独资企业和合伙企业征收所得税问题的通知》等。相对来说，与有限合伙制私募股权投资基金有关的法律体系还有待健全，这也是我国当前有限合伙制私募股权投资基金发展受制很重要的一个原因。

信托类私募股权投资基金的法律支撑主要包括《信托法》《信托公司管理法》《信托公司集合资金信托计划管理办法》等。值得一提的是，虽然与信托相关的法律繁多，但是能够直接对信托类私募股权投资基金起指导作用的法律相对有限。

166 收益分配

三种私募股权投资基金组织形式收益分配上的差异，主要体现在对基金管理人报酬的支付上。

具体来说，公司式私募股权投资基金的基金管理人在获得股东大会批准的前提下，可以获得基金的利润分成，但是分成比例具有不确定性；有限合伙制私募股权投资基金的基金管理人可获得 20%左右的高利润分成；而信托类私募股权投资基金的基金管理人则只收取管理费用，不能获得利润分成。

基金管理人能否获得利润分成，实际上是一个有无激励机制的问题。利润分成对基金管理人能够起到激励作用，进而创造出更好的基金业绩。从这一点看，信托类私募股权投资基金对提高基金业绩的作用较为有限。

167 投资负担

私募股权投资基金的投资负担主要体现在设立负担和税收成本两方面。首先，从设立负担看，法律对公司制的设立有着较高的要求，而信托类私募股权投资基金的相关法律则需要进一步完善。

其次，各私募股权投资基金的税收成本也存在明显的差异。从理论上说，公司式私募股权投资基金因为需要进行双重征税，所以税收成本相对较高。但是，现实中公司式私募股权投资基金经常可以获得税收优惠，这样一来，其实际税收负担，就不一定会高于其他两种私募股权投资基金组织形式了。

168　风险程度

投资的风险程度是投资者投资时必须考虑的问题之一。因为投资构成的不同，三种私募股权投资基金的风险程度也会呈现出一定的差异。

在公司式私募股权投资基金中，基金管理人对基金出资，并承担有限责任。基金管理人出于自身利益考虑，会在一定程度上降低投资风险。

有限合伙制私募股权投资基金的基金管理人对企业承担无限责任，这样一来，基金管理人势必会尽可能地控制投资风险。这也使得该组织形式成为三种私募股权投资组织形式中风险程度相对最低的一种组织形式。

而信托类私募股权投资基金的基金管理人因为无法获得利润分成，没有风险控制诉求，所以，该组织形式的投资风险相对较大。

第 5 章 企业管理：合理规划内部建设

学前提示

私募股权投资基金的风险主要来自于两部分，一部分是投资风险；另一部分则是基金内部治理的风险。虽然投资风险相对更为明显，但基金内部治理的风险也是不容忽视的。

正因为如此，许多私募股权投资基金在对组织形式进行设立的同时，会通过一些协议对基金内部各机构的权力进行约定，从而达到基金内部治理的目的。

要点展示

- 公司式管理：严划权力制度补充
- 合伙型管理：分配引导保障收益
- 信托类管理：报酬设计激励机制

5.1 公司式管理：严划权力制度补充

现代企业制度上的最大特点是两权分离，即所有权和经营权的分离。公司式私募股权投资基金的内部治理，实际上就是指公司所有者对经营者的监督和制衡。

因此，公司式私募股权投资基金内部治理的重点就是通过对所有者与经营者权利和义务的明确，建立一个科学、合理的内部结构。

169 法律保障

公司式私募股权投资基金的法律保障主要来自《公司法》《证券法》和《创业投资企业管理暂行办法》，法律体系较为完备，所以，投资者可以获得法律的充分保障。

另外，公司式私募股权基金的设立和《公司章程》的制定，都需要依据《公司法》的相关规定进行。如果投资者有异议，可以根据《公司法》进行维权。

170 管理机制

公司式私募股权投资基金通常会依据中国证监会的相关规章和企业自身情况对企业内部的一些日常管理制度进行明确。总的来说，公司式私募股权投资基金需要制定的管理制度主要包括《股东大会议事规则》《董事会议事规则》《监事会议事规则》《总经理工作细则》和《基金募集管理制度》等。

171 决策机制

为了保证投资工作的正常、有序进行，公司式私募股权投资基金通常会围绕投资标准(即为投资设立的标准，只有在投资对象达到投资标准的情况下，企业才会考虑对其进行投资)和投资流程两方面对投资决策的相关制度进行明确。

一般情况下，公司式私募股权投资基金的决策制度需包括《投资决策委员会工作细则》《投资决策委员会人员任免办法》《项目投资标准指引》和《从业人员行为规则》等。

172 风险控制机制

公司式私募股权投资基金的风险控制通常需要包括两方面的内容，具体如图 5-1 所示。

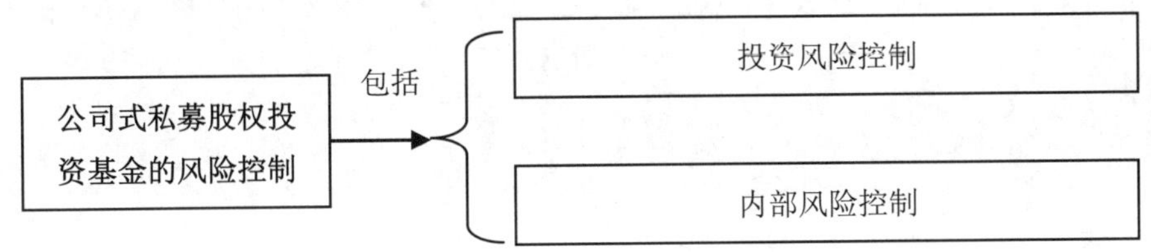

图 5-1　公司式私募股权投资基金的风险控制

接下来对公司式私募股权投资基金风险控制的两个方面分别进行解读。

1. 投资风险控制

公司式私募股权投资基金的风险主要来自投资潜在的风险，因此，投资机构在风险控制上往往会将重点放在对投资项目风险的控制上。

为了对投资风险进行有效控制，公司式私募股权投资基金通常会做好两方面的工作。一方面是通过《投资协议》明确各方权利与义务，进而为企业股东提供文件上的保障；另一方面是通过自身专业水平和资源，为投资项目提供增值服务，进而降低投资项目的减值风险。

2. 内部风险控制

除了对投资风险的控制之外，公司式私募股权投资基金还会对企业内部的风险进行控制。具体来说，公司式私募股权投资基金一般会设立风险控制部门，并赋予其相应的权力，以使其对企业的相关事项进行有效监督。

173　治理特点

公司式私募股权投资基金内部治理结构的最大特点是两权分离，即所有权与经营权的分离。在这种两权分离的机制下，股东会、监事会、董事会和管理层之间相互制约，使企业的内部权力趋向平衡。

公司式私募股权投资基金的内部制衡分为两个方面：一方面是股东会、董事会及监事会的分权治理；另一方面是董事会和总经理之间决策权与执行权的分离。

174　治理框架

公司式私募股权投资基金的组成机构包括公司股东会(由投资人共同组成)、公司董事会、基金管理人和公司监事会，其内部治理框架如图 5-2 所示。

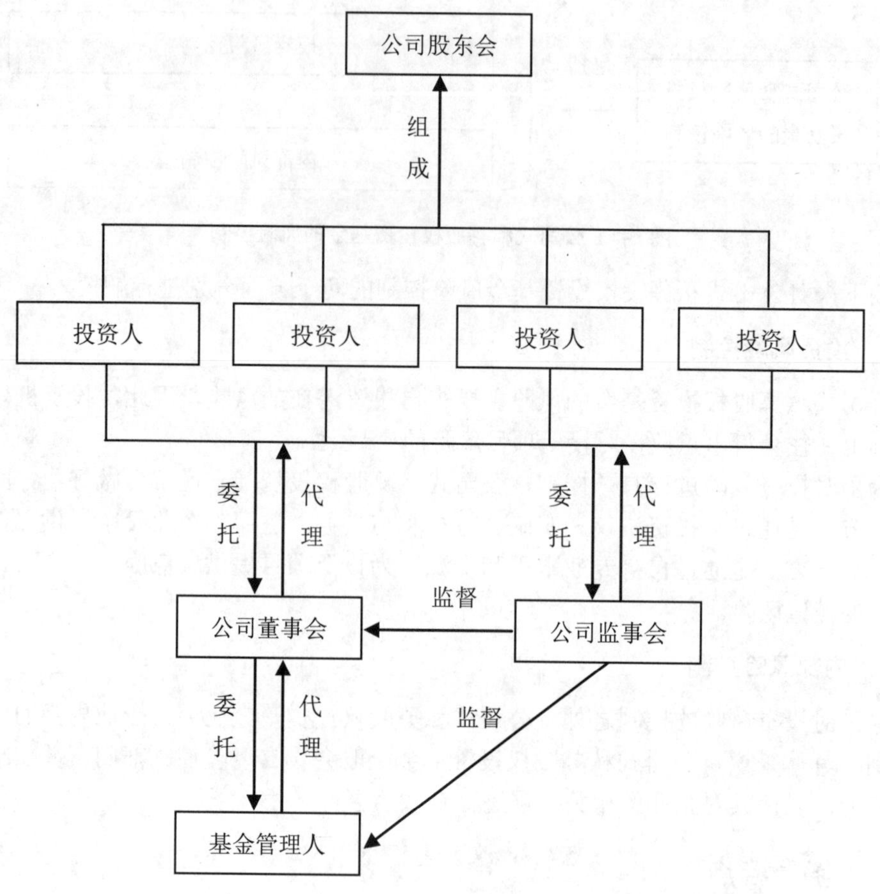

图 5-2　公司式私募股权投资基金的治理构架

175　运作特点

虽然公司式私募股权投资基金企业属于公司制企业的范畴，但是因其私募属性，它在运作上与一般的公司之间有所差异。总的来说，公司式私募股权投资基金在运作上有三大特点，具体如图 5-3 所示。

接下来将分别对公司式私募股权投资基金的三大运作特点进行说明。

1．投资的不确定性

因为公司式私募股权投资基金需要通过对高成长性企业进行投资，进而在退出后可获得更多收益。所以，与一般公司集中投资某一行业不同，它的投资往往需要涉及多个领域，这也使它的投资比一般公司更具不确定性。

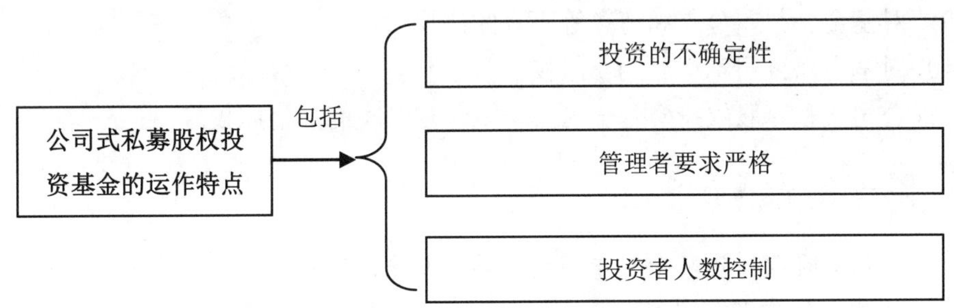

图 5-3　公司式私募股权投资基金的运作特点

2. 管理者要求严格

公司式私募股权投资基金的多领域投资和经营属性，要求相关从业人员必须对基金的投资行业有深入的认知，并且拥有高度的学习能力和沟通能力。

3. 投资者人数控制

虽然法律对有限责任公司和股份有限公司的投资人数要求分别是 50 人以下和 2～200 人，但是因为公司式私募股权投资基金的投资者可以直接参与基金的管理，所以，除了资金之外，对投资者个人的投资水平也会有所要求。

因此，在这双重要求之下，公司式私募股权投资基金的投资者人数通常比法律要求的人数上限要少。

176　股东会的职权

股东会由基金投资者组织，作为基金资金的主要提供方，它是公司式私募股权投资基金中不可或缺的一个组成部分，其在基金投资中行使的主要职权包括以下几方面。

(1) 对基金经营方针及投资计划的决定权。

(2) 对不是职工担任的董事及监事的任免权，以及对与董事和监事报酬事项相关的决定权。

(3) 对董事会报告的审批权。

(4) 对监事及监事会报告的审批权。

(5) 对基金利润分配及亏损弥补方案的审批权。

(6) 对基金年度财务预算和决算方案的审批权。

(7) 对基金债券发行的决议权。

(8) 对基金注册资金增减的决议权。

(9) 对基金合并、分立和清算等事宜的决议权。

(10) 对基金《公司章程》的修改权。

(11) 公司式私募股权投资基金《公司章程》赋予的其他职权。

177　董事会的职权

公司式私募股权投资基金的董事会直接对基金股东负责，它是基金运营的内部监督机构，并对基金的投资起着主要的决策作用。具体来说，董事会在公司式私募股权投资基金中的职权主要包括以下几方面。

(1) 负责股东会会议的召开，并在会议上报告工作情况。

(2) 严格执行股东会决定的事宜。

(3) 对基金经营和投资的决定权。

(4) 负责基金债券发行方案的制订。

(5) 负责基金内部管理机构的设立。

(6) 负责基金基本管理制度的制定。

(7) 负责基金注册资本增减方案的制订。

(8) 负责基金利润分配及亏损弥补方案的制订。

(9) 负责基金年度财务预算和决算方案的制订。

(10) 负责基金合并、分立和清算等事宜方案的制订。

(11) 对基金经理、副经理和财务负责人的任免，以及与其报酬相关事宜的决定权。

(12) 公司式私募股权投资基金《公司章程》赋予的其他职权。

178　投资决策委员会的职权

虽然大多数公司式私募股权投资基金中都设有投资决策委员会这个机构，但从法律上来说，它并不是一个必设机构。也就是说，公司式私募股权投资基金可以根据自身情况，对它的设立与否做出自主选择。所以在实践中，投资决策委员会的相关人员通常由基金董事会直接任免，而该机构也作为基金董事会的一个下属机构而存在，并直接对基金董事会负责。

从职权上看，投资决策机构拥有对一般投资项目的决策权，但是相关事项必须向董事会和股东会备案。而对于重大事项，投资决策机构则需将决策权交回基金董事会手中。

5.2 合伙型管理：分配引导保障收益

作为国内相对较新的一种组织形式，有限合伙制私募股权投资基金在内部治理结构的设计上需重点解决两个不对称问题，即信息不对称和风险不对称。而这两个不对称问题的解决又有赖于另一个问题——普通合伙人和有限合伙人基金管理权的分配与制衡问题的解决。

179 法律要求

公司式私募股权投资基金的法律保障主要来自《合伙企业法》《合伙企业法登记管理办法》《关于促进股权投资企业规范发展的通知》和《创业投资企业管理暂行办法》等，虽然与之相关的法律不少，但是其法律体系还有待进一步完善。

具体来说，《合伙企业法》是有限合伙制私募股权投资基金《合伙协议》制定的蓝本，它对此类基金内部组织机构的设置、全新划分以及利益分配等问题提供了重要参考；《合伙企业法登记管理办法》给有限合伙制私募股权投资基金的登记事宜指明了方向；而《关于促进股权投资企业规范发展的通知》和《创业投资企业管理暂行办法》则对基金管理模式、投资范围和风险控制等进行了明确规定。

值得一提的是，新《合伙企业法》出台之后，作为法人的机构投资者也具备了有限合伙制私募股权投资基金的投资资质，这实际上是将此类基金的合伙人范围扩大了。

180 收益保障

因为在有限合伙制私募股权投资基金中，负责基金运营管理的主要是基金管理人，而基金的运营又直接关系到基金投资成功与否。所以，在进行收益分配时，基金管理人的收益通常由两部分构成，即管理费和业绩报酬。

从法律上看，《合伙企业法》中对有限合伙制私募股权投资基金的收益分配的具体比例做出规定。也就是说，在有限合伙制投资基金中，企业可以根据自身情况对基金管理人的收益进行约定。但不管怎么说，有了两方面收益的支撑，基金管理人的收益可在一定程度上得到保障。

181 激励引导

只有让做事的人觉得有奔头，才能让其更努力地做事。有限合伙制私募股权投资基金中，对基金经理人的激励引导至关重要。该类基金中对基金经理人的激励引导主要体现在基金经理人收益的分配上。

前面已经提到，基金经理人的收益来自两方面——管理费和业绩报酬。虽然管理费一般情况下是固定的，但是浮动的业绩报酬对基金经理人的吸引力是非常大的。

《合伙协议》中对业绩报酬的约定多为达到最低回报率之后，在余下的盈利中拿出20%左右的比例，作为基金管理人的业绩报酬。这就意味着，基金业绩越好，盈利越多，基金管理人获得的收益也就越多，这无疑能对基金经理人的工作起到一个很好的激励作用。

182　普通合伙人的权利

在有限合伙制私募股权投资基金中，普通合伙人对外代表基金，并负责基金经营管理的相关事项。在这种框架下，他扮演的更多的是一个管理者的身份。作为基金管理者，他在对基金的管理中付出了心血，所以，他有权要求在《合伙协议》中对管理报酬及其计提方式进行约定。

在享受上述权利的同时，普通合伙人还需承担一些必要的义务。比如，尽职管理合伙事务、接受有限合伙人的监督等。

183　有限合伙人的权利

有限合伙人在有限合伙制私募股权投资基金中的权利主要包括对基金相关事务的知情权和监督权、在投资退出后按照协议获得收益。而其主要义务则是根据协议及时缴纳资金、不介入基金合伙事务的管理。但是，为更好地保障有限合伙人的权利，《合伙企业法》第六十八条中明确规定，如下情形不属于有限合伙人介入合伙事务的管理。

(1) 参与决定普通合伙人入伙、退伙。

(2) 对企业的经营管理提出建议。

(3) 参与承办有限合伙企业审计业务的会计师事务所。

(4) 获取经审计的有限合伙企业财务会计报告。

(5) 对涉及自身利益的情况，查阅有限合伙企业财务会计账簿等财务资料。

(6) 在有限合伙企业中的利益受到侵害时，向有责任的合伙人主张权利或者提起诉讼。

(7) 执行事务合伙人怠于行使权利时，督促其行使权利或者为了本企业的利益以自己的名义提起诉讼。

(8) 依法为本企业提供担保。

184　合伙人会议的权限

关于合伙人的权限，《合伙企业法》第三十一条规定，除合伙协议另有约定外，合伙企业的下列事项应当经全体合伙人一致同意。

(1) 改变合伙企业的名称。

(2) 改变合伙企业的经营范围、主要经营场所的地点。

(3) 处分合伙企业的不动产。

(4) 转让或者处分合伙企业的知识产权和其他财产权利。

(5) 以合伙企业名义为他人提供担保。

(6) 聘任合伙人以外的人担任合伙企业的经营管理人员。

从上述内容不难看出，合伙人会议的权利与基金的投资和管理并没有直接的关系。再加上合伙人数量庞大，意见通常难以统一，所以，有的《合伙协议》中会约定上述部分事项在没有得到合伙人会议一致同意的情况下也可以进行。

但是，合伙人会议毕竟是由全体合伙人组成的，既然对基金进行了投资，就有获得相应权益的权利。所以，一些重大的事项必须在得到合伙人会议的一致同意之后才能进行，主要包括如下几点。

(1) 合伙人的入伙及退伙。

(2) 普通合伙人退伙的强制执行。

(3) 普通合伙人年度报告的通过。

(4) 普通合伙人与有限合伙人的相互转换。

(5) 普通合伙人进行有限合伙权益的转让操作。

(6) 基金解散清算、清算组人员以及清算组报告的通过。

185　投资决策委员会的组建

投资决策委员会作为有限合伙制私募股权投资基金企业的投资决策机构，全权负责基金的投资事务。所以，有限合伙制私募股权投资基金中对投资决策委员会的组成人员有着严格的要求。这主要包括：具有专业能力，可独立进行基金的投资和风险控制工作；保障有充足的时间和精力能胜任这一职责；对相关法律、法规及基金的管理运作有足够的了解；拥有诚信、公正廉洁等职业操守。

另外，对投资决策委员会组成人员的资质还有一个特别的要求，那就是和有限合伙人没有法律上的利害关系。

186　国内外治理框架的差异

从内部治理框架上看，国外有限合伙制 PE 与国内有限合伙制 PE 有着明显的区别，两者的内部治理框架具体如图 5-4 和图 5-5 所示。

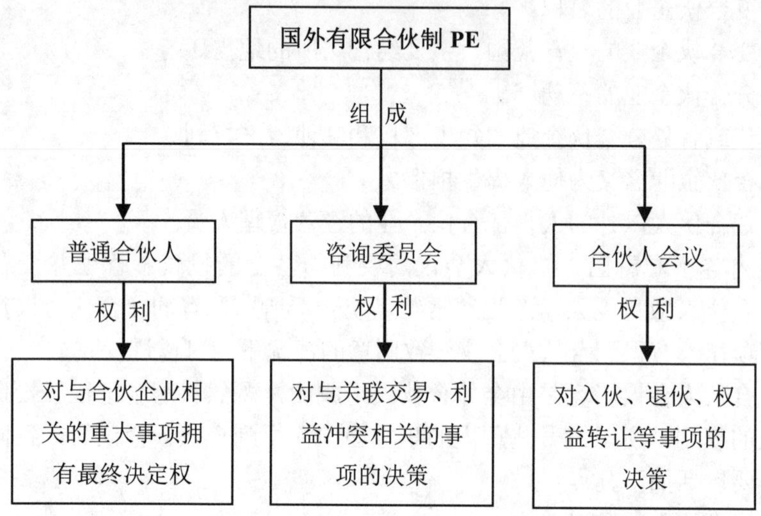

图 5-4　国外有限合伙制 PE 内部治理框架

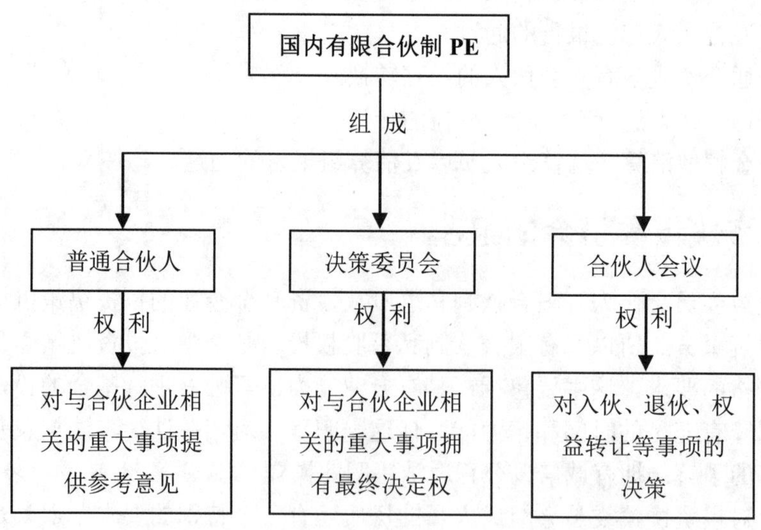

图 5-5　国内有限合伙制 PE 内部治理框架

从图 5-4 和图 5-5 可以看出，国内外有限合伙制 PE 内部治理框架的差异主要体

现在两方面：其一是组成机构上的差异，即国外有限合伙制 PE 有咨询委员会，没有决策委员会，而国内则与之相反；其二是权利上的差异，其中最明显的一点是，国外有限合伙制 PE 的决策机构是普通合伙人，而国内有限合伙制 PE 的决策机构则是投资决策委员会。

5.3 信托类管理：报酬设计激励机制

信托类私募股权投资基金是根据信托协议契约设立的，它建立在委托人与受托人相互信任的基础上。受托人在接受委托人的委托后，便可对委托人投入的资产进行管理。这种特殊的运作模式直接导致了信托类私募股权投资基金企业内部治理结构的特殊性。

187 法律要求

信托类私募股权投资基金的法律支撑主要包括《信托法》《信托公司管理法》《信托公司集合资金信托计划管理办法》《信托公司四人股权投资信托业务操作指引》等。

值得一提的是，虽然目前与信托相关的法律有很多，但是能够直接对信托类私募股权投资基金起指导作用的法律却比较有限。这也是我国信托类私募股权投资基金难以获得发展的原因之一。

188 收益保障

虽然在信托类私募股权投资基金中基金管理人的报酬原则上只收取固定的管理费，但在实际操作中，许多信托类私募股权投资基金会仿照有限合伙制私募股权投资基金的收益分配机制，根据基金报酬，适当地向基金管理人支付一些业绩报酬费。

也就是说，在实际的信托类私募股权投资基金操作中，基金管理人也可能获得双重收入，这样一来，基金管理人也有了共享投资收益的可能，其收益也在一定程度上得到了保障。

189 激励引导

正是因为部分信托类私募股权投资基金中效仿了有限合伙制私募股权投资基金的收益分配机制，基金管理人能享受双重收入，其收入与基金的业绩直接挂钩。而且这种意料之外的收益往往更能调动其积极性。因此，在这种机制下，基金经理人或将受到激励，会努力工作促使基金获得更好的收益。

190 合同构架

在信托类私募股权投资基金中，以信托公司为中心，各机构以合同建立关系，其合同构架如图 5-6 所示。

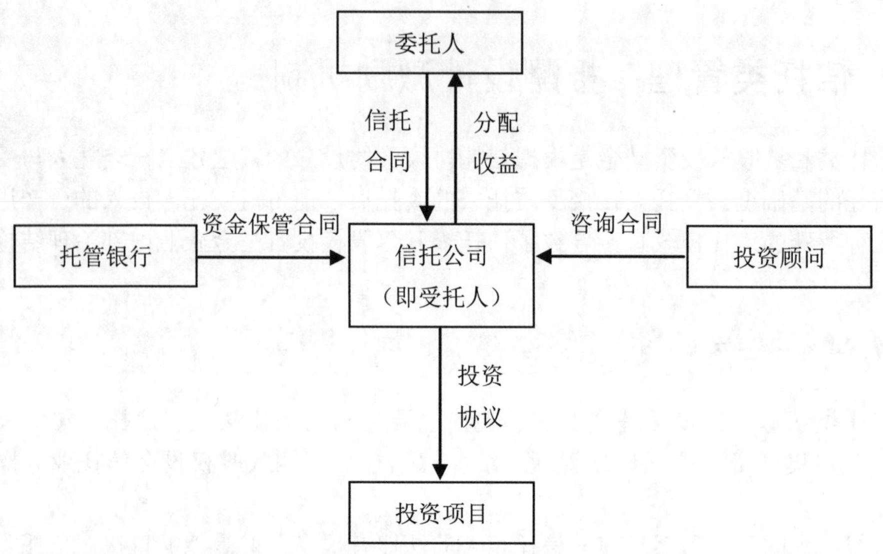

图 5-6 信托类私募股权投资基金的合同构架

191 受益人大会的召开前提

虽然受益人大会是由全体受益人组成的一个机构，但并不是在所有情况下都需要召开受益人大会。《信托公司集合资金信托计划管理办法》第四十二条明确规定，出现如下事项但信托计划没有事先进行约定的，需召开受益人大会进行审议。

(1) 提前终止信托合同或延长信托期限。

(2) 改变信托财产运用方式。

(3) 更换受托人。

(4) 提高受托人的报酬标准。

(5) 信托计划文件约定需要召开受益人大会的其他事项。

除此之外，受益人大会的召开和进行还有一些相关要求。比如，只有在超过半数信托单位参加会议时，才可以召开受益人大会。而且要想在受益人大会上通过一项决议，必须获得超过三分之二的与会受益人的支持。另外，受益人大会通过的决议需及时告知相关当事人，并向有关部门报告。

192　投资决策委员会的职能

在信托类私募股权投资基金中，投资决策委员会负责进行投资对象的选择、评估，并拥有投资的最高决策权。但是因为投资决策委员会并非法律要求必须设立的机构，所以它在人员组成上可能会出现一些差异。通常情况下，它由两部分人员构成，其中，以投资顾问委派人员为主，并辅以部分信投公司委派人员。

正是因为投资决策委员会手握大权，相应地留给受益人大会的权力自然比较有限了。但这一点对于基金投资来说，作为更具专业性的人员组成的投资机构，投资决策委员会的单独决策可在一定程度上减少由于认知不足造成的投资失败。

第 6 章
项目审查：来源判断未来预期

学前提示

投资项目的来源判断是 PE 投资的第一步，也是最为关键的一步，它直接决定了 PE 投资的起点位置。因此，私募股权投资机构对项目审查的相关工作都比较重视。

当然，在此过程中为了给投资的双方当事人提供一个基本保障，签署一些前期协议，如投资意向书等，也是非常有必要的。

要点展示

- 来源判断：积极获取严格评估
- 资料准备：书面保障不可或缺

6.1 来源判断：积极获取严格评估

正所谓“磨刀不误砍柴工”，为了选择更合适的投资对象并提高投资的成功率，对投资项目的来源进行判断和价值评估是很有必要的。为此，私募股权投资机构通常会对投资对象进行多方面的考察，只有在各方面均达到要求的情况下，才会放心地与投资对象达成投资协议。

193 获取渠道

投资项目的获取既是私募股权投资基金投资的第一步，也是其中最为关键的一步。这是因为投资对象选择的获取渠道越多，也就意味着私募股权投资基金有更大的选择空间。一般情况下，私募股权投资基金投资对象的获取渠道主要有四个，具体如图 6-1 所示。

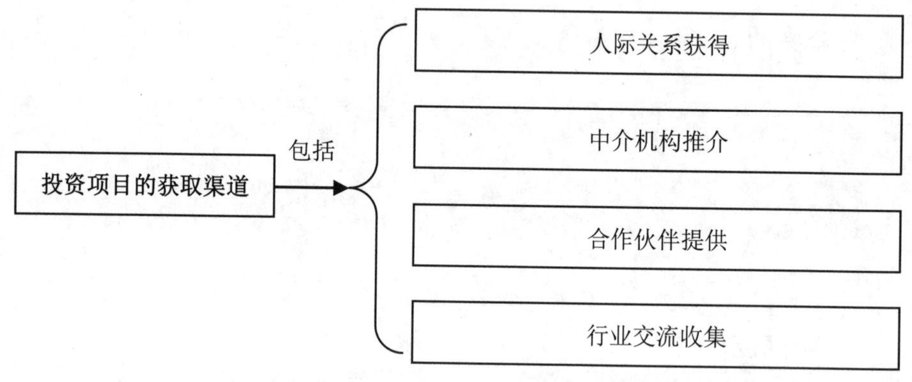

图 6-1 投资项目的获取渠道

为帮助读者更好地理解，接下来对图 6-1 中所示的四个投资项目的获取渠道分别进行具体说明。

1. 人际关系获得

私募股权投资基金管理团队中的许多人员都是在该领域工作多年的专业人士，在其工作中积累了大量的人脉资源，利用这些人脉资源，基金管理团队可以获得不少投资项目的相关信息。

除此之外，对私募股权投资基金进行投资的投资者中，也有部分人员对投资行业有所认知，他们也可以向私募股权投资管理团队提供部分参考信息。

2. 中介机构推介

随着私募股权投资行业的发展壮大，为其提供服务的中介机构也逐步兴起。这些中介机构在与私募股权投资机构保持联系的同时，也会进行投资项目的收集工作。它们在私募股权投资中，充当私募股权投资机构与需获投资的企业之间的桥梁。私募股权投资机构可以向其支付一些咨询费用，并从其推介的企业或项目中进行选择。

3. 合作伙伴提供

因为工作需要，私募股权投资基金管理团队会与商业银行、证券公司和律师事务所等机构建立合作伙伴关系。而这些机构又可以经常性地接触到一些企业，并了解这些企业的基本情况。它们可以给私募股权投资基金管理团队提供需获投资企业的有效信息，帮助私募股权投资管理团队快速获取相关信息。

4. 行业交流收集

投融资行业经常会以座谈、会议等形式进行交流，私募股权投资基金管理团队可以借此获取投资项目的相关信息。在条件允许的情况下，私募股权投资基金管理团队甚至可以将投资条件告知与会企业，让有融资需求的企业主动前来寻求合作。

194 初步评估

在获取投资对象的相关信息之后，私募股权投资基金管理团队需要对投资对象进行初步评估，以确定信息的真实性，并就此决定是否将其作为投资的备选项。一般情况下，私募股权投资基金管理团队对投资项目的初步评估主要包括四方面的内容，具体如图 6-2 所示。

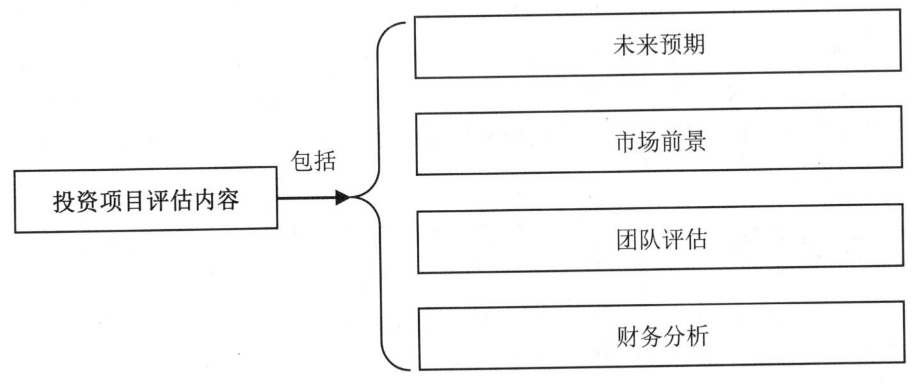

图 6-2 投资项目评估内容

195 未来预期

既然是进行投资，那么首要考虑的就一定是能否从中获利。对于私募股权投资基金来说，只有具有良好未来预期的投资项目，才是它们理想的投资对象。一般情况下，对投资项目未来预期的考察主要从两方面进行，具体如图 6-3 所示。

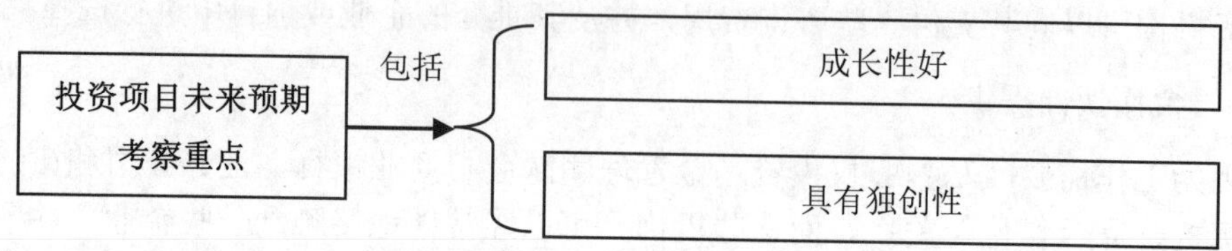

图 6-3 投资项目未来预期考察重点

下面分别从上述两个投资项目未来预期考察重点的内容进行具体解读。

1. 成长性好

一个好的投资项目必然具有良好的成长性，而企业成长性最直观的呈现就是企业规模的扩大。但是企业规模的扩大又需要有一定的条件作为支撑，这主要包括技术优势和产品优势。如果企业具有了这两方面的优势，那么，只要运营得当，企业的成长或许就只是时间问题了。

2. 具有独创性

如果企业还停留在别人做得好就一味地去模仿，却始终没有自己的特色，那么，迎接它的很可能就是被淘汰。在市场中只有做到“人无我有”才能掌握主动权，这就要求企业的产品必须具有独创性。

独创性并不是单纯的制造市场上没有的东西，具体来说，它应该满足两个条件：一是能够满足市场某些特定需求，具有一定市场，企业的产品只有获得市场的充分认可，才有生产的意义，否则，就没有生产的必要了；二是该产品具有独有性，即该产品的生产具有一定的要求，是其他企业暂时难以甚至是不可能生产出来的，这样也就保证了产品的市场。

196 市场前景

一个好的企业必须拥有广阔的市场前景，而企业市场前景除了依赖其技术优势和产品优势之外，还必须考虑该行业的前景如何。

虽然很多企业目前发展态势良好，但从整个行业看，其生产的产品正逐步被其他产品所取代，已经有了由盛转衰的迹象。在这种情况下，私募股权投资机构为控制其投资风险，也会慎重考虑是否对其进行投资。

197　团队评估

相比于企业的技术，不少私募股权投资机构更看重的是企业管理团队的素质。而在企业管理团队中，作为领头人的企业家又是私募股权投资机构重点考察的对象。从私募股权投资机构的角度看，一个成功的企业家通常需要具备三方面的素质，具体如图 6-4 所示。

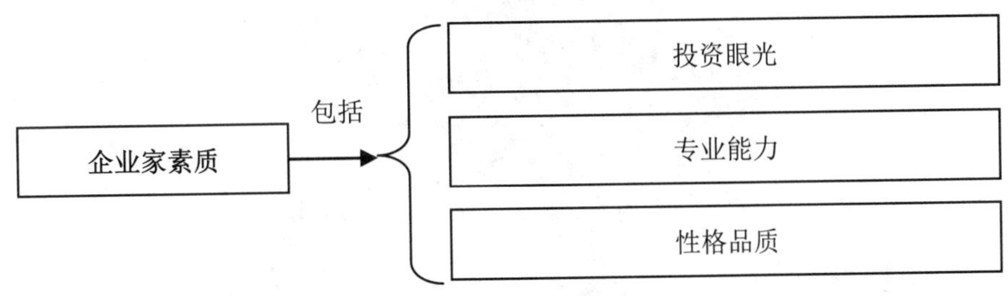

图 6-4　企业家素质

从私募股权投资机构的角度看，企业家的投资眼光、专业能力和性格品质都是其素质的体现，那么，它们又包含了哪些具体的内容呢？接下来分别进行解读。

1. 投资眼光

良好的投资眼光是一个成功企业家的必备素质，而对于私募股权投资机构来说，选择具备良好投资眼光的企业家作为合作伙伴，是保障其投资收益的重要举措。在企业文化及经营理念中，灌注了企业家的投资思想，私募股权投资机构可据此对企业家的投资眼光进行评估。

2. 专业能力

一个企业的长期发展，离不开其管理者的专业能力。因此，作为企业领头人的企业家通常需要具备一些能力，主要包括经营管理能力、公共关系维系能力和风险防范控制能力等。

3. 性格品质

虽然性格品质是个人的事，但作为企业的领头人，企业家的性格品质对企业可能产生一定的影响。因此，为了控制投资风险，私募股权投资机构会对企业家的性格品质进行一番考察。通常来说，一个成功的企业家的性格品质主要包括精力充沛、敢于担当、坚韧务实和正直机敏等。

198　财务分析

私募股权投资基金管理团队对投资对象的初步评估中有一项永远绕不过的内容——

财务分析。企业的财务状况可以说直接关系到该企业的未来，只有财务规划良好的企业，才有可能赢得私募股权投资机构的青睐。一般情况下，私募股权投资基金管理团队对企业财务状况的评估主要涉及五方面的内容，具体如图 6-5 所示。

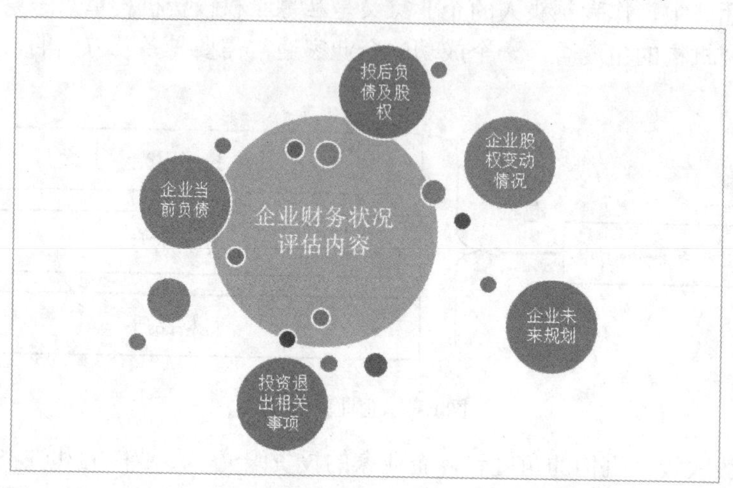

图 6-5　企业财务状况评估内容

6.2　资料准备：书面保障不可或缺

企业在向私募股权投资机构进行融资时，有必要提供一些书面上的保障。因此，会涉及一些相关文件的准备。本节将重点探讨的商业计划书和投资意向书是其中最为关键的两个文件。

199　初识商业计划书

商业计划书是指企业为达到招商融资等目的，按照一定格式和内容要求编辑整理的一份向投资者全面展示企业或其项目的现状以及发展潜力的书面材料。商业计划书的制定是以文件的形式对企业进行全方位的展示和规划，它的目的是为投资者提供投资参考，并激起投资者的投资兴趣。

虽然商业计划书看上去不过是一纸文件，但它反映的却是企业经营者的素质，而且一份优秀的商业计划书，往往是企业融资中最为关键的一步。因此，企业对商业计划书的制定显得格外重视。

200　商业计划书内容总览

因为商业计划书是投资者投资时重点参考的文件之一，所以，企业制定的商业计

划书应力求严谨、全面。这既是企业管理者素质的体现，也是企业融资诚意的体现。通常情况下，商业计划书需要对各方面的内容进行具体的说明，其构成部分如表 6-1 所示。

表 6-1　商业计划书的构成部分

构成部分	具体内容
封面	作为一份正规的文件，格式非常重要。在商业计划书的封面应该列出收到计划书的时间、项目编号、项目名称及具体联系方式等内容
保密承诺	保密承诺通常设置在商业计划书的扉页位置，该部分需对商业计划书的保密性进行说明，并列出具体的保密事宜
内容摘要	内容摘要通常接在保密承诺的后面，该部分需对商业计划书的内容进行简单的摘要说明。内容摘要应注意简洁性，所以其占用的页面不宜过多，一般情况下应将其控制在两页纸以内
企业基本情况	该部分应对企业的基本信息、股东构成、经营业务、人员构成、负债情况和未来计划等内容进行具体说明
企业管理人员介绍	该部分需列出企业董事会成员及其联系方式，并对董事长、总经理和各部门负责人的基本信息分别进行介绍
企业产品(或服务)介绍	该部分需对企业知识产权、主要客户、产品成本构成、产品定价依据、产品利润情况以及产品的竞争优势等内容进行具体说明
产品生产情况	该部分需要对产品生产方式、企业厂房情况、产品生产过程和生产成本的控制方向等事项进行具体说明
企业已有成果及未来方向	该部分需对企业已有成果及技术、主要竞争对手、竞争力提高方案、开发资金投入情况、未来开发的主要方向以及未来几年研发投入等内容进行具体说明
行业状况及其未来预测	该部分需对本行业整体情况、行业未来几年收入预测、行业内主要的竞争对手、企业的主要竞争优势以及企业未来几年收入预测等内容进行具体说明
营销推广方案	该部分需对销售渠道、销售策略、销售的相关激励机制以及未来几年内销售费用的预测情况等内容进行具体说明
融资计划及其说明	该部分需对融资总额、资金使用规划、融资构成、融资让股比例、未来几年的资产回报以及投资退出方式等内容进行具体说明
企业获投后经营管理说明	该部分需对企业获得后机构的设立情况、对管理团队的激励机制、知识产权和相关机密的保护方案、企业与员工合同的签署情况以及是否考虑员工持股等内容进行具体说明

续表

构成部分	具体内容
企业财务情况及未来规划	该部分需以表格的形式列明企业近年来负债情况、损益情况、现金流量情况，并对企业财务指标分析及其未来财务情况预测进行具体说明
投资风险及其防范方法的说明	该部分需对企业融资后在发展过程中可能出现的风险，以及针对这些风险制定相应的控制和防范措施
其他相关事项说明	企业可在该部分对其他需要提及的事项进行补充，如关于项目实施进度的相关事项等

201　商业计划书注意事项

企业在制定商业计划书时，应该注意从投资者的角度出发，否则很可能会陷入一些误区。通常来说，商业计划书中的常见问题有五个，具体如图 6-6 所示。

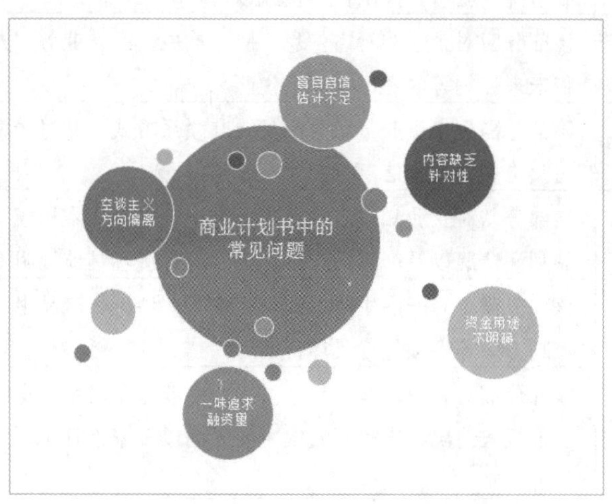

图 6-6　商业计划书中的常见问题

接下来分别对商业计划书中可能出现的五个问题一一进行说明。

1. 内容缺乏针对性

部分企业在制定商业计划书时，未严格区分对象，错把私募股权投资机构当成产品或服务的潜在客户，将重点放在了企业产品和服务的推介上。殊不知，相比于产品和服务，私募股权投资机构更关心的是企业的运营情况。这样一来，企业商业计划书的内容针对性肯定就不强了。

2. 资金用途不明确

有的企业在商业计划书中对资金用途缺乏详细说明，还有的企业甚至干脆只字不

提，这种情况下，企业是很难完成融资的。因为私募股权投资机构管理的资金是投资人的，它必须对投资人负责。在它们看来，企业对资金用途的模糊态度，说明企业自身很可能对未来缺乏规划。这样一来，私募股权投资融资机构是不敢贸然对企业进行投资的。

3. 一味追求融资量

在进行融资时，有的企业错误地认为钱越多越好，进而一味追求大的融资量。对此，企业需要明确的一点是，融资量越大，也就意味着企业出让的股权越多。所以，如果企业融资量太大，那么，企业管理者手中的股权将被严重稀释，甚至会因此失去对企业的控制权。如果为了管理更大的资金规模而失去了对企业的管理，那就有点得不偿失了。

4. 空谈主义方向偏离

很多企业为了增强项目对私募股权投资机构的吸引力，大谈理想，却对项目的运作事项等具体内容只字不提，这样做很容易适得其反。因为私募股权投资机构中不乏专业人士，这种没有数据作支撑的做法，难以获得他们的认同。相反，部分私募股权投资机构很可能会对这种不务实的做法反感，进而直接打消投资念头。

5. 盲目自信估计不足

企业在进行融资时应客观地对企业现状及未来预期进行评估，切不可因为盲目自信让自己陷入被动局面。

然而，由于部分企业的管理者对企业具有深厚感情，过分地将企业的优势扩大化，以至于不能客观地看待企业的价值。更可怕的是，部分企业由于过分自信，不惜与私募股权投资机构签署对赌协议。要知道对赌协议的签署对私募股权投资机构来说，是一份保障，但它对企业来说却是巨大的压力，因为一旦出现不利局面，企业很可能会陷入困局。

202　初识投资意向书

私募股权投资基金在完成对企业的初步评估之后，通常会与企业签署一些前期协议，如图 6-7 所示，而投资意向书就是其中最为重要的文件之一。

投资意向书(Letter of Interest)也称为“投资备忘录”，它是指投资方与获投方在对投资项目进行协商后，达成投资共识，并将其以文件的形式进行约定。虽然投资意向书并不具备法律效力，但其通常包含了投资的主要内容，因此，它通常被视为签订正式协议的前奏，其在企业融资时的重要性也就不言而喻了。

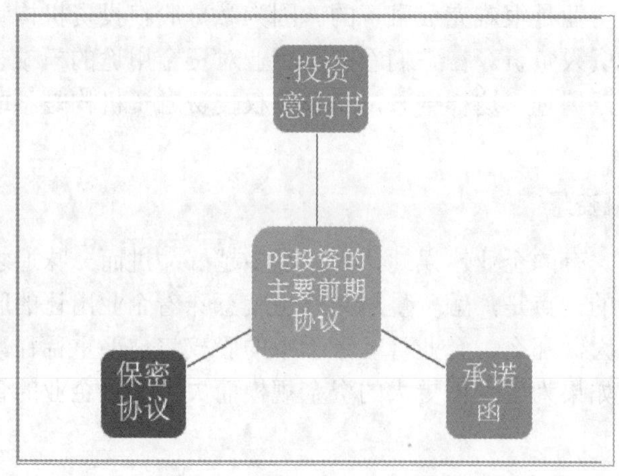

图 6-7　PE 投资的主要前期协议

203　投资意向书参考模板

投资意向书是私募股权投资机构与需要投资的企业签署的初步协议，它通常包括企业估值、投资价格和出让股权数量等内容，其参考模板如下。

投资意向书(模板)

甲方：(此处填私募股权投资机构的名称，以下内容中的甲方都默认为私募股权投资机构，不再另作说明)

电话：(此处填私募股权投资机构的电话)

地址：(此处填私募股权投资机构的地址)

乙方：(此处填需要获得投资的企业的名称，本投资意向书中的乙方都默认为需要获得投资的企业，不再另作说明)

电话：(此处填需要获得投资的企业的电话)

地址：(此处填需要获得投资的企业的地址)

鉴于：

乙方向甲方承诺本次投资中乙方提交的材料和相关信息，均为真实的信息，且乙方向甲方的融资行为得到了乙方股东的同意。甲方在协议签署后，将利用自身资源，在融资、引进战略资金等方面为乙方的增值提供应有的服务。

为更好地发挥双方优势，现对投资的相关事宜做出如下约定。

一、投资方案

甲乙双方现对投资方案约定如下。

(一)甲方将以现金的形式分期(视具体情况而定)向乙方注入资金，以实现乙方的增资扩股。

(二)甲方将对乙方投入____万元人民币(约占乙方股份的____)，具体以最终协议为准。

(三)完成投资后，甲方将根据相关法律及乙方制定的《公司章程》享有应有的权利。

二、投资条件

乙方获取甲方投资需满足以下条件。

(一)甲方有权对乙方进行尽职调查，乙方应配合甲方的调查，并且乙方的融资行为必须建立在已征得其股东同意的前提下。

(二)双方签订最终合同后，乙方可获得甲方的投资。

三、前期工作

在获得投资前，乙方应配合做好如下事项。

(一)乙方应及时对投资相关内容进行披露。

(二)乙方有义务接受甲方及甲方委托机构的审计调查。

四、保密协议

在未兑现投资承诺以前，甲乙双方及其相关人员对谈判内容、谈判进展和本投资意向书的相关事宜负有保密义务，如非获得相关方面许可，双方不得对上述内容进行公开。另外，如果出现特殊情况必须对相关内容进行公开的，应尽量将披露内容控制在最小范围内。

五、相关声明

甲乙双方就相关问题达成一致，现对下列问题做出声明。

(一)甲乙双方均主动放弃因投资意向向法律起诉的意愿及相关权利。

(二)本投资意向书并非最终的投资承诺书，因此，甲方对乙方的投资承诺需根据最终签署的正式合同兑现。

六、适用法律

本投资意向书适用于中华人民共和国的相关法律。

七、其他事项

本投资意向书甲乙双方各执一份，自甲乙双方签字、盖章之日起，本投资意向书正式生效。

第 7 章 尽职评估：价值考察赢在起点

学前提示

投资就是一场博弈，对于私募股权投资机构来说，要想在这场博弈中获胜，有两步是极为关键的——尽职调查和价值评估。

那么尽职调查和价值评估的内容有哪些？又是如何进行呢？这就是本章将重点探讨的问题。

要点展示

- 尽职调查：明确目标内容俱到
- 价值评估：模型方法精准无差

7.1 尽职调查：明确目标内容俱到

私募股权投资基金对目标企业进行的投资，其实质是投资方与获投方关于企业价值的一场博弈。在这场博弈中，私募股权投资基金由于信息不对称等原因，在投资中经常处于不利地位。为了弥补这种固有的劣势，私募股权投资机构会通过一定举措更清晰地了解企业的相关信息，这其中之一就是进行尽职调查。

204 初识尽职调查

尽职调查(Due Diligence，DD)，即投资方在投资之前对投资目标的经营状况进行审慎的调查，从而对投资目标的价值及风险获得一个较为准确的认识，为后续的投资工作提供参考。

尽职调查既是解决投资双方当事人信息不对称的有效途径，也是私募股权投资对目标企业投资时必须进行的一个重要步骤。在此过程中，作为需要获得投资一方的企业应该尽量配合私募股权投资机构组织的尽职调查，这既是企业管理人员素质的展示，也是企业融资诚意的体现。

205 尽职调查的条件

因为尽职调查的内容可能涉及企业经营的机密，所以，只有在满足一定条件的情况下，私募股权投资机构才能对企业进行尽职调查。总的来说，进行尽职调查的前提条件如下。

(1) 尽职调查的进行需建立在双方达成一致，企业自愿接受，且双方已经签订了保密协议的前提下。

(2) 因为尽职调查需花费一些费用，所以，私募股权投资机构在组织尽职调查之前，必须得到其投资决策委员会的批准。

(3) 私募股权投资机构对企业进行尽职调查，应建立在私募股权投资机构对企业有初步的投资意向，需要通过深入了解企业的相关情况确定是否进行最终投资的基础上。

206 尽职调查的作用

私募股权投资机构对企业进行尽职调查主要有三方面的作用。其一，通过尽职调查了解企业的相关情况，进而缩小双方在信息上的不对称；其二，帮助私募股权投资机构了解企业现存和潜在的问题，以便更清晰地认识投资的风险；其三，经过尽职调查之后，私募股权投资机构将更深切地了解企业的经营情况，进而为其评估企业的价

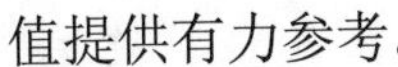

值提供有力参考。

207 尽职调查的步骤

尽职调查并不是仅仅对企业进行实地调查就可以了，它包含了一个复杂的流程，只有将流程中的各步骤都顺利完成，才算最终完成了尽职调查。总的来说，尽职调查通常需要经过九步，具体如图 7-1 所示。

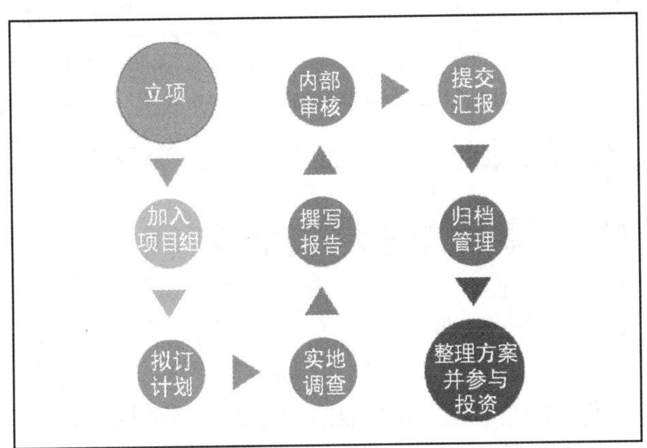

图 7-1 尽职调查的步骤

208 尽职调查内容总览

尽职调查的目的在于通过对企业经营情况进行调查，为企业的价值评估提供依据，并让私募股权投资机构更真切地看到投资的风险。所示，尽职调查的内容通常力求全面，总的来说，尽职调查的内容主要由四部分构成，具体如表 7-1 所示。

表 7-1 尽职调查内容的构成部分

构成部分	具体内容
企业基本信息	该部分需要对两方面的内容进行了解和调查。一是企业的概况，如企业组织构架、企业文化和形象、企业近年来会计报表和审计报告以及企业未来几年的财务预算情况等；二是企业的相关文件证明，如《公司章程》、营业执照以及股东构成等
企业经营状况	该部分的调查主要围绕四个部分进行。一是企业产品(或服务)的市场销售情况，如产品的市场占有率、销售量的周期性变化和营销的策略等；二是生产技术和产品研发，如企业专利、技术人员、技术设备情况和研发投入情况等；三是生产配套情况，如生产材料的采购、运输等；四是企业人力资源情况，如主要管理人员的概况、人员招聘和培训以及企业奖惩机制等

续表

构成部分	具体内容
企业财务状况	该部分主要包括四方面的内容。一是企业财务构架，如财务人员构成情况、考核机制和管理模式等；二是企业财务明细，如企业的资产状况、负债情况以及销售收支等；三是会计核算和报告，如会计报告依据的相关规定、企业薪酬和税费情况等；四是企业财务状况分析，如企业财务结构、投后盈亏预测及其影响因素等
法律尽职调查	法律尽职调查是指私募股权投资机构委派律师对企业进行全面的法律调查，以确定企业目前的法律状况及未来可能面临的法律问题。调查的内容包括企业投融资、相关合同、税务情况以及生产经营场地和生产设备的相关证明等

7.2　价值评估：模型方法精准无差

价值评估是在尽职调查的基础上根据相关情况对企业或项目的价值做出评估，它直接关系到投资协议能否最终达成。因为私募股权投资机构是基于价值评估对企业进行投资，所以，一个准确的价值评估的做出，对于私募股权投资机构的投资意义尤其重大，甚至会直接影响投资的成败。

而要获得准确的价值评估结果，则必须借助一定的价值评估方法和价值评估模型。为帮助读者更好的理解，本节将重点对几个价值评估的方法以及价值评估模型进行解读。

209　初识价值评估

价值评估，顾名思义，就是对企业的价值进行评估。通常情况下，在投资活动中，当事各方都会根据各自的方法对投资对象进行价值评估。而私募股权投资机构对企业进行的价值评估之后所获得的结果，则是其制定交易价格的重要依据。

一般情况下，私募股权投资机构对企业的价值评估都是建立在尽职调查的基础上的。虽然通过尽职调查，私募股权投资机构能更全面地了解企业的真实情况，但即便如此，评估结果也不可能完全与企业的真实价值画上等号。所以，价值评估的进行只是为了让评估价值更贴近真实，进而给投资提供更有效的参照。

210　主要评估方法

要想又快又好地完成对目标企业的价值评估，就必须掌握一定的方法。目前，常见的价值评估方法主要有三种，具体如图 7-2 所示。

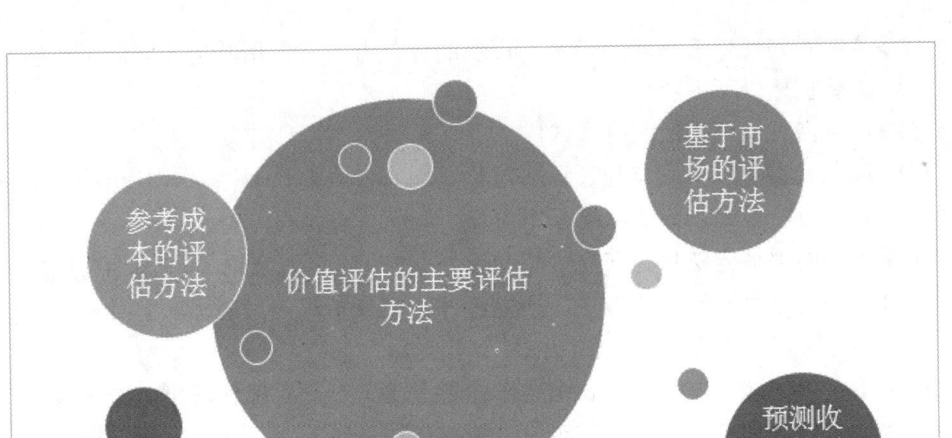

图 7-2　价值评估的主要评估方法

211　参考成本的评估方法

参考成本的评估方法，即将重置被评估对象所需的成本减去其已经发生的各项贬值之后的差额作为被评估对象价值的一种评估方法。

因为这种评估方法是参考企业资产负债表做出的，所以对其使用通常需要满足以下条件。

(1)　目标企业资产负债表中的各项资产均是对所评估的资产价值的客观和准确反映。

(2)　目标企业资产负债表以外各项目的价值对企业的整体价值没有影响或者影响甚微。

相较于其他两种评估方法，参考成本的评估方法的优势主要在于操作简单并且呈现的结果也比较直观。与此同时，它也存在着一些不足，比如，因为计算过程比较烦琐，所以，当目标企业无形资产规模过大时，不易操作。另外，其结果是对企业现状的呈现，因此，其对未来的估计准确性常常比较差。

212　基于市场的评估方法

基于市场的评估方法，简称“市场法”，是指在对被评估对象进行评估时，在市场上选择几个与被评估对象相似的企业，并将它们作为参照物，进而通过各项分析之后，确定被评估对象价值的一种评估方法。

与参考成本的评估方法相同，基于市场的评估方法在使用时也需要满足一些必要的条件，主要包括以下内容。

(1) 市场需有一定的活跃度，这样基于市场的评估才具有参考性。

(2) 选取的参考对象应该与被评估对象之间有较大的相似性，并且相关资料需确保可以顺利获得，否则，评估结果可能与真实情况有较大的出入。

基于市场的评估方法也存在着优势和不足。它的优势主要体现在因为选取的参考对象与被评估对象具有较大相似性，所以，评估结果相对较为准确。而且相较于参考成本的评估方法，基于市场的评估方法计算相对简单。

而基于市场的评估方法的主要不足则体现在参考对象对评估结果可造成较大的影响，如果选取的参考对象与被评估对象之间存在较大的差距，那么评估结果就失去了参考性。另外，这种方法理论上来说行得通，但是却没有确切的理论予以支撑。

213 预测收益的评估方法

预测收益的评估方法，即在估算被评估对象收益的基础上，以一定的折现率(即将未来一段时间内的收益折算成现值的比值)折现之后，累加得出被评估对象价值的一种评估方法。

预测收益的评估方法是根据被评估对象未来收益做出的评估，正因为如此，它在使用时，通常需要满足以下条件。

(1) 必须保证被评估对象在未来是盈利的，否则，评估从一开始便具有了不可靠性。

(2) 必须保证被评估对象的未来盈利是能够比较准确预测的，否则，评估结果可能会与真实情况有所差异。

预测收益的评估方法有相关理论做支撑，评估方法相对较为科学。而且它是以被评估对象的收益为出发点，所以，如果评估结果比较准确，投资通常可以获得比较高的成功率。

预测收益的评估方法最大的不足是由于未来具有太多不确定性，所以通常难以准确预测。而且这种方法需要计算的项目较多，计算相对比较烦琐。

214 主要评估模型

除了价值评估方法之外，价值评估的评估模型也可在价值评估过程中起着重要的参考作用。企业价值评估的评估模型主要包括三种，具体如图 7-3 所示。

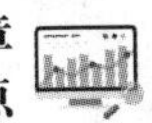

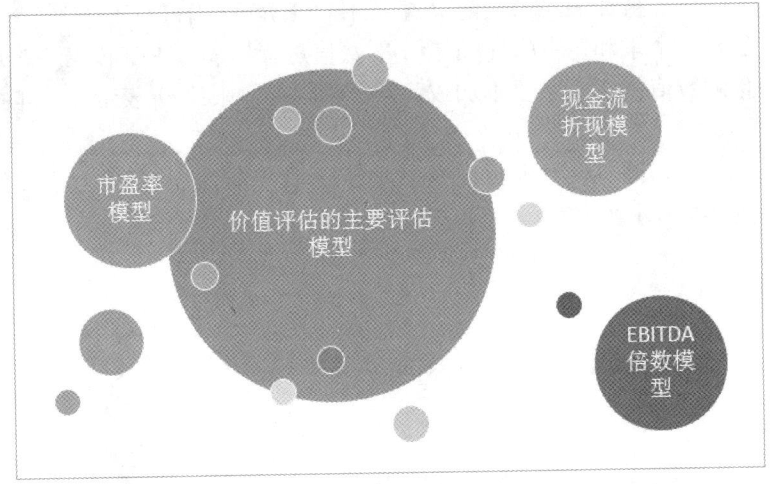

图 7-3　价值评估的主要评估模型

215　认识市盈率模型

市盈率即某段时间内，股票价格与其收益之间的比率。市盈率模型则是在合理预测被评估对象未来收益的前提下，参照一定市盈率对被评估对象的价值进行评估的一种模型。

市盈率模型的建立有两个关键点，即对市盈率标准的选择和对企业的未来收益进行预测。

首先，在选择市盈率时通常有两个备选项，也就是与被评估对象相似企业的市盈率以及整个行业的市盈率均值。究竟选择哪一个，需根据实际情况而定。其次，因为未来的不确定性，选定的市盈率通常要高于实际值，所以，选定市盈率标准后，还需要适当的对其进行下调。

虽然在私募股权投资机构对企业进行价值评估之前，企业管理层已经在其商业计划书中对企业的未来收益做出了初步预测。但是其是否具有可靠性，还需要进行进一步的核算。私募股权投资机构在核算企业未来收益预测时，需对企业业务计划的可靠性及预测的合理性进行重点核算。只有这两点均达到要求时，方可将企业管理层对企业的未来收益预测作为参考标准。

216　了解现金流折现模型

现金流折现模型(Discounted Cashflow Model，简称 DCF 模型)是价值评估中最常见的模型，是指将被评估对象的年自由现金流量进行折现累加之后的数值作为被评估对象的价值的一种模型。根据 DCF 模型计算被评估对象当前价值的公式具体如下。

$$被评估对象当前价值=\Sigma[FCFE/(1+K)^t]+Vt/(1+K)^t$$

其中，Σ是一个求和符号(即将 1 至 t 的数值进行累加)；FCFE 表示的是第一期自由现金量的预测数值；K 表示资本加成；T 表示收益年限；Vt 表示第 t 年被评估对象的终值。

根据上述公式，通过现金流折现模型计算被评估对象的价值大致需要经过六步，具体流程如图 7-4 所示。

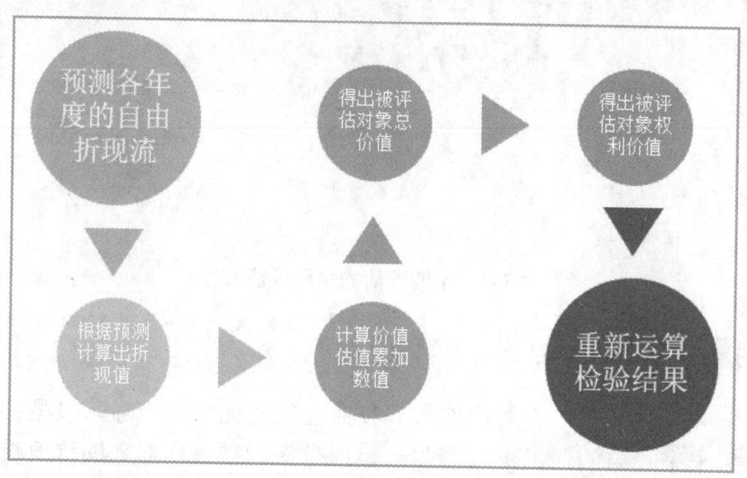

图 7-4　通过现金流折现模型计算被评估对象的流程

217　浅谈 EBITDA 倍数模型

EBITDA(Earnings Before Interest, Taxes, Depreciation and Amortization)中文译为“息税折旧摊销前收益”，它是在未计算利息、税项、折旧及摊销情况下得出的利润数值。该数据是对被评估对象管理团队业绩能力和企业现金流贡献能力的一个综合反映。根据 EBITDA 模型计算被评估对象价值的公式具体如下。

$$企业价值=[EBITDA(1-T)(1-g/ROIC)]/(WACC-g)$$

其中，T 表示收益年限；g 表示企业现金流和净营业利润；ROIC 表示投资回报率；WACC 表示加权平均资本成本。

值得一提的是，通常情况下，私募股权投资机构对 EBITDA 回报率有较高的要求。而 EBITDA 回报率低的企业，既无法满足私募股权投资基金对回报率的要求，也可能因为盈利水平过低让私募股权投资基金的投资风险增加，所以，在这种情况下，企业是难以获得私募股权投资基金的青睐的。

第 8 章 投资管理：适时辅助增值可期

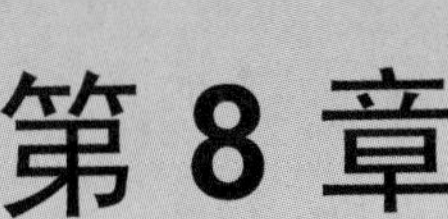

学前提示

私募股权投资机构虽是基金的管理者，但它必须对投资人负责。这意味着，私募股权投资机构在投资之后不能做“甩手掌柜”，而要适时对被投资对象进行辅助。这不仅是被投资企业获得发展的重要助力，更是私募股权投资获得成功的关键一步。

要点展示

- 必备协议：明确内容不可马虎
- 投后增值：投后管理以保增值

8.1 必备协议：明确内容不可马虎

私募股权投资的最终目的是通过成功的投资获得收益，而要确保投资成功，就必须考虑一个无法逃避的问题——投资风险。为了尽可能地防范投资风险，私募股权投资机构在对投资对象进行投资之前，通常会与投资对象就双方权利和义务进行谈判，并与投资对象共同签订投资协议。

218 初识投资协议

为了明确投资双方当事人的权利和义务，投资双方当事人通常会在投资协议中对一些关键性的权利进行约定。具体来说，投资协议中需要约定的权利主要有八项，具体如图 8-1 所示。

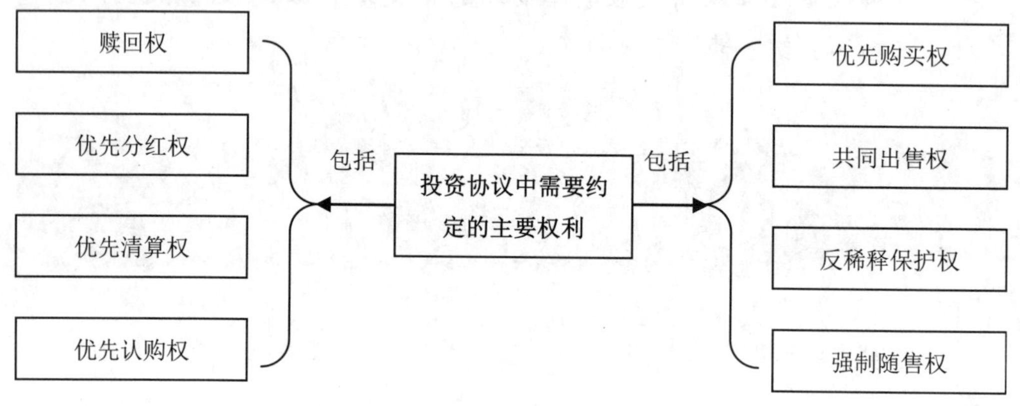

图 8-1 投资协议中需要约定的主要权利

219 认识赎回权

赎回权，即投资者在投资协议允许的条件下，可以根据自身情况以一定价格赎回所持股份的权利。通常情况下，投资协议中会对赎回的时间和价格等内容进行约定。只要达到投资协议的相关要求，投资者便可自由进行赎回。

法律上对赎回的相关事项做出了规定。如《公司法》第四十三条明确规定：“股东大会会议做出增加或者减少注册资本的决议，必须经代表三分之二以上表决权的股东通过。”这就表示，当私募股权投资的投资对象是有限责任公司时，赎回可能会因为程序而受阻。

另外，法律对企业收购本企业的股份也做出了规定。如《公司法》第一百四十二条中明确规定，除非出现以下情况，否则企业不得收购本企业的股份。

(1) 减少公司注册资本。

(2) 与持有本公司股份的其他公司合并。

(3) 将股份奖励给本公司的职工。

(4) 股东因对股东大会做出的公司合并、分立决议有异议，要求公司收购其股份的。

220 了解优先分红权

在解释优先分红权之前，有必要先了解一下优先股。优先股即在利润分配或清算分配时可获得优先分配权的股份部分。而优先分红权则是指在被投资对象分红时，可优先获得分红的权利。在实践中，投资者通常只有在持有部分为优先股的前提下，才能获得优先分红的权利。

我国法律与分红权相关的规定主要包括《公司法》第三十五条和第一百六十六条。其中，《公司法》第三十五条明确规定："股东按照实缴的出资比例分取红利；公司新增资本时，股东有权优先按照实缴的出资比例认缴出资。但是，全体股东约定不按照出资比例分取红利或者不按照出资比例优先认缴出资的除外。"

而《公司法》第一百六十六条则规定："公司弥补亏损和提取公积金后所余税后利润，有限责任公司依照本法第三十五条的规定分配；股份有限公司按照股东持有的股份比例分配，但股份有限公司章程规定不按持股比例分配的除外。"

从上述法律条款不难看出，虽然法律对分红分配问题有所涉及，但却没有规定优先分红权。也就是说，在优先分红权问题上，留给投资者和企业的空间比较大，双方可根据实际情况进行约定。

221 浅谈优先清算权

优先清算权，即在被投资对象清算时，可以优先获得清算财产和股息的权利。在实践中，和优先分红权相同，投资者只有在持有部分为优先股的前提下，才能获得优先清算的权利。

我国《公司法》中对优先清算权做出了相关规定，如第一百八十六条中就明确规定："公司财产在分别支付清算费用、职工的工资、社会保险费用和法定补偿金，缴纳所欠税款，清偿公司债务后的剩余财产，有限责任公司按照股东的出资比例分配，股份有限公司按照股东持有的股份比例分配。"

从《公司法》第三十五条不难看出，有限责任公司和股份有限公司在清算分配时需按出资比例或持股比例分配。因此，这两种类型的公司实际上就不存在优先清算权的问题。

222 概说优先认购权

优先认购权，即在投资者已经持有该企业股份的情况下，如果企业增发新股，那么，作为老股东的投资者享有优先获得认购新股的权利。现实生活中，对优先认购权通常约定为，有权利优先认购但并没有一定要进行认购的义务。

我国法律中对于优先认购权也有相关的规定。如《公司法》第三十五条就明确规定："股东按照实缴的出资比例分取红利；公司新增资本时，股东有权优先按照实缴的出资比例认缴出资。但是，全体股东约定不按照出资比例分取红利或者不按照出资比例优先认缴出资的除外。"

从《公司法》第三十五条可以看出，有限责任公司的股东拥有优先认购的权利。因此，投资双方当事人可以据此对优先认购权的相关事宜进行协商，并将协商结果作为投资约定写入投资协议中。

223 认识优先购买权

优先购买权是指当企业股东有出让股份的意愿时，作为老股东的其他投资者在同等价格的情况下享有优先购买出让股份的权利。我国法律中对优先购买权做出了相关规定，其中《公司法》第七十二条规定如下。

"有限责任公司的股东之间可以相互转让其全部或者部分股权。

股东向股东以外的人转让股权，应当经其他股东过半数同意。股东应就其股权转让事项书面通知其他股东征求同意，其他股东自接到书面通知之日起满三十日未答复的，视为同意转让。其他股东半数以上不同意转让的，不同意的股东应当购买该转让的股权；不购买的，视为同意转让。

经股东同意转让的股权，在同等条件下，其他股东有优先购买权。两个以上股东主张行使优先购买权的，协商确定各自的购买比例；协商不成的，按照转让时各自的出资比例行使优先购买权。

公司章程对股权转让另有规定的，从其规定。"

另外，《公司法》第一百三十七条也明确规定："股东持有的股份可以依法转让。"

从上述两个《公司法》条款不难看出，有限责任公司的股份可以自由转换，而作为企业老股东的投资者则拥有优先购买权。所以，在制定投资协议时，投资双方当事人可以就优先购买权的相关问题进行约定。

224 了解共同出售权

共同出售权，即当企业股东有出让股份的意向时，企业中的其他股东可以按照与该股东同等的条件，与该股东一起向买方转让其持股部分。

目前，我国法律尚未对共同出售权的相关问题做出明文限定。这就表示，在共同出售权上，给投资双方当事人留下了很大可协商的空间。所以，在该问题上，作为投资者的私募股权投资基金应该积极与被投资企业进行协商，从而维护自身权益，给投资提供更多的保障。

225 浅谈反稀释保护权

反稀释保护权也称为“反摊薄保护权”，是指投资者为避免投资目标在后续融资过程中造成自身股份被稀释而采取相应举措的权利。现实生活中，主要有两种反稀释的方法，即棘轮反稀释和加权平均反稀释，其具体内容如图 8-2 所示。

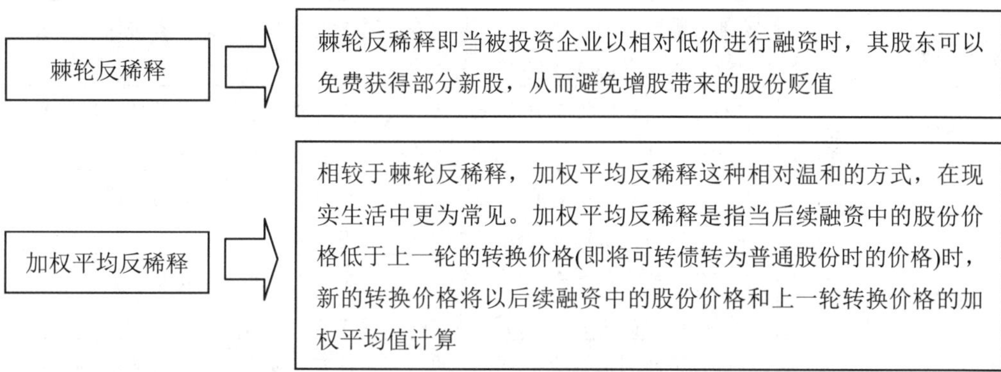

图 8-2 两种反稀释法的具体内容

值得一提的是，我国法律目前还未对反稀释保护权的相关问题做出明文规定。因此，私募股权投资基金在进行投资时，可与被投资对象就反稀释保护权的相关事宜进行必要的约定。

226 概说强制随售权

强制随售权是私募股权投资对企业进行投资时的一种特殊条款。是指当被投资对象未在约定时间内完成上市或达到约定的出售条件时，投资者拥有要求原有股东按照自己与第三方谈好的条件转让其持股部分的权利。

和共同出售权相同，法律也未对强制随售权的相关问题做出明文规定。虽然在这种情况下，强制随售权的约定仍存在较大的协商空间，但是私募股权投资基金有其特殊性，作为基金代表的私募股权投资机构需就该权益与被投资企业进行谈判，并将结果以约定的形式呈现在投资协议中。

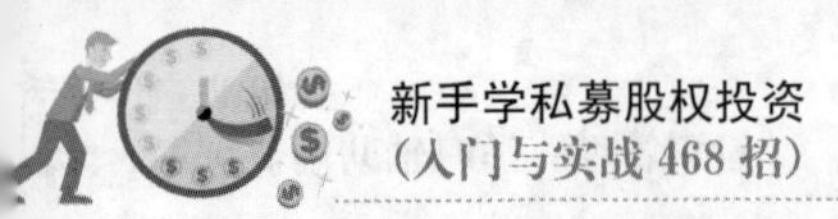

227 增产协议内容总览

增产协议是私募股权投资基金人以增资扩股的方式进行投资时，与被投资对象共同签署的一个协议。增产协议事关增资扩股投资的方方面面，其内容应力求全面。具体来说，增产协议的构成部分如表 8-1 所示。

表 8-1 增产协议的构成部分

构成部分	具体内容
投资各当事方基本信息及意愿	该部分需要将协议签署的时间、地点和投资各当事方的基本信息及其对本投资协议的意愿等内容列出
词语释义	该部分需要对增产协议中出现的特定词语进行解释，如“本协议”，表示的就是本增产协议及其相关文件
投资条件	该部分需要列出投资方进行增产扩股投资的前提条件、其他各方在达到投资前提条件时应尽的义务，以及前提条件未达到时各方的担责情况等内容
投资认缴事项	该部分需要对投资方的认缴金额、认缴时间、融资后的股份构成以及投资各当事方对投资资金的承诺进行具体说明
投后管理事项	该部分需要将董事会、监事会、管理人员的构成和《公司章程》制定的相关问题以及决策权的划分问题等内容进行具体说明
企业上市条款	该部分需要列出企业完成上市的时间、各方为促进企业上市应尽的义务，以及相关费用的承担情况等内容
信息披露事项	该部分需要对企业信息披露的义务进行明确，如将财务报告、经营报告和预算报告进行披露的时间限制等
权益条款	该部分需要对投资中的各种权益，如优先分红权、优先清算权、优先认购权和优先购买权等进行约定
相关费用的承担	该部分需要对投资过程中可能出现的各种费用的承担者事先进行约定
保密条款	该部分需要将投资过程中要求保密的内容及投资各方当事人在投资过程中应尽的保密义务具体列明
投资退出	该部分需要对投资方退出投资的条件及退出投资时的相关补偿事宜进行具体说明
违约责任划分	该部分需要对投资过程中可能出现的违约情况列明，并对违约进行明确的责任划分
通知和送达	该部分需要对投资各方的联系方式列出，并对通知和送达的相关义务进行明确

228　定向增发股权认购协议内容总览

定向增发股权，即向特定投资者发行股权。因为私募股权投资基金的发行具有非公开性，所以，定向增发股权也是私募股权投资中较为常见的一种资金再募集方式。而定向增发股权认购协议，是认购定向增发股权时需要签署的一个协议。

定向增发股权认购协议需要将与定向增发股权相关的方方面面考虑进去，其构成部分如表 8-2 所示。

表 8-2　定向增发股权认购协议的构成部分

构成部分	具体内容
投资各当事方基本信息及意愿	该部分需要将投资各当事方的基本信息、增发股份情况以及各当事方对本认购协议的意愿等内容列出
认购事项	该部分需要对投资方的认股数量、认购方式、认购价格和支付方式等内容进行具体说明
合同生效条件	该部分需要列出合同生效的具体条件以及生效的具体时间
承诺和保证	该部分需要将各方当事人的承诺和保证列出，并对违反承诺和保证的相关责任进行划分
投后管理事项	该部分需要将董事会、监事会、管理人员的构成和《公司章程》制定的相关问题以及决策权的划分问题等内容进行具体说明
保密条款	该部分需要将投资过程中要求保密的内容及投资各方当事人在投资过程中应尽的保密义务具体列明
合同终止	该部分需要列出合同终止的条件，并对合同终止时可能出现的违约问题的责任划分进行约定
违约责任划分	该部分需要对投资过程中可能出现的违约情况列明，并对违约进行明确的责任划分
适用性及争议解决	该部分需要对本协议的适用性及各方当事人出现争议时的解决方式进行具体的约定
其他事项	该部分需要将上述未提及但需要约定的内容列出
协议确认	该部分需要获得各当事方的签字和盖章，即表示各当事方均同意协议所列内容

8.2　投后增值：投后管理以保增值

私募股权投资基金在对投资对象进行投资时，通常会进行投后管理，并为企业提供增值服务。对于私募股权投资基金来说，投后管理和增值服务是减少其投资风险、保障投资收益的必要手段，它们对整个投资活动的成败至关重要。

229 初识投后管理

从字面上看，投后管理就是投资后的管理。具体来说，投后管理有广义和狭义之分。广义的投后管理是指私募股权投资基金对投资对象进行投资后，围绕被投资对象进行的除现金投入之外的全部活动；而狭义的投后管理则是指私募股权投资机构为投资对象管理运营提供的相关服务。

私募股权投资机构进行投后管理，其实目的十分明确，就是通过服务的提供和相关问题的解决，使企业在良性发展中增值，进而增加投资的成功率，让自身获得投资收益。

230 投后管理的管理内容

从投后管理的定义可以看出，投后管理的管理内容涉及被投资对象经营运作中的方方面面，这些内容总结起来大致可归为两类，具体如图8-3所示。

接下来对私募股权投后管理的两部分管理内容分别进行说明。

1. 推动管理结构优化

私募股权投资基金的投资对象仍以民营企业为主，而民营企业中因为所有权与经营权的相对集中，常常无法实现对权利的制衡。随着私募股权投资基金成为企业的股东之一，它在企业内拥有一定的话语权，虽然私募股权投资基金还不能获得对企业的控制权，但它会适时就企业管理结构的相关事项提出合理建议，这对于企业管理结构的优化无疑是意义重大的。

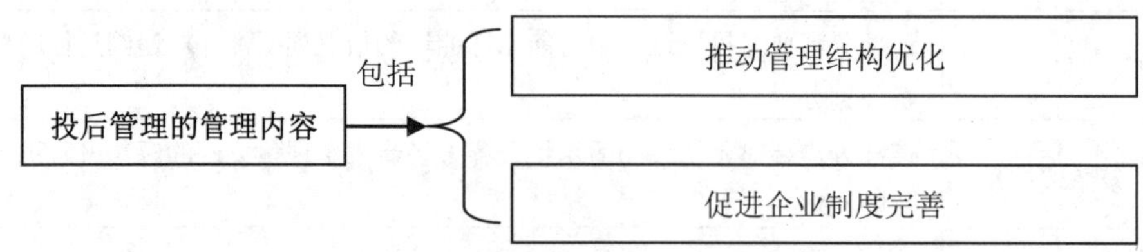

图8-3 投后管理的管理内容

2. 促进企业制度完善

目前，民营企业普遍存在两个问题——产权制度不健全和财务管理制度不完善。在这种情况下，企业融资成了一个难题，企业的发展也因此受到阻碍。而私募股权投资机构在管理上的专业认知，则正好可以为这两个问题的解决提供专业化的指导。所以，在私募股权投资基金进入企业之后，企业制度也将随着私募股权投资机构的助力日渐趋向规范化。

231 投后管理的主要作用

投后管理是私募股权投资基金投资时必经的一步，也是非常关键的一步，它对于投资各方当事人都具有重要意义，而它在投资过程中所起的作用也是多方面的。

总的来说，投后管理的作用主要体现在两方面。一方面，从投资者的角度看，对被投资对象进行投后管理，可以对被投资企业进行实时监控，进而更好地保障自身投资权益；另一方面，从被投资对象看，投后管理可以给企业带来专业化的管理指导，这对于企业管理结构的优化和企业制度的完善都具有促进作用。而随着企业管理结构和企业制度的不断变化，其竞争力也将相应的增强。

232 投后管理的发展方向

就目前私募股权投资基金的发展看，未来私募股权投资基金的投后管理或将从三个方向发展变化，具体如图 8-4 所示。

接下来就未来私募股权投资基金投后管理的三个发展变化，一一进行具体解读。

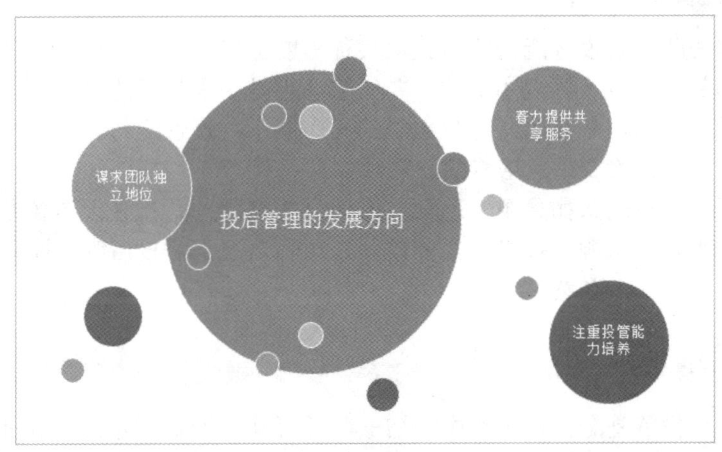

图 8-4　投后管理的发展方向

1. 着力提供共享服务

私募股权投资机构最初的形式是富裕家庭和大家族为更好地投资成立的投资理财办公室，时至今日，它无疑已经成为提供私募股权投资意见的专业化机构。也就是说，它由向特定的极少部分人提供服务，转为向社会公众提供共享服务，只要投资者有私募股权投资意向，便可以前去咨询。

在未来，私募股权投资基金的投后管理或许会像私募股权投资机构的发展一样，由向单个私募股权投资机构负责，发展为向广大有投后管理需求的机构提供共享服务。

这主要是因为，随着私募股权投资基金投后管理团队在投后管理知识和相关资源的不断累积，使它可以对与投后管理相关的事宜提供专业化的意见。而不少咨询者的问题又多具有共性，这种情况下，着力提供共享服务或许将成为投后管理团队在服务提供方面最好的选择。

2．谋求团队独立地位

上面也提到了，私募股权投资机构是由一个类似于部门的形式发展成一个独立的机构的。这主要是因为私募股权投资机构在私募股权投资方面可以提供专业化的指导，而且随着私募股权投资的发展，市场对于私募股权投资的专业化指导需求日益增加，在这种情况下，私募股权投资机构获得独立地位可以说是必然的。

其实，投后管理团队现在所处的位置和最初的私募股权投资机构之间具有很大的相似性。虽然现在私募股权投资基金的投后管理团队只是向其所在的私募股权投资机构提供服务，但可以预见的是，随着投后管理走向精深，市场对投后管理需求的增加，投后管理团队获得独立地位或许只是时间问题。

3．注重投管能力培养

投后管理团队注重投管能力的培养从某种程度上来说具有必然性。首先，作为专门的投后管理部门，投后管理团队的主要优势，也是必须具备的投管能力。一支投后管理团队的投管能力，是该团队专业水平的集中展示。投管能力对投后管理团队的重要意义直接决定了其需要重点培养的必然性。

其次，投后管理团队如果要实现独立或提供共享服务，就必须具备专业的投管水平，而投管水平直接来源于投管能力的培养。这种情况下，投后管理团队注重对投管能力的培养成为另一个必然。

233　初识增值服务

在私募股权投资基金投资过程中，增值服务可理解为私募股权投资机构为促进被投资对象增值而提供的所有服务。在现实生活中，增值服务通常作为投后管理的一项重要内容而存在。

私募股权投资机构增值服务的提供，一方面是因为作为拥有丰富经验和资源的专业化机构，私募股权投资机构拥有促进被投资对象增值的能力。另一方面，私募股权投资基金对被投资对象进行投资，被投资对象的盈亏会直接影响到基金投资的收益。因此，为了提高投资的成功率，保障投资收益，私募股权投资机构有必要为被投资对象提供增值服务。

234　增值服务的目的

私募股权投资机构为被投资企业提供增值服务最直接也是最主要的目的是实现被

投资企业的增值，进而保障投资的收益。

除此之外，私募股权机构增值服务的提供，也是在为其投资退出进行铺路。因为私募股权投资是对未上市企业进行的投资，而企业上市之后，它就会寻找合适的时机退出投资。

然而，被投资企业要完成上市显然不是一件容易的事。但是无可否认的是，私募股权投资机构增值服务的提供可以对被投资对象的上市起到很大的助力。因此，在这种情况下，被投资企业完成上市的可能性会有所增加。而伴随被投资企业的上市，私募股权投资基金退出投资也会变得更加顺利。

235 增值服务的类型

为了促进被投资对象的增值，私募股权投资机构需要为其提供全方位的增值服务。总的来说，私募股权为被投资对象提供的增值服务大致可以分为四个类型，具体如图 8-5 所示。

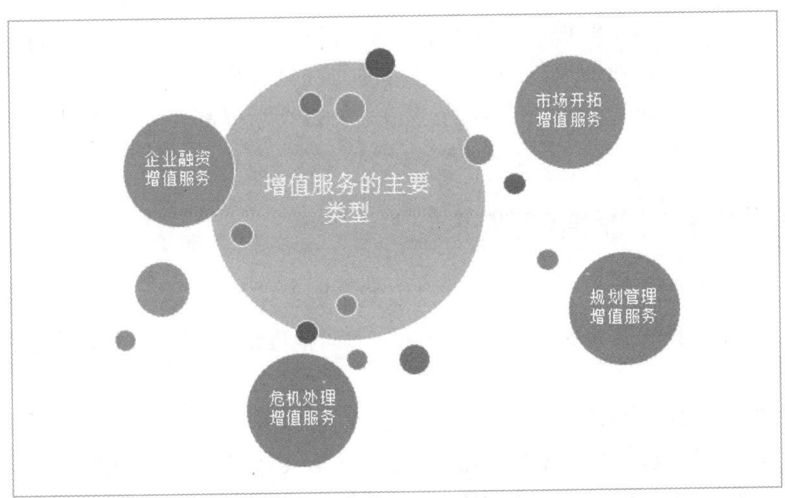

图 8-5 增值服务的主要类型

236 认识企业融资增值服务

在私募股权投资机构为被投资企业提供的众多服务中，对被投资企业来说，最为重要和关键的一项，无疑就是融资增值服务了。因为私募股权投资基金的被投资对象多为中小企业，这些企业通常实力比较有限，并且信用度不太高，所以，普遍存在融资困难以及融资成本高等问题。

在私募股权投资基金进入企业之后，其实力在一定程度上已得到了提高。并且私募股权投资机构为企业提供的融资增值服务给企业的融资带来了更多的渠道。这样一来，企业不但能更迅速地进行融资，还能大大降低融资的成本。这无疑从一定程度上解决了企业面临的最大难题。

237　了解市场开拓增值服务

与被投资企业专注于某一领域不同，私募股权投资机构对多个领域都有涉及，并且私募股权投资机构在常年投资过程中累积了大量的资源。这些资源对于被投资企业的市场开拓可以起到一个助推的作用。

如私募股权投资机构累积的人脉资源可以帮助企业扩张销售渠道，并为企业战略合作伙伴的寻找提供便利，不仅在企业市场开拓中起到了积极的作用，甚至可以让企业的竞争力大大提升。

238　浅谈规划管理增值服务

相较于被投资企业，私募股权投资机构因为常年专注于投资管理的缘故，它在对企业的管理上往往更具专业性。而随着私募股权投资机构对被投资对象的监控和相关建议的提出，被投资企业不仅能得到管理结构的优化，而且企业相关制度上也会更加的规范。如此一来，随着被投资企业的内部竞争力不断提高，其对于外界的吸引力也将相应的增强。

239　概说危机处理增值服务

企业出现危机时，如果处理不当，很可能会因此陷入困局，甚至面临破产。但许多企业在运营中或多或少都会出现一些危机，此时，危机的处理就直接与企业的未来绑在了一起。

部分企业因为经历的危机事件比较少，所以，在处理时大多不太成熟。而拥有丰富经验的私募股权投资机构便有了用武之地，它不仅能以其强大的能力帮助被投资企业消除当前危机，还能够为企业找到出现问题的症结。在助力企业解决根本性问题的同时，还能够为被投资企业的良性发展起到持续护航的作用。

第 9 章
技巧策略：掌握方法获利不难

学前提示

任何事物只要掌握了一定的技巧和策略，便可以轻松应对了，私募股权投资也是如此。本章将从投前策略、选择策略、投资原则以及投资技巧四个方面给投资者的投资支招，以帮助投资者在更有效地进行投资的基础上，增加投资的成功率。

要点展示

- 投前策略：独立主动善于借力
- 选择策略：行业方式谨慎选择
- 投资原则：六个原则巧选对象
- 投资技巧：五大技巧助力投资

9.1 投前策略：独立主动善于借力

投资不是过家家，一旦将资金投入，就会出现盈亏。投资的最终目的是要获得收益，所以，为了提高投资的成功率，保障投资收益，在投资之前需要掌握一定的策略。就私募股权投资基金来说，投前策略主要包含两方面的内容，具体如图 9-1 所示。

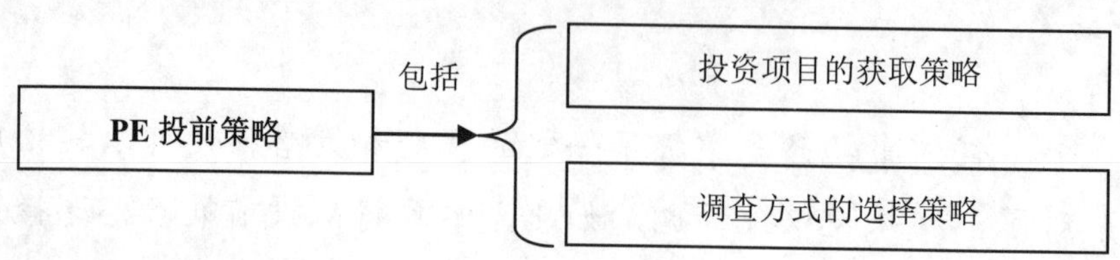

图 9-1 PE 投前策略

240 投资项目的获取策略

私募股权投资基金的投资始于投资项目的获取，只有及时获取投资项目，才能让投资有的放矢。投资项目的获取能力是私募股权投资机构能力的重要体现，优秀的私募股权投资机构往往能抢先一步获得与投资项目相关的信息。总的来说，私募股权投资机构可以通过三种方式获取投资项目，具体如图 9-2 所示。

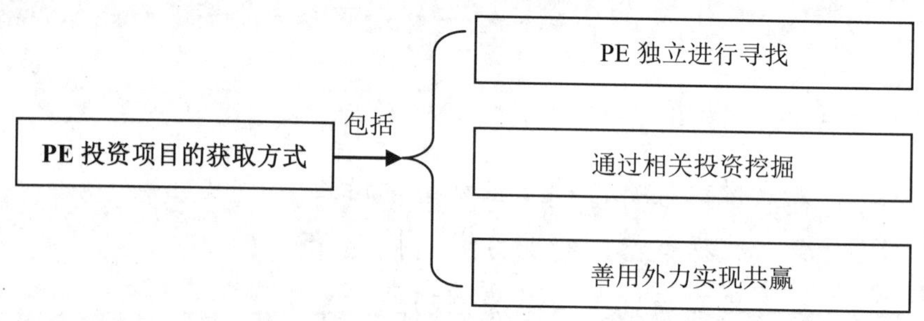

图 9-2 PE 投资项目的获取方式

241 PE 独立进行寻找

目前，国内不少私募股权投资机构都拥有独立寻找投资项目的能力，有的私募股权投资机构为了更快地获取投资项目的相关信息，甚至在全国各地设立分支机构，并委派一些人员常驻其中。其中最典型的是九鼎投资，九鼎投资已在全国 50 多个地区设立了分支机构，其项目经理团队相关人员总计超过 400 人。

值得肯定的是，采取独立获取投资项目策略的投资机构“近水楼台先得月”，往往能够比其他投资机构更快获得投资项目的相关信息，有利于在投资项目的激烈竞争

中获得时间和信息上的优势。

当然，因为独立寻找项目往往要设立分支机构、委派人员等，其成本比较高。因此，当投资项目数量比较有限时，以这种方式寻找投资项目很可能会造成人力和物力的浪费。

242 通过相关投资挖掘

因为私募股权投资机构大多拥有丰富的投资经验，所以，不少私募股权投资机构会通过挖掘与已投资项目相关的投资项目。比如，部分私募股权投资机构在挖掘投资项目时就会选择沿着已投资项目上下游搜索新的投资项目。

以这种方式寻找投资项目的私募股权投资机构因为与相关方已经建立了联系，所以，获取投资项目的成功率相对较高。但是这种寻找投资项目的方式，要求私募股权投资机构拥有长远的投资眼光，否则，投资很可能会以失败告终。因此，这种投资项目的寻找方式虽有其优势，但并不适合所有私募股权投资机构。

243 善用外力实现共赢

除了独立寻找和通过相关投资挖掘之外，私募股权投资机构还可以与其他机构合作，借助外力寻找投资项目，实现双方共赢。就国内私募股权投资机构而言，目前，借助外力寻找投资项目的方式主要有三种，具体如图 9-3 所示。

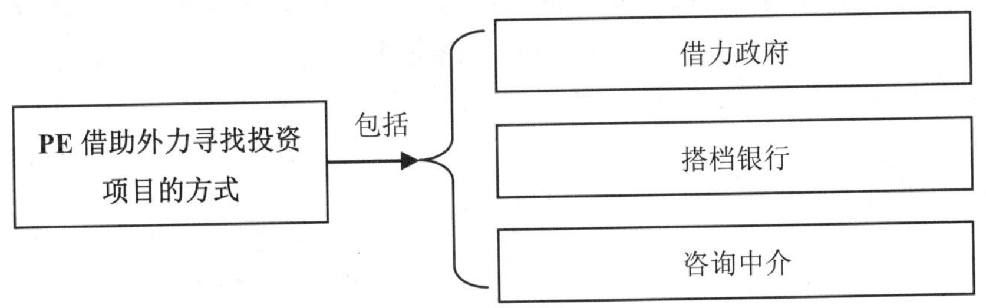

图 9-3 PE 借助外力寻找投资项目的方式

244 借力政府

目前，有不少私募股权投资机构在基金成立时，会与政府或者政府引导的基金进行合作。在这种情况下，基金与政府之间建立了联系。私募股权投资机构在投资项目的寻找以及相关投资事项的调查和商谈上会变得相对方便、快捷。

但是，也正是因为有了政府的介入，共同成立的私募股权基金在投资领域等诸多方面可能会有一定的限定，有时候甚至只能看着好的项目被别的投资机构投资，却无能为力。

245 搭档银行

银行，特别是商业银行，因为相关业务的缘故，与企业联系较为明确。私募股权投资机构搭档商业银行组建私募股权投资基金，可以利用商业银行强大的关系网，获得丰富的项目资源。

在这种情况下，私募股权投资机构非但不用四处寻找投资项目，反而能在多个投资项目中选择最佳的选项，抢先获得优质的项目资源。如此一来，这类基金在项目寻找的起点上可能就比一般的基金要高。

246 咨询中介

中介机构是连接私募股权投资机构与需要获得投资的企业的桥梁。它们在日常工作中，会着力收集需要获得投资的企业的相关信息。私募股权投资机构可以通过中介机构获得部分企业的信息。

当然，中介机构提供的往往是有偿服务，私募股权投资机构在向其咨询需要获得投资的企业时，通常需要支付一定的费用。因此，私募股权投资机构以这种方式获得投资项目时，还需要考虑成本问题。

247 调查方式的选择策略

私募股权投资机构获得投资项目的相关信息，并对其产生投资意向之后，为了更全面地了解投资项目的具体情况，有必要对投资项目进行尽职调查。而在进行尽职调查时，又会涉及一个调查方式的选择策略问题。目前，国内私募股权投资机构进行的尽职调查大致可分为两类，具体如图 9-4 所示。两种尽职调查方式各有优势和不足，私募股权投资机构应根据实际情况进行选择。

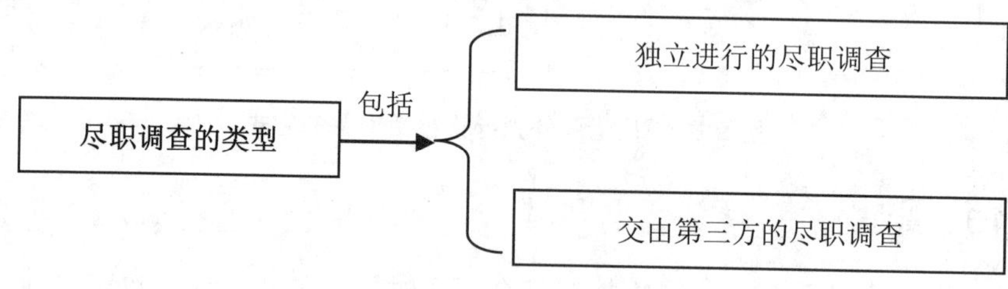

图 9-4　尽职调查的类型

248 独立进行的尽职调查

独立进行的尽职调查，即在私募股权投资机构自行组织之下进行的尽职调查。这种尽职调查主动权掌握在私募股权投资机构自己手中，能够较好地把握调查的进度和时间。而且，因为是独立进行的调查，保密性相对较好，这一点对于优质的投资项目意义尤其重大。

但是，尽职调查的相关费用需要私募股权投资机构一方承担，所以，采用这种尽职调查不可避免地会出现成本相对较高的问题。因此，独立进行的尽职调查比较适合在调查时间较为有限或投资项目需要严格保密的情况下进行。

249　交由第三方的尽职调查

因为尽职调查的内容较多，目前大多数私募股权投资机构仍倾向于将尽职调查外包给会计师事务所、律师事务所等第三方。这些第三方机构因为调查经验丰富，所以，调查的内容相对比较全面。而且这种外包的尽职调查方式，成本往往要大大低于独立进行的尽职调查。

当然，这种尽职调查方式的不足也是显而易见的，这主要体现在两个方面。一方面，尽职调查的进度和时间掌握在第三方手中，在私募股权投资机构急需获得调查结果的情况下，这种调查方式无疑不能适用；另一方面，将尽职调查外包给第三方，即便是签订了相关协议，也难以保证调查结果的真实性和保密性。

9.2　选择策略：行业方式谨慎选择

除了投前策略之外，私募股权投资机构在选择投资项目时也需要讲求一定的策略。通常来说，私募股权投资的投资选择策略主要包含两方面的内容，具体如图 9-5 所示。

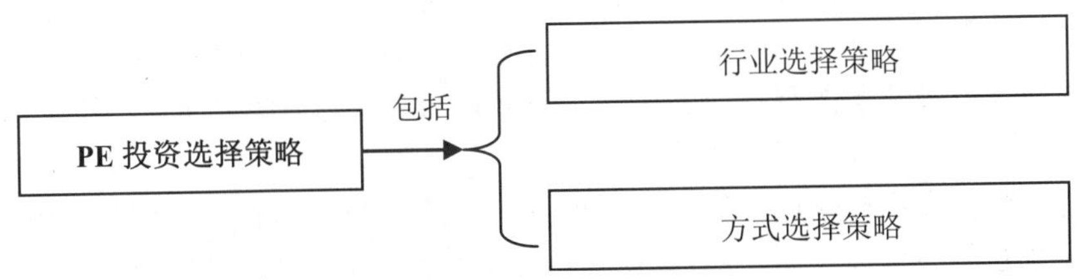

图 9-5　PE 投资选择策略

250　行业选择策略

从近年的数据看，获得私募股权投资基金青睐的行业主要包括高新技术、互联网、清洁能源和医疗健康等。而私募股权投资机构的投资行业选择策略则主要有两个，具体如图 9-6 所示。

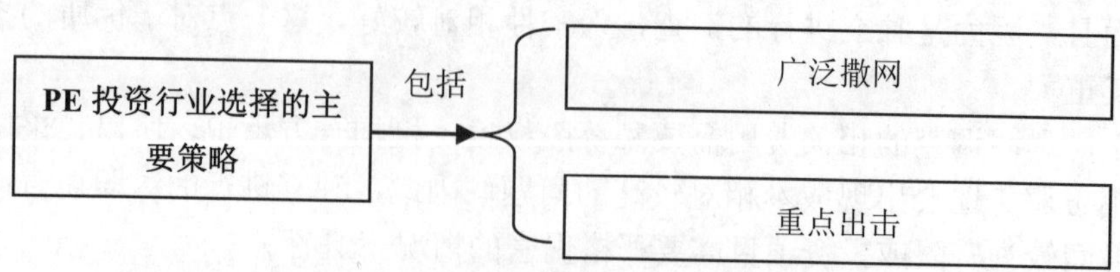

图 9-6 PE 投资行业选择的主要策略

251 广泛撒网

部分私募股权投资机构因为实力强劲，再加之投资经验丰富，在进行投资行业选择时，往往采取广泛撒网的方式，向多个行业进行投资。

这种投资行业选择策略的优势在于，当个别投资结果不理想时，可以凭借其他投资的收益，获得最终的盈利。同时，这种投资行业选择策略之下，私募股权投资机构可多方面接触，有利于维系和扩大人际关系网。

但是，这种投资行业选择策略也存在一些不足之处。首先，因为私募股权投资机构对个别行业认知不够深，可能会使投资成功率下降；其次，因为私募股权投资机构精力有限，同时进行多个行业投资或快速转换于多个行业之间，基金业绩可能会因此受到一定的影响。因此，除非私募股权投资机构拥有足够的实力，否则，采取这种投资行业选择策略很可能达不到预期的效果。

252 重点出击

相对于广泛撒网式的向多个领域进行投资，部分私募股权投资机构更倾向于向某个特定的行业进行重点出击。在这种投资行业选择策略的指导下，这些私募股权投资机构会选择自己最熟悉的行业。因为对该行业的投资经验比较丰富，所以，这种投资行业选择策略通常具有较高的投资成功率。

但是，这种投资行业选择策略有点偏安一隅的感觉，不利于私募股权投资机构人际关系网及业务的扩大。而且能够满足这些私募股权投资机构投资要求的企业相对较少，所以，私募股权投资机构可能会在一段时间内出现“投资荒”。

253 方式选择策略

除了投资行业选择策略之外，私募股权投资机构还必须掌握另一种选择策略——方式选择策略。方式选择策略即选择以何种方式进行投资的策略。根据投资主体数量的不同，私募股权投资的方式选择策略主要有两个，具体如图 9-7 所示。

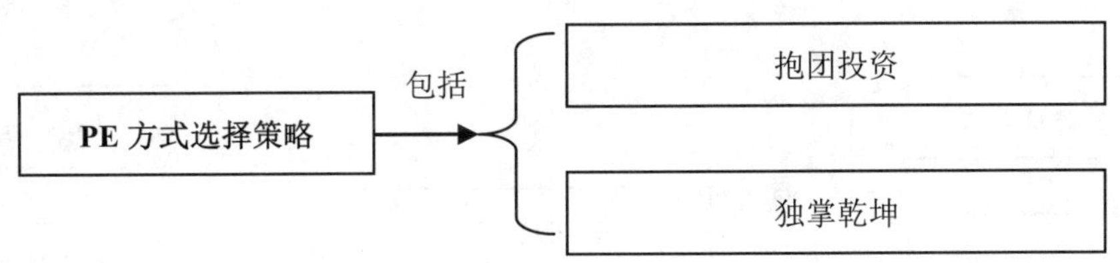

图 9-7　PE 方式选择策略

254　抱团投资

在投资方式的选择上，部分私募股权投资机构采取与其他私募股权投资联合投资的方式，抱团进行投资。抱团投资的投资方式有两方面的优势。首先，投资项目经过多方论证，且接受多方的服务。投资具有确定性，获得成功的概率较大。其次，因为是联合投资，所以，无论是资金投入，还是其他投入，都由各私募股权投资机构共同分担。这样一来，投资成本将大大低于单独投资。

当然，因为各私募股权投资机构在背景、投资理念等方面上存在着差异，在联合投资过程中可能会出现一些摩擦。但是只要各方多加沟通，这种情况在慢慢磨合之后便会有效改善。

255　独掌乾坤

相较于抱团投资，部分私募股权投资机构或许更愿意以单独投资的方式进行投资。这种投资方式，将话语权牢牢掌握在一家私募股权投资机构手中，一家私募股权投资机构独掌乾坤。单独投资的最大优势在于，不会像联合投资一样，因为分歧而影响执行，可大大提高决策效率。

但是，单独投资也就意味着，投资风险和投资成本都需要一家私募股权投资机构独立承担。因此，这种投资方式对私募股权投资机构的能力有较高的要求。如果私募股权投资机构能力不够，还是不建议采取这种投资方式的。

9.3　投资原则：六个原则巧选对象

私募股权投资机构需要对其投资人负责，而私募股权投资基金在对被投资对象进行投资时，投资的规模少则百万千万，多则甚至可能上亿，投资的风险相对来说是比较大的。

正因为如此，私募股权投资基金在选择投资对象时，一般会根据一定的投资原则，从多方面对投资对象进行考察，尽可能地保证投资对象的质量，从而让投资赢在起点。通常情况下，私募股权投资在选择投资对象时需要坚持六个原则，具体如图 9-8

所示。

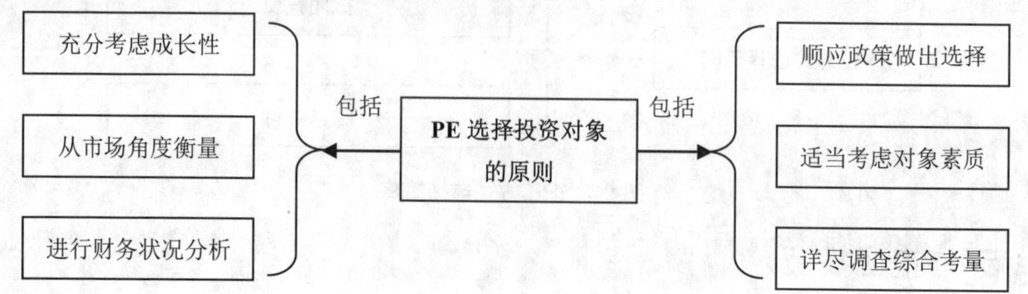

图 9-8　PE 选择投资对象的原则

256　充分考虑成长性

私募股权投资对投资对象进行投资的目的很明确——获得收益。那么，如何才能使投资获得更高的回报呢？其中，必须考虑的一个因素就是投资对象的成长性。

特别是对于初创期的企业，这部分企业虽未来具有较大的不确定性，但是它们的成长性通常比其他类型的企业更好。但并非所有初创型企业都具有较好的成长性，这种情况下就需要参照一些因素对企业的发展潜力进行预测。通常来说，在考虑企业成长性时，需要综合企业市场空间、管理团队素质、技术研发水平和企业产品或服务的独创性等因素。

257　从市场角度衡量

部分私募股权投资机构在选择投资对象时，很容易将企业的技术水平作为企业未来发展的唯一指标，认为只要是高科技企业，就一定具备巨大的发展潜力。这种想法很明显是错误的。虽然技术水平是企业发展不可或缺的一个因素，但是真正衡量企业未来的是市场。只有拥有足够好的市场的企业，才有可能获得持续的发展动力，从众多企业中脱颖而出。

而一个企业是否拥有足够大的市场空间，通常又需要从两方面进行考虑。首先，企业所处的行业应该是获得消费者认可，并拥有一定市场的行业。这是一个前提条件，只有整个行业的市场得到了保证，作为组成部分的单个企业才有可能从其中谋求更大的市场。

其次，被投资企业应该是市场中具有较强竞争力的企业。说到底，企业能否获得发展还是要看它的竞争力，即便整个行业发展态势良好，但企业若不能在竞争中获得一定的市场占有率，那也是枉然。

258　进行财务状况分析

因为私募股权投资基金投资的金额较大，投资可能面临风险。那么，如何预测投资的风险，对投资风险获得较为准确的认知呢？其中一个很重要的依据就是对投资对象的财务状况进行分析。

在对被投资企业的财务进行分析时，最主要的分析对象是财务报表。通过资产负债表、现金流量表和损益表等财务报表，私募股权投资机构可以对企业的运营能力、偿债能力和盈利能力获得较为全面的了解。

对被投资企业进行财务分析，更多的是从企业的历史财务情况出发，预测其未来的发展。虽然这种方法并不能完全保证预测结果的准确性，但它让作为投资方的私募股权投资基金对被投资对象的财务情况有了一个较为全面的认知。因此，它仍是私募股权投资机构在选择投资对象时，必须审核的一个步骤。

259　顺应政策做出选择

私募股权投资基金在选择投资对象时，除了考察企业自身发展动力之外，还需要对一些可能影响企业发展的外力进行分析。在众多影响企业未来发展的外力中，国家政策必然是一个不可忽视的因素。

我国对企业发展影响较大的国家政策主要是国家产业政策，而国家产业政策又可具体分为四种类型，具体如图 9-9 所示。

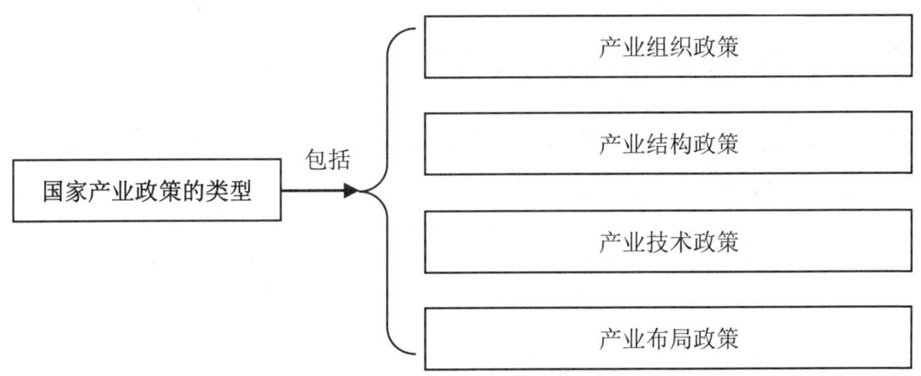

图 9-9　国家产业政策的类型

国家产业政策的调整既是国家态度的表达，更是国家产业引导作用的发挥。每一次国家产业政策的调整都会对一些行业产生一定的影响。私募股权投资机构在选择投资对象时，只有顺应了国家产业政策的要求，才能够享受政策带来的福利，进而增加投资的成功率。因此，实时掌握国家产业政策的动态是投资时必备的素质。

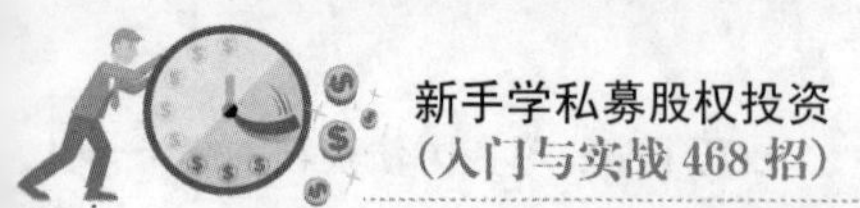

260 适当考虑对象素质

私募股权投资基金在对投资对象进行投资时，既是在对企业或项目进行投资，也是在对管理这个企业或项目的人员进行投资。这是因为，在一个企业或项目中，管理人员的素质对整个企业或项目的运营至关重要。

通常情况下，私募股权投资机构对投资对象的管理人员素质的考察，主要围绕两个方面，即管理素质和个人品质。管理素质是管理人员能力的体现，自然是必须考察的素质之一。但个人品质也是同样不可忽视的。它不仅关系到管理者的具体执行能力，更是私募股权投资机构能否信任投资对象的重要参照。

261 详尽调查综合考量

除了上述投资原则之外，私募股权投资机构在投资时还必须对投资对象进行详尽调查，综合考量被投资对象各方面的情况。

首先，必须同时也是最关键的考察对象是企业本身。私募股权投资机构需要对企业运营情况、财务状况和管理人员等进行全面的调查。这既是综合考量被投资对象实力的主要依据，也是全面了解企业自身情况不可或缺的一个步骤。

除此之外，还需要对企业所在的行业、企业的主要竞争对手以及消费者对企业产品(或服务)的看法等进行调查，以尽可能准确地了解企业真实的市场竞争能力以及企业在整个行业所处的地位。

9.4 投资技巧：五大技巧助力投资

任何投资方式都是有一定技巧的，私募股权投资的投资自然也不例外。总的来说，私募股权投资的投资技巧主要有五个，具体如图9-10所示。

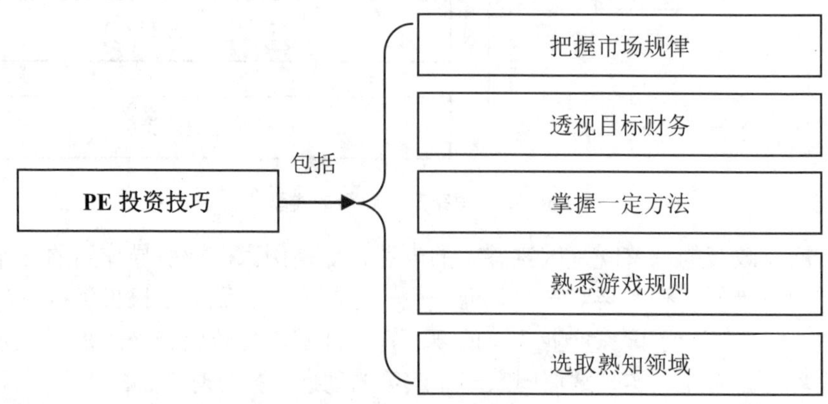

图9-10 PE投资技巧

262 把握市场规律

市场规律，通俗一点说就是指市场中反复出现相同的情况。私募股权投资机构在市场规律的把握上有两大重点，一是供求规律；二是竞争规律。

供求规律，即市场上的产品会因为供需关系出现价格的变化。当供大于求时，价格最终必然出现下跌；而当供不应求时，则可能出现价格的上涨。因此，私募股权投资机构在选择投资对象时，需要考察该投资对象的产品在市场上的供求情况，从而在对企业未来做出合理预测的基础上，降低投资的风险。

竞争规律，即市场上相同行业的企业之间是相互竞争的关系。在企业的相互竞争中，优秀的企业会脱颖而出，而实力不济的企业则会被市场淘汰。所以，私募股权投资机构在选择投资对象时，企业的竞争力是必须重点考察的一项内容。

263 透视目标财务

通常情况下，私募股权投资机构看到的企业财务报表都是经过用心粉饰的，所以，单纯从财务报表上的数据往往无法看到企业真实的财务状况。此时，私募股权投资机构就需要掌握一定的财务分析技巧，以一双慧眼透视被投资对象的财务状况。

在实践中，私募股权投资机构可以用三个方法判断被投资企业的财务情况。其一，根据企业收入判断。企业收入是市场消费情况的直观体现，只有收入较高且稳定的企业，才具有发展的潜力；其二，根据企业支出判断。一般情况下，高支出需要高收入维系，所以，当企业薪酬支出等较高时，其盈利能力通常比较好；其三，立足现实看数据。企业财务数据不可能无故远高于同类型的企业，如果企业数据过于“漂亮”，千万不能轻易相信。

264 掌握一定方法

私募股权投资机构在选择投资对象时，可以根据一定的分析方法，在备选对象中选择出相对更适合的投资对象。在众多的分析方法中，有两个分析方法较为常用，即权重分析法和同行对比法。

因为每种因素对企业发展的影响不尽相同，所以，如果不对其影响大小进行具体分析，而只是将每个因素的影响力视为是相等的，那么预测的结果必然是不准确的。权重分析法就是通过将不同影响因素赋予不同的权重，进而更科学、准确地预测企业未来的一种分析方法。

其实，同行除了是冤家之外，更是一个参考对象。而同行比较法，则是通过企业与同行业内其他企业的比较，了解企业的优势和不足，并在此基础上判断企业在整个行业所处的位置。

265　熟悉游戏规则

私募股权投资对投资对象进行投资就是一场博弈，因此，身处其中的各方都需要严格遵守游戏规则。在这场投资博弈中，私募股权投资机构需要遵守的一个规则就是，在获取收益的同时不能损害他方利益。

比如，私募股权投资机构作为委托方，必须对其投资人负责；除此之外，在投资对象的选择上也要进行取舍。如市场狭窄、缺乏竞争力和管理团队存在问题的企业或项目是不宜进行投资的。

266　选取熟知领域

虽然可供私募股权投资基金进行投资的领域很多，但是投资不是赌博，私募股权投资机构在投资过程中，还是要多一分稳意识，尽量的降低投资的风险。而选取熟知领域进行投资则无疑是一个降低风险的好办法。

对熟知领域进行投资主要有两个好处。首先，因为熟知，所以能更全面地看待投资项目，进而对投资风险有一个相对准确的认知，以增加投资的成功率。其次，私募股权投资机构在此前的投资中对该领域多有所涉及，相关资源可以得到充分利用，可以大大节约时间和资金成本。

第 10 章
风险管理：正视为主控制为辅

学前提示

任何投资方式都是风险与收益并存的，既然有收益自然就会有风险。在很多情况下，投资者之所以能获得最终的成功，主要是因为对投资风险进行了有效的管理。那么，如何对投资风险进行有效的管理呢？本章将重点解决这一问题。

要点展示

- 常见风险：主要陷阱须加审视
- 管理原则：六大要点圈住风险
- 风险控制：主动出击全程管理

10.1 常见风险：主要陷阱须加审视

在投资领域中，风险和收益永远是并存的。私募股权投资能够获得可观的收益，这也意味着投资的风险可能比较大。在现实生活中，私募股权投资的常见风险主要有八个，具体如图 10-1 所示。

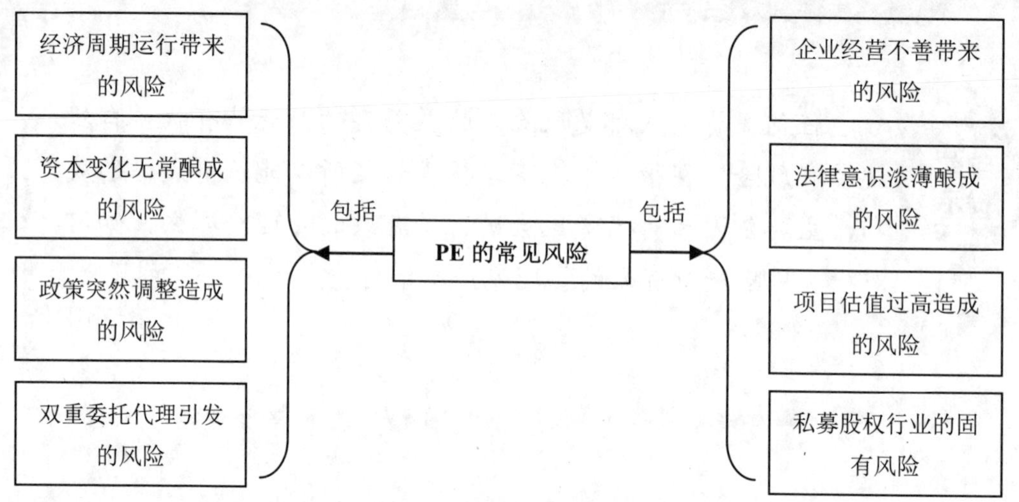

图 10-1 PE 的常见风险

267 经济周期运行带来的风险

众所周知，全球经济是呈现周期性变化的。它既有繁荣期，也有萧条期。伴随着经济的周期性波动，作为金融领域组成部分的私募股权投资也会因为投资对象受经济的影响而出现相应的变化。

投资者因为经济处于繁荣期，通过私募股权投资获得可观的收益，自然是可喜的。但是经济繁荣之后，必然会经历衰退和萧条。在经济不景气的情况下，私募股权投资的投资风险自然也会增加，这是目前仍无法避免的一个问题。

268 资本变化无常酿成的风险

私募股权投资作为金融领域的一个组成部分，资本永远是其发展过程中不可或缺的因素。但是，全球资本并不是永恒不变的，而是不断变化的。全球资本的变化在给私募股权投资带来机遇的同时，也可能对其产生不利影响。

一般来说，资本变化对私募股权投资的不利影响主要包括三个方面，具体如图 10-2 所示。

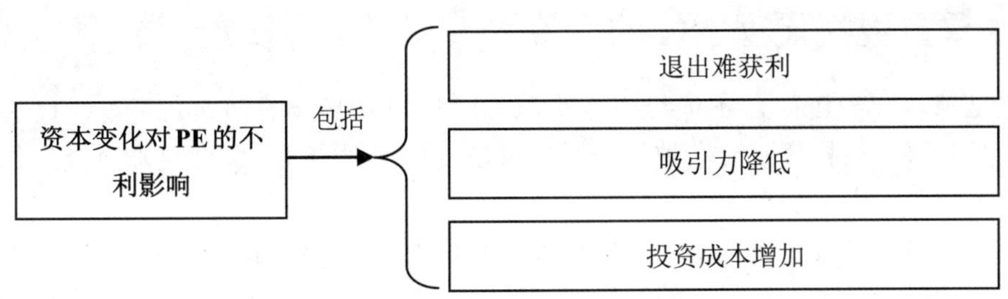

图 10-2　资本变化对 PE 的不利影响

接下来将分别从退出难获利、吸引力降低和投资成本增加三个方面，解读资本变化可能给私募股权投资带来的不利影响。

1. 退出难获利

目前，私募股权投资基金退出投资的主要方式是在被投资企业上市之后，将手中的持股卖出。但是如果进入市场的资本有限，那么，手中的持股就很难卖出比较高的价格。这样一来，私募股权投资在退出投资时，获利就会比较有限了。

2. 吸引力降低

金融领域只是所有领域中的其中之一，而私募股权投资又是金融领域里的投资方式之一。储蓄、股票、现货、期货等都可以达到投资的目的，这种投资方式的多样化选择，在丰富投资者投资的同时，对私募股权投资也造成了一定的冲击。

比如，当股市全线飘红，后市可期的时候，许多投资者可能会将股票投资作为主要的投资方向。这样一来，导致私募股权投资基金的吸引力下降，能够募集的资金比较有限，许多投资也许只能搁浅了。

3. 投资成本增加

私募股权投资的运作也需要资本来维系，而当进入该领域的资本比较有限时，资金募集就可能会面临困境。如果此时选择向银行贷款，则需要支付利息等费用，这样一来，成本势必会增加。

269　政策突然调整造成的风险

政策是一个国家或者地区的态度，作为官方的态度表达，它无疑在相关方面具有引导作用。虽然政策的调整只对一定区域内的私募股权投资造成影响，但是，政策的调整往往具有不可预知性，这无疑增加了投资的不确定性。

比如，当中国产业政策对某个产业的扶持力度减轻时，就意味着该产业未来的发展阻力可能会增加。而如果私募股权投资机构又正好投资了该领域，那么，该投资的风险无疑将会增加。

270 双重委托代理引发的风险

在私募股权投资中，不但投资者与私募股权投资基金的管理人是委托代理的关系，而且私募股权投资基金和被投资对象也是委托代理的关系。在这双重委托代理之下，投资的风险也被扩大化了。

首先，对私募股权投资基金的信息披露要求不严格，给部分存心不良的私募股权投资机构和基金管理人提供了暗箱操作的空间。如此一来，作为委托人的投资者的利益自然难以保障。

其次，私募股权投资基金和被投资企业的信息不对称，如果双方利益不一致时可能会出现“道德问题”。而一旦出现了“道德问题”，不仅是私募股权投资基金的利益无法保障，作为基金委托人的投资者也无可避免地会被损害。

271 企业经营不善带来的风险

私募股权投资基金对被投资对象进行投资之后，被投资企业的成败便直接关系到基金的收益。虽然私募股权投资机构在选择投资对象时，会有严格的要求，而且在投资后也会为企业提供一些服务，但是企业的经营者始终是企业的管理者。在这种情况下，就难保有个别企业不会因为经营不善，给企业自身和私募股权投资基金的投资带来风险。

272 法律意识淡薄酿成的风险

虽然我国是法治社会，国民的法律意识普遍增强，但是在私募股权投资基金中，仍有部分机构或个人法律意识比较淡薄。总的来说，在私募股权投资过程中，因为法律意识淡薄，可能引发两种风险，即运作管理风险和合同无法履行或无效的风险。

目前，因为我国与私募股权投资的法律体系还有待完善，在私募股权投资的运作管理中还存在部分监管不到位的地方。这便使得相关人员有了暗箱操作的机会，进而影响到其他各方的利益。

合同只有具有法律效力，才能得到法律的保护。但是，部分人员因为法律认知有限，制定了一些没有法律效力的合同，这种情况下，合同实际上就变成了无效合同。除此之外，虽然合同具有法律效力，但是部分人员对法律认知不清，在合同实施过程中出现违约的情况，以至于使其他各方的利益受到了损害。

273 项目估值过高造成的风险

由于私募股权投资机构与被投资对象之间存在信息不对称现象，再加上尽职调查的结果可能出现偏差，所以，私募股权投资机构可能难以准确地评估被投资对象的价值。这无疑增加了投资的风险。特别是当私募股权投资机构对被投资对象的价值评估远高于其真实价值时，私募股权投资基金的投资实际上就已经输在了起点。在这种情况下，投资的收益自然也就难以得到保障了。

274 私募股权行业的固有风险

私募股权投资因其私募的特殊性质，不可避免地存在着一些固有的风险，其中最为显见的就是流动性风险。首先，私募股权投资不仅不能公开交易，而且在投资退出时又受到资本市场相关机制的影响，这注定了它流动性差难以避免。其次，私募股权投资基金通常有一段时间的封闭期，为了保障基金的正常运作，在这一段时间内是不允许退出投资的，这无疑将其流动性差进一步扩大了。

10.2 管理原则：六大要点圈住风险

为了防范投资风险，私募股权投资者以正确的风险管理原则进行投资是很有必要的。总的来说，私募股权投资的风险管理原则主要包括六个，具体如图 10-3 所示。

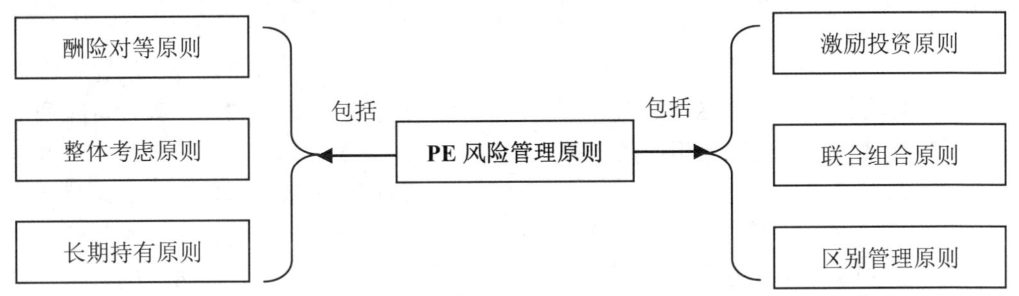

图 10-3 PE 风险管理原则

275 酬险对等原则

投资者们必须正视一点，那就是“天上不会掉馅饼”，无论是哪种投资方式，都是报酬和风险并行的，并不存在只有报酬而没有任何风险的投资项目，私募股权投资当然也不能例外。但是既然选择进行私募股权投资，投资者就要有承担风险的觉悟。

当然，这只是一种常情，也没有必要过分对可能的风险担忧。因为在投资领域中，报酬与风险几乎是对等的，高回报也意味着高风险。所以，投资者的投资风险从很大程度上来说是掌握在自己手中的，投资者的预期收益决定了需要承担多大的风险。

因此，投资者在进行私募股权投资时，不能只是一味地追求高回报率，而应该结合自己能承受的风险程度，进行合理的投资。只有这样投资者才能在获得收益的同时，对投资风险进行有效的管理。

276 整体考虑原则

虽说投资讲究对时机的把握，一旦看准了就要快速出手，切不可因为一时犹豫而错过了最佳的投资时机。但是在投资之前对投资的相关事项进行整体考虑也是很有必要的，因为从很大程度上说，精准的投资是建立在对投资对象已经有了深入、全面地了解之上的。

除了需对投资对象进行整体考虑之外，投资者还需对可能给投资带来风险的各种因素进行整体考虑。虽然各因素对投资风险的直接影响大小不一，投资者可以根据它们的重要程度有区别地进行考虑。但是，许多影响因素之间是存在联系的。这就很可能让一些看起来不那么重要的因素，间接地对投资风险造成较大的影响。

所以，投资者在进行投资和权衡投资风险时，都需进行整体考虑。这既是全面了解投资对象的需要，更是有效管理风险的重要手段。

277 长期持有原则

投资有时就是耐心的较量，如果耐心不足，很可能就在最后会落得个满盘皆输的下场。私募股权投资基金这种适合进行长期投资的投资方式尤其如此，其投资时间的长短，有时可能会出现完全相反的结果。

同样是对某个企业进行投资，如果投资的时间只有一两年，那么，不谈其他因素，但就国家政策的调整，就可能让投资面临亏损。相反地，如果投资的时间达到了五年以上，那么，即便遇到了国家政策的调整，都还有时间寻找东山再起的机会，甚至有可能迎来国家的鼓励政策，并获得较为可观的收益。

从另一方面来说，私募股权投资基金投资的对象多为遇到发展瓶颈的企业，这些企业通常需要在慢慢调整中实现发展，其价值的实现需要较长的时间。因此，如果私募股权投资基金只是对其进行短期投资，就很可能会出现这样的情况：投资时正好赶上企业发展困局，为企业发展付出了巨大努力，等到分享企业发展收益时，却因已经退出投资而无法获得。这样的投资方式肯定是得不偿失的。

278 激励投资原则

除了在投资之前全面了解投资对象外，减少信息不对称的风险，以及为被投资对象提供增值服务，减少投资对象贬值风险之外，私募股权投资基金在与被投资对象签订《投资协议》时，也可以通过一定的方式，对投资风险进行有效的控制。

如在制定《投资协议》时，私募股权投资机构可以和被投资对象做出约定：如果被投资对象在一定时期内达到某一业绩，便适当增加对企业的投资。这既是对被投资对象管理层的鼓励，也是对他们的鞭策。这样一来，为了获得更多的资金支持，被投资对象的管理人员势必会有更高的工作积极性，从而创造出更好的业绩。

而被投资对象的管理人员对企业业绩更上心，则必然可以降低私募股权投资机构的投资风险。因此，进行激励式的约定，最终可能实现双方的共赢。而这也无疑是各方都喜见的结局。

279 联合组合原则

在对风险进行管理时，私募股权投资机构应学会通过一定手段将投资风险尽量分散，从而让投资稳定进行。总的来说，私募股权投资机构分散投资风险的方式主要有两个，即联合投资和组合投资。

联合投资就是联合多个投资者(多为投资机构)对某一个企业或项目进行投资。联合投资不仅可以将风险分摊，更可以通过共同为投资对象提供服务，降低被投资对象贬值的风险，增加投资的成功率。当被投资对象需要注入大量资金时，这种投资方式无疑是最佳的选择。

组合投资则是将同一只基金投资于多个企业或项目。因为这种投资方式有多个投资对象，所以，即便是某个投资出现亏损，也可以凭借其他投资中的盈利将其“中和”，这样一来，投资的风险无疑将随着稳健的投资而大大分散。与此同时，私募股权投资基金也将会在稳扎稳打中获得持续的发展。

280 区别管理原则

世界上没有完全相同的两片树叶，同样地，世界上也没有完全相同的两个企业或项目。因此，私募股权投资基金在对被投资对象进行投资时，应在前期了解的基础上，根据每个企业或项目的实际情况，制定不同的投资策略，并进行有区别的管理。

比如，对于发展势头良好的企业，私募股权投资机构可以在为其注入资金的同时，积极为其提供增值服务，使企业快速发展，甚至完成上市。但是对于发展受阻的企业，私募股权投资机构则需要帮助其找到症结，甚至共同商议解决的途径。当然，对于部分发展无望的企业，适时进行破产清算，也是很有必要的。既是不得已的选择，也是最佳的选择。

10.3 风险控制：主动出击全程管理

私募股权投资的投资风险，既包括外部风险(即由于外部因素的不确定性带来的风险)，也包括内部风险(投资对象内部相关因素造成的风险)。与外部风险的不可控制不同，内部风险却是可以控制的，只要处理得当，该部分风险便可大大降低，而此类风险也是本节重点将要讲解的内容。

281　风险控制的主要方法

私募股权投资的内部风险包含市场风险、技术风险以及企业管理人员风险等多种风险，而其在风险的控制上也有多个方法。通常来说，私募股权投资的内部风险控制方法主要有四个，具体如图 10-4 所示。

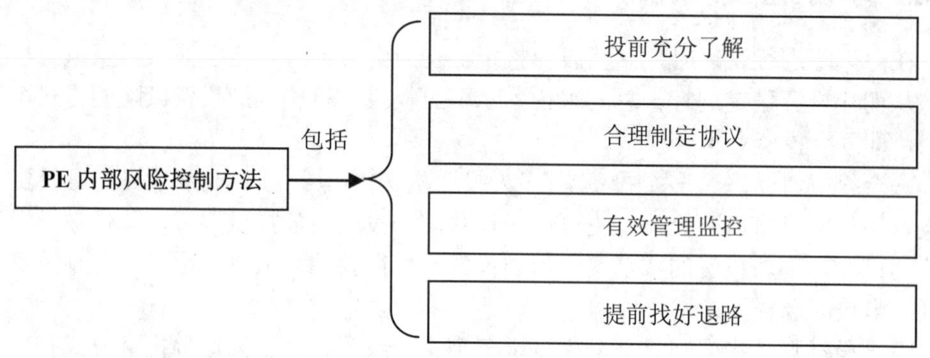

图 10-4　PE 内部风险控制方法

282　投前充分了解

投资如同打仗，只有知己知彼，方可百战不殆。私募股权投资基金在对投资对象进行投资之前，对其进行充分的了解既是投资的必经步骤之一，也是降低投资风险的重要手段之一。因此，私募股权投资基金在获取被投资对象的相关信息时，必须力求详尽和全面。为此，私募股权投资机构可以从三个方面求证被投资对象的信息，即中介机构、商业计划书和尽职调查。

首先，中介机构作为连接被投资企业与私募股权投资机构的桥梁，其主要的业务之一就是收集需要投资的企业的信息。所以，私募股权投资企业只要支付一定费用，便可以从此处获得部分被投资对象的信息。而且，因为中介机构是第三方，所以，其提供的相关信息往往更具客观性。

其次，被投资企业的商业计划书较为全面地展示了企业的相关情况，私募股权投资机构可以从该计划书中获得企业的整体状况。但是，因为商业计划书是被投资企业自己制定的，所以其中难免会有部分内容经过了精心的粉饰。因此，私募股权投资机构在审定其商业计划书时，需要以一双慧眼看待，而不应尽信。

最后，也是最重要的途径是尽职调查。尽职调查是为被投资对象的价值评估做准备，所以调查的内容通常较为全面，这也正好适用了私募股权投资机构充分了解被投资对象的需要。同时，它也是由私募股权投资机构自己组织的，因此，调查结果也更具信服力。

283　合理制定协议

在充分了解了被投资对象的相关信息之后，如果仍有投资意向，便可以与被投资方共同签署投资协议了。但在投资协议正式签署之前，私募股权投资机构应与被投资对象就协议中的相关事项进行谈判。

比如，在协议中应将优先分红权、优先清算权和优先认购权进行明确，为投后的相关事项提供依据。除此之外，为了激励被投资对象的管理层，还可以将被投资对象的业绩与资金投入规模建立联系。

284　有效管理监控

对于私募股权投资机构来说，并非投入资金之后就万事大吉了。为了促进被投资对象增值，进而保障自身投资权益，私募股权投资机构还需要在提供增值服务的同时，对被投资对象进行有效的管理和监控。

为此，私募股权投资机构可以设立专门的监督机构，对被投资机构的管理及决策事项进行监控。除此之外，私募股权投资机构还可以对被投资对象的信息披露制度进行约定，并对被投资对象适时进行价值评估，从而实时把握对被投资对象的发展现状。

285　提前找好退路

正所谓：“凡事预则立，不预则废”，虽然 IPO 是我国私募股权投资基金退出投资的最佳选择，但是现实有时可能并不尽如人意。所以，私募股权投资机构在进行投资时，需要提前找好退出途径。

也就是说，私募股权投资机构在投资之前就应该对整个投资过程进行规划，当被投资对象的现状达到退出投资的条件时，一定要及时抽身，以免因此造成更大的损失。比如，当被投资对象面临困境时，除了破产清算之外，私募股权投资机构应该尝试能否通过兼并收购等风险相对较小的方式退出投资。

第 11 章

投资退出：及时收手保住收益

学前提示

俗话说得好："行百里者半九十"，离成功越近，就越需要认真对待。其实，这句话对于私募股权投资也同样适用。

虽然投资退出是整个投资过程中的最后一环，但是它对于整个投资的意义却是重大的。因为投资退出直接关系到投资的收益。

要点展示

- 方式选择：结合实情做出决定
- 退出细则：全面掌控不漏不缺

11.1 方式选择：结合实情做出决定

私募股权投资基金的投资主要涉及三大环节，即资金募集、项目选择以及退出投资。虽然退出投资是其投资的最后一环，但它却直接关系到投资的收益，因此，退出投资在整个投资过程中是极为关键的一步。

286 主要退出方式

就目前而言，私募股权投资基金可以通过多种方式退出投资，而在其众多退出方式中，又有八种是较为常见的，具体如图 11-1 所示。本节将重点对这八种常见的退出方式进行解读。

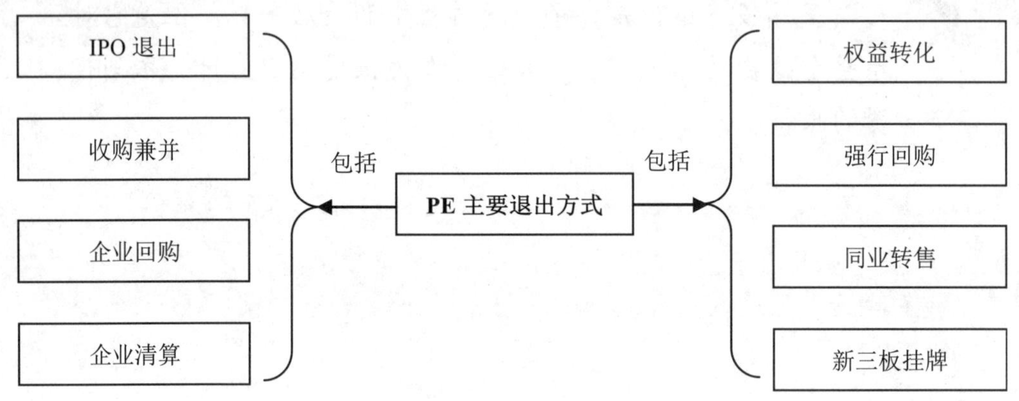

图 11-1 PE 主要退出方式

287 认识 IPO 退出

IPO 是首次公开募股(Initial Public Offerings)的简称，是指企业或公司在证券市场上第一次将其股份向社会公众出售，也就是我们常说的上市发行股票。而 IPO 退出则是在限售期满后将所持股份出售，从而实现投资套现。IPO 退出又可具体细分为四种方式，具体如图 11-2 所示。

IPO 退出是当前私募股权投资基金退出投资时最常用的方式，也是其退出最理想的方式。因为被投资对象如果可以完成上市，就说明企业实力增加，企业总体价值增加，而作为投资方的私募股权投资机构也可以在其上市之后，寻找合适的时机将手中的股份出售，从而获得较为可观的投资收益。

但不得不说的是，就我国的私募股权投资而言，以 IPO 的方式退出投资的难度正变得越来越大。这主要是因为国内目前有太多申报待上市的企业亟待消化，再加上每年又有大量企业加入申报待上市的大军。这样一来，被投资企业要实现 IPO 就好比是过独木桥，只有具备了足够的实力，才有闯过去的可能。

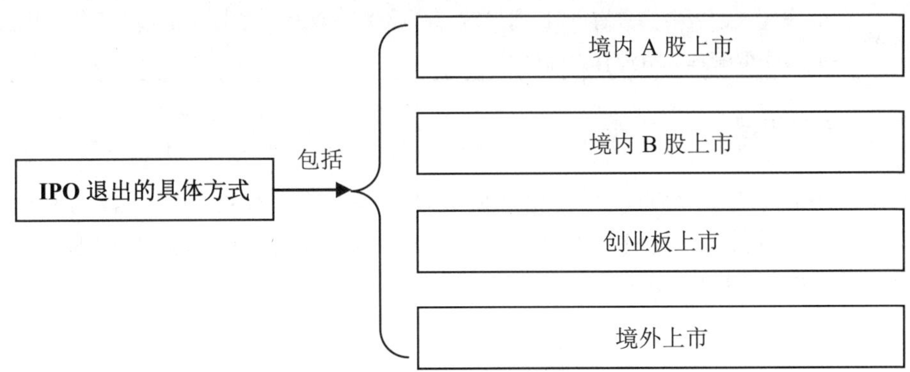

图 11-2　IPO 退出的具体方式

288　上市条件

虽然 IPO 退出可以通过多种方式完成，但是无论是采取哪种方式，要成功退出投资都不是一件易事，这主要是因为企业上市需要满足诸多条件。以深圳证券交易所的创业板为例，如果企业要成功完成上市，就必须满足七个方面的条件，具体如表 11-1 所示。

表 11-1　深圳证券交易所创业板上市条件

主要条件	具体内容
注册资本	发行人的资产无重大权属纠纷，发起人及其股东出资部分已办理好财产权转移的相关手续，且发行人已按要求足额缴纳注册资本
发行及年限	发行人为依法设立的股份有限公司，且其持续经营时间需超过三年。如果发起人是有限责任公司，则需将其资产折股变为股份有限公司，而其持续经营时间则自有限责任公司成立起算
近几年业绩	企业上两年的营业收入增长率都不小于 30%，且上一年的营业总收入不低于 5000 万元人民币
盈利水平	企业上两年均出现盈利，上两年总净利润达到 1000 万元人民币，且上两年盈利总体上呈现上升趋势。或者企业上一年的净利润达到 500 万元人民币
亏损限制	企业上期期末净资产达 2000 万元人民币及以上，且企业无未进行弥补的亏损情况
股本总量	企业股本总量为 5000 万元人民币及以上，且用于公开流通的比例占到 25%及以上；如果企业股本总量达到 4 亿元人民币，则用于公开流通的需占到总数的 10%及以上。另外，企业发行股票后，股本总量需达到 3000 万元人民币及以上

续表

主要条件	具体内容
其他事项	发起人主要业务只有一种，且该业务符合相关法律、法规；发起人上年主要业务及主要管理人员没有大幅调整

289　上市流程

上市并不是一蹴而就的，一个企业要成功完成上市需要经历一个较为漫长的过程，这个过程有时甚至可能持续几年的时间。总的来说，企业上市流程中通常包含四个阶段，具体如图 11-3 所示。

图 11-3　企业上市流程

在企业上市的每个阶段中，还会涉及一些具体的事宜。下面将对各阶段的相关事宜进行具体说明。

1．企业改制阶段

企业改制阶段的工作主要由改制企业完成，具体事项包括确定改制方案、召开会议进行分工协调、就相关事项向中介机构咨询、准备改制相关文件、召开创立大会并设立相关机构等。

2．上市辅导阶段

企业改制完成并获批成立之后，就进入上市辅导阶段了。进入该阶段后，企业需要接受具有主承销资格(即拥有独家承销或牵头组织经销股票的资质)的证券公司关于上市相关事项的辅导。这个辅导通常要维持一年以上，在辅导完成之后，企业还需进行书面考试。

3．发行申报阶段

企业接受辅导并考试合格之后，便可以着手上市申报的相关工作了。这一阶段的主要工作包括申报材料的制作、申报材料的上报、申报材料初审以及发行审核委员会审核等。

4．发行上市阶段

企业申报通过审核并核准发行之后，将获得中国证监会的同意批文。接下来，企业便可以刊登招股说明书、发行股票，而其上市的流程至此也就顺利完成了。

290　了解收购兼并

在私募股权投资中，收购兼并退出是指私募股权投资基金利用其他企业对被投资对象进行收购或兼并，实现被投资对象的增值并退出投资。和 IPO 退出相同，收购兼并退出也需要一个流程，这个流程中主要包括五步，具体如图 11-4 所示。

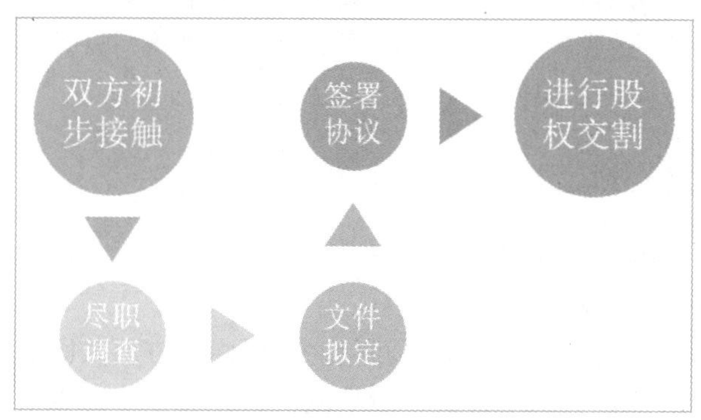

图 11-4　收购兼并退出流程

另外，虽然 IPO 仍是当前私募股权投资最理想的退出方式，但收购兼并也有其独特的优势，在某些方面甚至要优于 IPO 退出。这主要体现在三个方面，具体如图 11-5 所示。

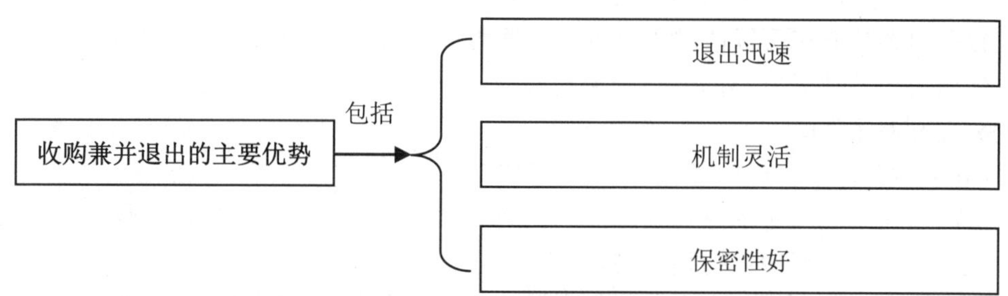

图 11-5　收购兼并退出的主要优势

接下来将分别对收购兼并退出的三大优势分别进行解读。

1．退出迅速

以 IPO 的方式退出投资，其前提是被投资企业完成上市，而一个企业要完成上市往往又需要经过漫长的过程，所以，IPO 退出的时间成本较高。而收购兼并则不同，只要双方当事人协商一致便可以随时退出投资。因此，从时间上看，收购兼并无疑要比 IPO 退出用时短得多。

2．机制灵活

在收购兼并的过程中，私募股权投资机构可以进行实时监控。且对于交易对象、出让比例和出让时间等都可以进行选择。这种机制给了私募股权投资极大的自主权和自由度。

3．保密性好

因为 IPO 是公开发行的，所以，对于被投资对象的许多信息都必须进行公开，这样一来，被投资企业的保密性就难以保障了。而收购兼并则只需将部分信息对极少数有意向的企业进行披露，其保密性无疑是可以保障的。

291　浅谈企业回购

企业回购，又称为“内部回购”，是指投资期结束之后，被投资企业将私募股权投资基金所持的本企业股权进行赎回。

企业回购较为常见的方式是管理层回购，主要由两方面共同促成。一方面，对于私募股权投资基金来说，该退出方式一般是溢价转让股权，可以给投资带来一定的收益。所以，私募股权投资基金愿意转让股权；另一方面，对于企业管理层来说，为了收回企业的股权，将企业的控制权更加集中在自己手中，它愿意出相对较高的价格回购股权。

值得一提的是，我国法律对企业股权回购做出了一些相关的规定。如《公司法》第七十五条对有限责任公司的股权回购规定为：“有下列情形之一的，对股东会该项决议投反对票的股东可以请求公司按照合理的价格收购其股权：

(1)　公司连续五年不向股东分配利润，而公司该五年连续盈利，并且符合本法规定的分配利润条件的。

(2)　公司合并、分立、转让主要财产的。

(3)　公司章程规定的营业期限届满或者章程规定的其他解散事由出现，股东会会议通过决议修改章程使公司存续的。”

不难看出，我国法律在企业股权回购这个问题上是有着较为严格的限制的，如果相关条件达不到要求，股权回购的协议可能无法获得法律的认可。因此，私募股权投资基金在以企业回购的方式退出投资时，一定要多加注意。

292　浅谈企业清算

企业清算退出是指被投资企业难以继续运营时，私募股权投资基金通过企业清算退出投资的一种方式。具体来说，企业清算又可细分为两种方式，如图 11-6 所示。

图 11-6　企业清算的方式

其中，破产清算是指被投资企业宣告破产之后，对其财产进行的清算、评估和分配。而解散清算则是指被投资企业因为经营期满或者难以继续运营，被迫解散而进行的清算。

值得一提的是，以企业清算的方式退出投资，私募股权投资基金很可能会出现亏损。因此，除非万不得已，否则，不宜采用这种退出方式。

293　认识权益转化

权益转化退出，即私募股权投资基金通过将持有的股权转化为被投资企业的另一项目，从而退出对原有项目的投资的一种方式。

准确地说，这种方式并不是严格意义上的退出投资，而是将投资的权益进行转化。但是，当原投资项目发展受阻、前景不明时，采取权益转化，无疑可以有效地规避投资的风险。

294　了解强行回购

强行回购退出是指私募股权投资基金强行要求被投资对象以一定价格回购其所持股份，从而退出投资的一种方式。需要说明的是，要采取这种退出方式，需要满足一个条件，那就是双方在《投资协议》中已对强行回购的相关事宜做出了约定。

强行回购可以视作是对私募股权投资的一个保障。一般情况下，只有在被投资对象发展受阻、前景不明时，私募股权投资基金才会采用这种方式退出投资。而且以这种方式退出通常还可以避免投资亏损的情况出现。

295　概说同业转售

同业转售退出即私募股权投资基金将其所持的部分或全部被投资对象股权转售给

第三方，从而退出投资的方式。同业转售多出现在被投资对象前景可期，但当前企业管理层无法实现企业的发展的情况下，而转售的目的是为了促进企业的重组，从而实现企业的增值。

值得一提的是，在被投资企业既无法完成 IPO，又难以获得战略投资时，同业转售或许是私募股权投资基金退出投资的最佳方式了。这主要体现在两方面。一方面，通过股权转售，第三方将接入被投资企业，而第三方的资源和经验又将帮助被投资企业实现增值；另一方面，股权转售后，私募股权投资机构只需与第三方分担相关投入，这样一来，无疑可以节约大量投入成本。

296　概说新三板挂牌

新三板市场是国家为鼓励高科技和创新能力强的非上市企业，设立的一个提供股份转让的平台。而新三板挂牌则是指企业在新三板市场挂牌交易。

新三板的出现无论是对于企业，还是对于私募股权投资基金都具有重要意义。一方面，对于企业来说，新三板增加了企业的融资渠道，而且随着在新三板挂牌，企业的品牌价值将大大提高；另一方面，对于私募股权投资基金来说，新三板既为其提供了大量的优质投资项目，也为其投资退出增加了一条途径。

297　挂牌退出流程

和其他许多退出方式相同，私募股权投资基金以新三板挂牌的方式退出投资，需要一个较为漫长的过程。这主要是因为企业要完成挂牌往往需要花费好几个月的时间，而私募股权投资基金要以该方式退出投资又必须建立在企业完成挂牌上市的基础上。企业挂牌上市的流程具体如图 11-7 所示。

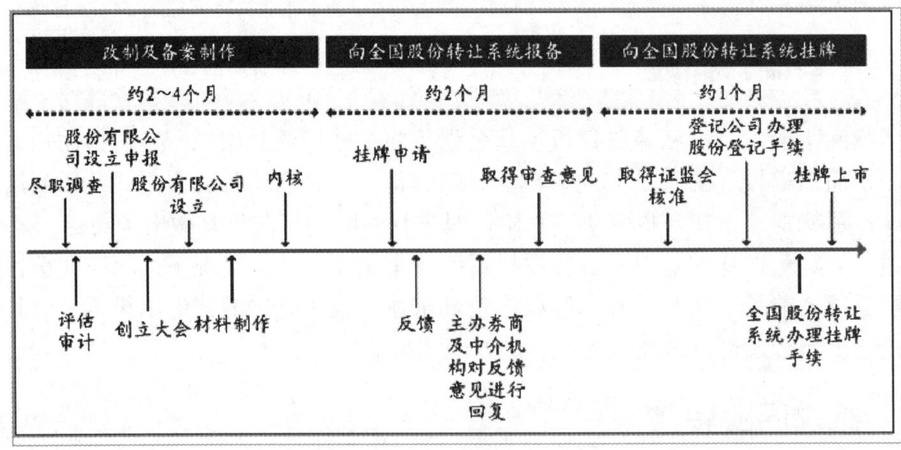

图 11-7　企业挂牌上市的流程

298 企业挂牌条件

根据《全国中小企业股份转让系统业务规则(试行)》的相关规定，挂牌的企业不一定要是高新企业，但是其在挂牌时需满足一定的条件，这主要体现在五个方面，具体如图 11-8 所示。

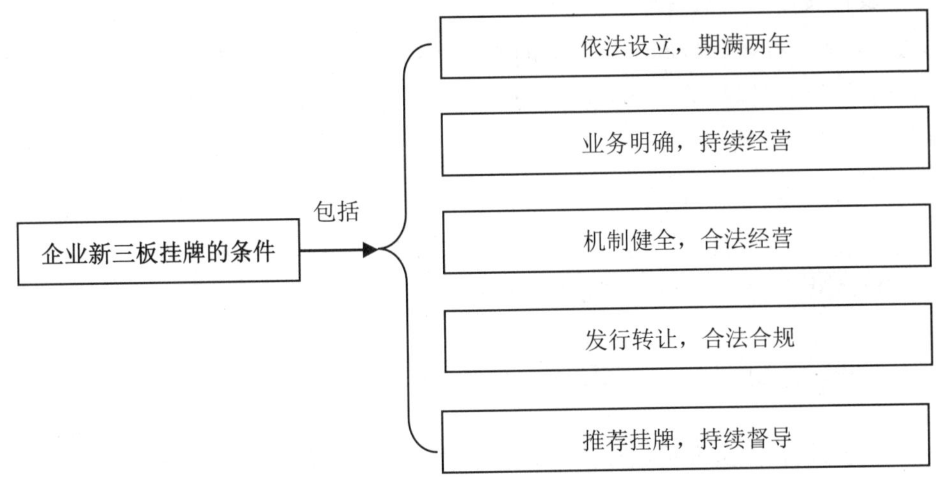

图 11-8 企业新三板挂牌的条件

下面对企业新三板挂牌的五个条件进行具体说明。

1．依法设立，期满两年

依法设立，期满两年实际上包含了两个要求。首先，从设立上看，企业必须是合法的。具体来说，依法设立是指企业按照相关的法律、法规在登记机关进行登记，且已获得《企业法人营业执照》。

其次，从时间上看，只有存续了两年以上的企业才具有挂牌资质。需要特别说明的是，如果企业是有限责任公司，则以其成立之日起算。

2．业务明确，持续经营

业务明确，持续经营，同样也是两个具体的要求。业务明确，即企业可以明确阐述与其经营业务相关的信息。与此同时，企业的每种业务必须具备关键的资源要素。另外，部分需要审批的业务，必须获得相关的资质。

而持续经营则是从企业当前发展状况看，企业有朝着目标持续经营下去的能力，且无对企业持续经营造成重大不利影响的因素。

3．机制健全，合法经营

机制健全主要是指企业在治理结构和制度上，必须是健全的。这就要求企业必须按照《公司法》等法律文件，在企业内部设立股东大会、董事会、监事会等机构，并制定具体的治理制度和财务制度。

而合法经营则是指企业必须根据相关法律、法规的要求进行经营和运作，不能出现重大的违法违规情况。

4．发行转让，合法合规

发行转让，合法合规则是指企业的股权结构必须是清晰且确定的，当企业发行或转让股票时必须根据相关的法律、法规进行，以保证企业在操作之后仍保持股权结构的清晰和确定。

5．推荐挂牌，持续督导

推荐挂牌，持续督导是指企业要获得挂牌资质，需要与主办券商签订《推荐挂牌并持续督导协议》，并获得主办券商的推荐报告。

11.2 退出细则：全面掌控不漏不缺

私募股权投资基金在退出投资时，除了选择退出的方式之外，还需要在其他诸多方面做好相关工作。本节将对私募股权投资基金在投资退出过程中需要注意的各种问题进行具体的解读。

299 流程总览

通常来说，从私募股权投资机构萌生退出投资的想法到完成退出，需要一个过程，这个过程的一般流程如图 11-9 所示。

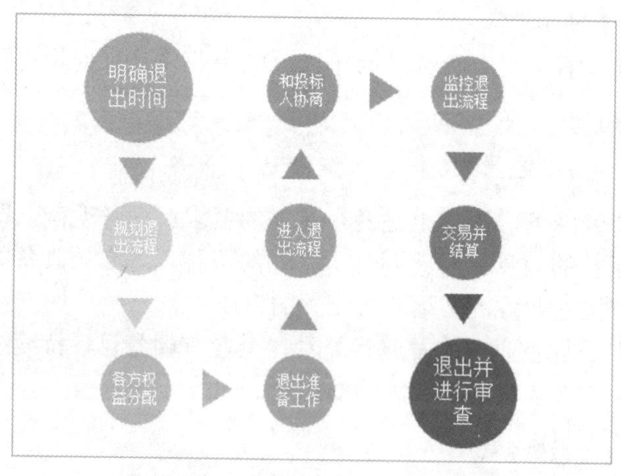

图 11-9　PE 退出投资的一般流程

因为退出投资可以直接影响投资的成败，所以，一个成功的私募股权投资机构必定会对退出投资中的每一步都有着严格规划和精心准备，以求做好投资的“最后一千米”，从而降低退出的风险，保护其投资人的应得利益。

300 时间把握

对退出投资时间的把握，既是私募股权投资基金退出投资的第一步，也是整个退出流程中极为关键的一步。通常情况下，私募股权投资机构在确定具体的退出时间时需要考虑多种因素对退出投资的影响。

其中，最重要的因素无疑是被投资对象当前的经营运作情况。如果被投资对象发展势头良好，那么，过早退出投资可能会损失应得的收益。反之，如果企业发展受阻，私募股权投资基金所持的股权可能难以脱手。所以，在这个过程中，私募股权投资机构对被投资对象经营运作的拿捏就显得尤为重要了。

除此之外，当时的宏观经济形势也是必须考虑的一个因素。宏观经济形势可以从很大程度上影响市场的活跃度，而对于私募股权投资基金退出投资来说，只有活跃的市场才能形成价格的竞争机制，进而为持股提供一个较为理想的价格，以保障投资的收益。

301 流程规划

在退出时间明确之后，私募股权需要寻找退出投资的路径，并对可供选择的路径进行评估，从中选出相对适应的路径。值得一提的是，退出路径直接关系到投资的收益，因此，如果私募股权投资机构无法独立完成评估工作，可以选择聘用专业机构从旁协助，以保证评估的相对准确性。

退出路径选择完成之后，私募股权投资基金还应该对整个退出流程进行规划，并根据可行性制定具体的退出流程计划书，从而将退出的相关工作进行分配，保证退出程序的有序进行。

302 有序退出

退出流程规划完成之后，私募股权投资基金需严格按照退出流程计划书上的相关步骤，有序地进行投资退出。这其中就涉及退出流程计划书的可行性问题。如果退出流程计划书中的相关步骤不具有可行性，那么，整个退出流程很可能会受阻。

因此，私募股权在规划退出流程计划书时，一定要充分考虑其可行性。不能把想象当现实，而应该对退出流程计划书中的各个步骤进行严格的论证。

303　经验总结

虽然在成功将持股转换为现金之后，此次的投资退出便完成了。但是在此之后，私募股权投资机构还需要对整个退出过程进行审查和评估。这既是对本次退出投资的一个总结，也是为以后的退出投资的工作提供一个参考。从这一点看，虽然经验总结不会与本次投资产生直接的联系，但是它对于私募股权投资机构来说，同样是整个投资过程中极为重要的一环。

第 12 章
阳光私募：迅速发展后势可期

学前提示

近年来阳光私募基金以其规范化、透明化等特点，获得了迅速发展，甚至俨然已经成了股市的生力军。虽然阳光私募基金与私募股权投资基金有所不同，但同为私募基金，两者之间还是存在着诸多的共同点。因此，私募股权投资基金或许能尝试着从阳光私募基金的发展中获取成长的养分。

要点展示

- 入门应知：基础知识一手掌握
- 实操须知：全程指导技巧传授
- 现存困境：六大难点亟待解决
- 基金公司：投资人才输出机器
- 信托公司：销售渠道提供保障

12.1　入门应知：基础知识一手掌握

同处于灰色地带的私募证券基金不同，阳光私募的运作具有规范化、透明化的特点，它的发行借助信托平台，在一定程度上保障了投资者的资金安全。加之近年来国内阳光私募发展迅速，其对资本市场的影响日益加大。所以，越来越多的投资者开始选择投资阳光私募。

目前，阳光私募虽然发展势头良好，但是投资者要想在其中站稳脚跟并获得一定的投资回报，需要必须具备的首要素质是对阳光私募的相关基础知识有一个相对全面和深入的了解。

304　初识阳光私募基金

阳光私募基金是指以非公开的方式在信托平台上发行，向少数高净值投资者募集资金，并在设立后交由专业基金管理公司进行管理的一种具有私募属性的证券融资投资方式。如图 12-1 所示为某网站上阳光私募基金的排行情况。

对比	编号	基金简称	基金经理	投资策略	运行时间	近三月	近六月	近一年	最新净值	累计收益	净值走势	操作
	01	财通富春定增1588号		定向增发		0.00%	--	--	--	--		查看
	02	蓝海一号		股票策略	1年2月	-1.27%	0.98%	66.34%	1.2420	187.00%		查看
	03	财通基金 富春定增1288号		定向增发		0.00%	--	--	--	--		查看
	04	淡水泉成长		股票策略	9年5月	0.83%	5.71%	24.63%	4.8959	389.59%		查看
	05	混沌1号		股票策略	8年4月	13.25%	-6.62%	13.33%	2.5388	153.88%		查看
	06	景富二期基金		股票策略	1年11月	6.72%	4.11%	18.86%	1.9957	99.57%		查看
	07	昀沣		股票策略	4年2月	0.27%	-3.72%	50.90%	2.1221	112.21%		查看
	08	倚天做商中国梦3号		管理期货	2年6月	16.69%	41.30%	139.37%	3.7333	273.33%		查看
	09	从容全天候1期		对冲策略	4年2月	-12.60%	-1.98%	11.52%	3.0301	203.01%		查看
	10	清水源1号		股票策略	5年3月	-0.99%	-0.93%	-0.12%	7.1076	610.76%		查看

图 12-1　某网站上阳光私募基金的排行情况

阳光私募基金虽然带有私募性质，其销售和赎回等操作都是在私下进行的，但是它是在第三方平台——信托公司发行，再加上其相关工作需在监管机构进行备案，并且需要定期进行业绩报告。所以，在这种规范化、透明化的运作方式之下，投资者的投资权益可以得到很好的保障。

阳光私募基金是投资于国内股票市场的一种基金，但股票并不是它唯一投资的对象。从我国阳光私募基金的投资标的看，除了股票之外，债券、封闭式基金、央行票据和短期融资权等，也是其重要的投资品种。另外，需要特别说明的是，就目前看，我国阳光私募基金大多只能在国内市场进行投资，只有极少数阳光私募基金可以投资海外市场。

305 组织架构

阳光私募基金通常由基金公司、信托公司、银行和证券公司这四个机构构成，每个机构各司其职。阳光私募基金的组织架构，具体如图 12-2 所示。

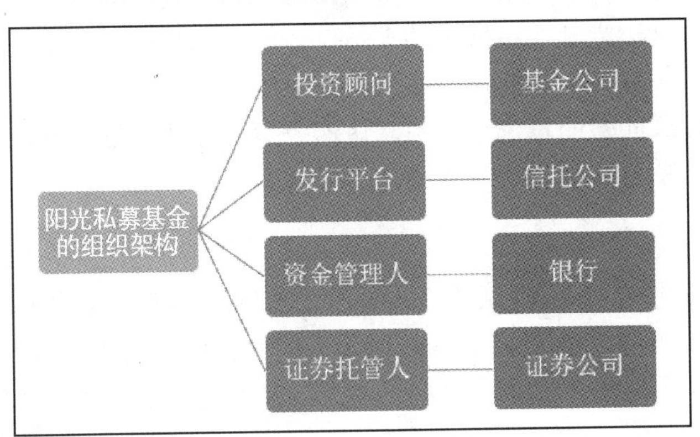

图 12-2 阳光私募基金的组织架构

306 主要特点

阳光私募基金之所以能够成为私募基金中的“翘楚”，与它特点中呈现的优势是有着莫大的关系的。总的来说，阳光私募基金主要有六大特点，具体如图 12-3 所示。

下面，将阳光私募基金的主要特点一一进行解读。

1. 激励机制

因为阳光私募基金的基金经理人的报酬由固定管理费和业绩报酬共同构成。当基金超过预期收益时，基金经理人可从超过部分中获得 20%左右的业绩回报。也就是说，基金业绩越好，基金经理人的收入越高。

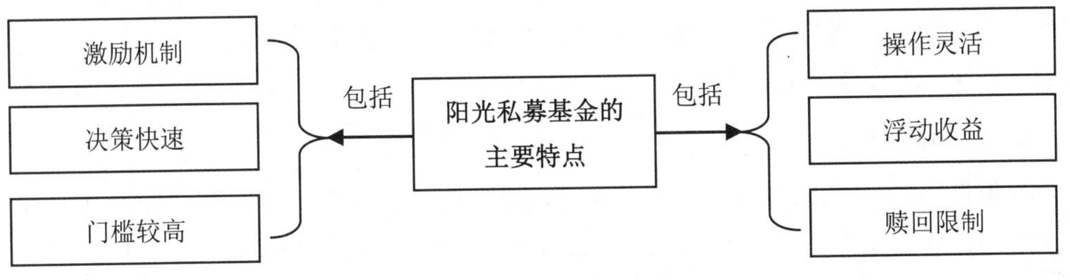

图 12-3 阳光私募基金的主要特点

在这种情况之下，阳光私募基金的基金经理人的利益和投资者的利益达成一致。只有让投资者赚到钱，基金经理人才有可能获得业绩报酬。因此，阳光私募基金的基金经理人为了获得更高的收入，必然要更努力地创造更好的业绩，这无疑对基金经理人的工作起到了一个很好的激励作用。

2．决策快速

与公募基金决策时需要一整套程序不同，阳光私募基金的基金经理人可以直接进行投资决策。也正是因为其决策涉及的人员比较少，阳光私募基金的决策速度通常都比较快。

在投资机会转瞬即逝的投资领域中，快速决策，抓住机遇及时进行投资无疑是非常重要的，而阳光私募基金则很好地保证了这一点。

3．门槛较高

与其他投资方式相比，阳光私募基金的准入门槛相对较高，其认购资金规模通常在 100 万元人民币以上。而且在认购时，还需要支付认购信托计划金额的 1%作为认购费用。也正是由于这个原因，阳光私募基金通常只向具有一定资金实力的高净值客户募集资金。

4．操作灵活

与公募基金动辄数亿的资金规模不同，阳光私募基金资金规模通常都在 1 亿元以内，这样一来，阳光私募基金在投资操作上自然更灵活。另外，阳光私募基金的投资仓位可以自由调整，其投资的品种及比例均不受限制，基金经理人可以根据实际情况对投资对象和投资数量进行自主选择。

5．浮动收益

投资者投资阳光私募基金的收益，最终是由阳光私募基金的业绩决定的。但是不同阳光私募基金的投资管理能力也往往不同，所以，最终的业绩水平也会有一定的差异。

因此，投资者投资阳光私募基金的收益并不是固定不变的，而是随着基金的业绩上下浮动。所以，投资者要想获得更为可观的收益，其中很重要的一步就是精心挑选更适合的阳光私募基金。

6．赎回限制

为保证阳光私募基金的正常运作，一般会对赎回的时间进行限制，即存在赎回封闭期。阳光私募基金的赎回封闭期通常在 6～12 个月，在此期间投资者的赎回操作受到限制。只有在赎回封闭期结束后的赎回开放日内，投资者才能较为顺利地对持有部分进行赎回。

307　运作模式

从目前看，阳光私募基金主要有三种运作模式，具体如图 12-4 所示。

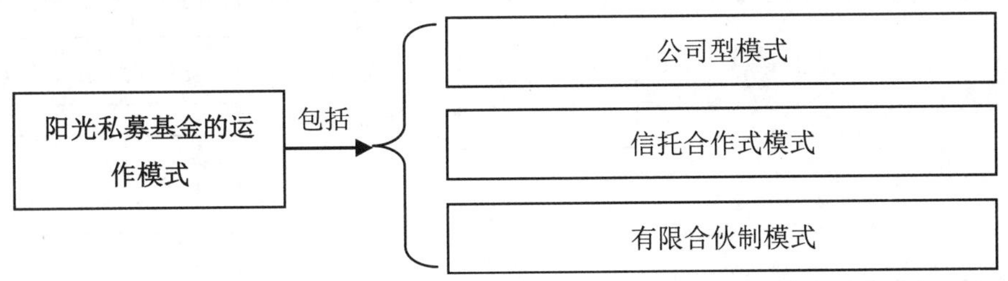

图 12-4　阳光私募基金的运作模式

阳光私募基金的各运作模式之间存在着一定的差异性，接下来对上述三种运作模式分别进行解读。

1. 公司型模式

公司型阳光私募基金通常采取出资设立基金，并将基金交由专业的基金公司进行管理的运作模式。

公司型模式是现实生活中较为常见的一种阳光私募基金模式。在这种模式中，投资者只要成为公司股东，便可参与其中。但是这种模式之下，基金不但发行范围狭窄，而且还存在一定的法律风险。正因为如此，这种阳光私募基金通常难以发展。

2. 信托合作式模式

信托合作式阳光私募基金是投资者将资金交由信托公司管理，而信托公司则在基金设立后，将基金的管理权和基金资金分别交由私募基金管理公司与第三方银行的一种阳光私募基金模式。

信托合作式阳光私募基金不但根据相关法律制订了规范化的信托计划，而且对投资的品种和比例都没有严格的限制，操作相对较为灵活。

3. 有限合伙制模式

有限合伙制阳光私募基金通常采取一方以资金出资，另一方以劳务(主要是专业能力)出资的方式，共同成立一家公司，并在《公司章程》中对管理权限及收益分配的相关事项进行约定。

308　阳光私募基金的类型

目前，市场上对阳光私募基金的分类主要有两种方法，一种是按投资对象分类；

另一种是按投资风格分类。按照这两种方法，阳光私募基金可分别具体分为多个类型，如图 12-5 所示。

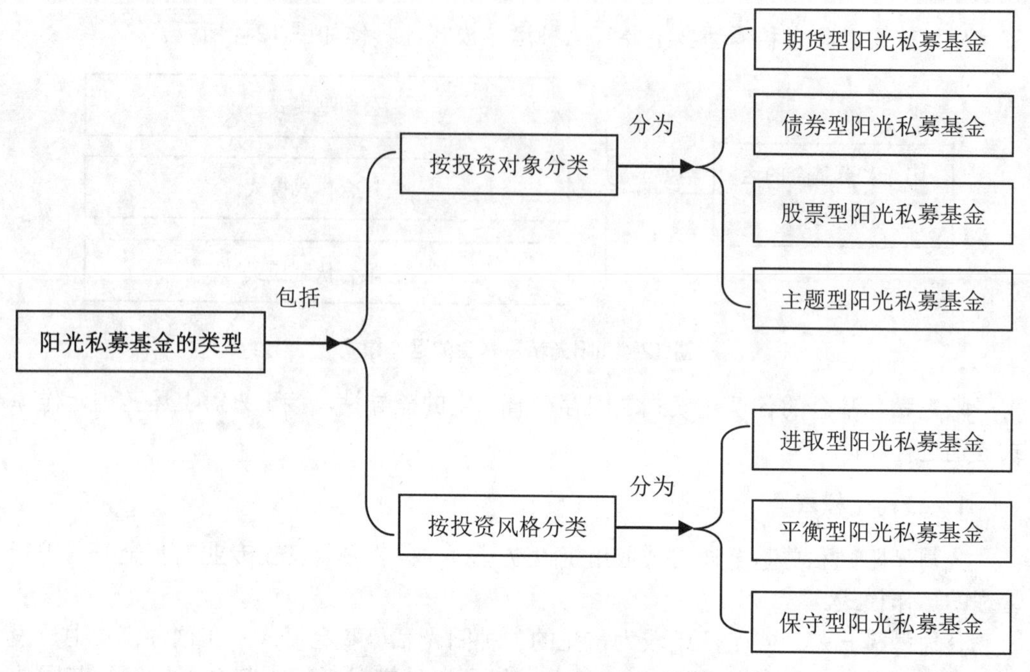

图 12-5　阳光私募基金的类型

309　期货型阳光私募基金

期货型阳光私募基金，即投资对象为国内期货交易以及与之相关的现货商品的一种阳光私募基金，其投资品种多为贵金属、农产品等。通常来说，期货型阳光私募基金具有两个特点，具体如图 12-6 所示。

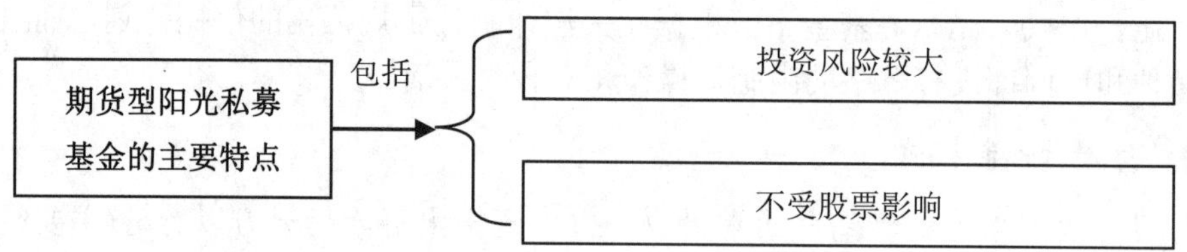

图 12-6　期货型阳光私募基金的主要特点

接下来将对期货型阳光私募基金的两大特点进行一一说明。

1. 投资风险较大

因为期货市场采用的是保证金交易制度，即只需支付部分金额作为交易的保证。

所以，投资者可以通过杠杆交易大大提高资金的使用效率。但是，一旦投资者账户内资金不足，则很可能会面临强制平仓。

这样一来，伴随着资金的利用率的提高，投资额的增加，投资者的投资风险实际上也在不断扩大。甚至可能会出现因为某项投资失利而影响整个投资的正常进行。

2. 不受股票影响

从市场看，期货型阳光私募基金投资的市场——期货市场，是独立于股票市场之外的另一个市场，两者之间并无绝对的联系。所以，期货型阳光私募基金投资对象的价格并不会受到股票市场的影响。

310 债券型阳光私募基金

债券型阳光私募基金是指投资于国债、金融债等债券的一种阳光私募基金。债券型阳光私募基金一般呈现三大特点，具体如图 12-7 所示。

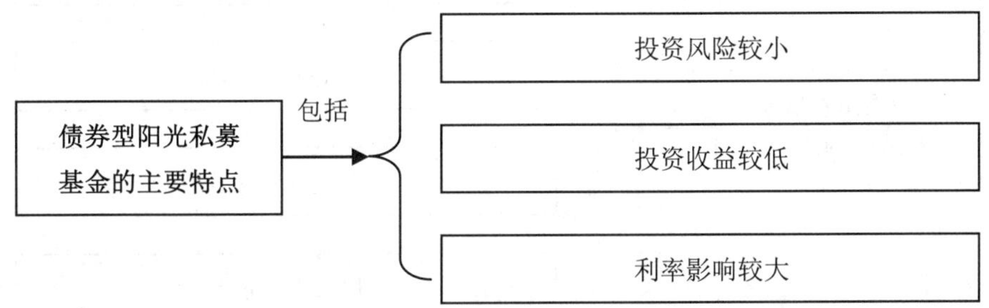

图 12-7 债券型阳光私募基金的主要特点

下面对债券型阳光私募基金的三大特点分别进行解读。

1. 投资风险较小

因为债券型阳光私募基金的投资对象为债券，而债券本身又具有波动小的特点。所以，一般情况下，其投资对象的价格不会有太大的变化。而投资的风险自然也就比较小了。

2. 投资收益较低

投资的收益和风险通常是成正比的，债券型阳光私募基金的低风险，决定了其低收益。通常情况下，债券的收益都是相对固定地维持在比银行储蓄稍高的水平。因此，如果投资者期望在短期内获得可观的利润，该类基金就不太适用了。

3. 利率影响较大

在资本市场中，债券发行方与银行实际上是相互竞争的关系，而它们争夺的对象是市面上流通的资金。因此，随着银行利率的调整，债券对投资者的吸引力会出现一些变化。

比如，当债券收益率为5%时，银行利率为3%，那么债券对投资者的吸引力相对较大，而债券的价格也相对较高。反之，当银行利率高于债券收益时，债券发行方为了增加债券的吸引力，必然只能以让利的方式，用低于票面的价格将债券卖给投资者。所以，债券价格与银行利率是负相关的，而利率的变化也必然会影响到投资者的投资收入。

311　股票型阳光私募基金

股票型阳光私募基金是以股票为主要投资对象的一种阳光私募基金。股票型阳光私募基金通常具有四个特点，具体如图12-8所示。

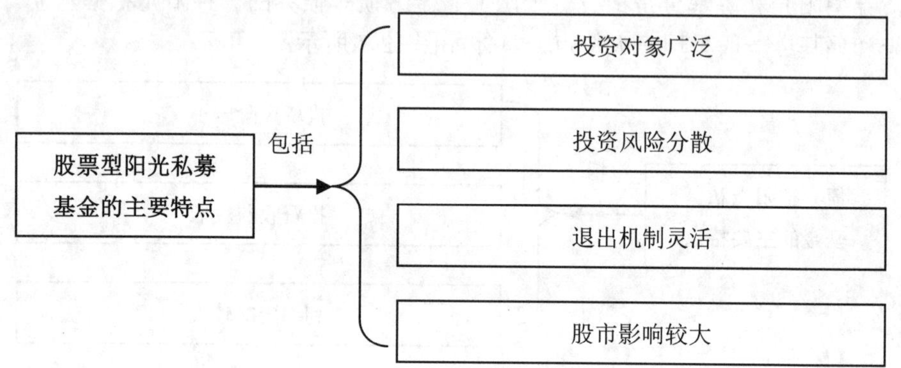

图12-8　股票型阳光私募基金的主要特点

接下来就对股票型阳光私募基金的四个特点进行具体讲解。

1．投资对象广泛

股票型阳光私募基金的主要投资对象是股票，而可供其投资的股票品种具有多样性，基金可自由进行选择。而且，除了股票之外，该类基金还可以对债券、中央银行票据等投资品种进行投资。所以说，它的投资对象是较为广泛的。

2．投资风险分散

股票型阳光私募基金的风险分散是建立在其投资对象广泛的基础之上的。正是因为投资对象具有广泛性，股票型阳光私募基金可以同时对多个投资品种进行组合投资，从而在稳健的投资中将投资风险分散。

3．退出机制灵活

因为股票是上市交易，且可进行线上操作的。所以，只要有卖出的意向，且有买方存在，就可以随时卖出持股，退出投资。从这一点看，该类基金的退出机制是比较灵活的。

4．股市影响较大

股市对股票型阳光私募基金的影响主要体现在股票的流动性上。当股市“全线飘红”时，投资者会因为后市可期在股市进行投资，进而使整个市场趋于活跃。而此时如果投资者要将持股卖出，则可以在买方竞价中，以更高的价格出售股份，从而获得更为可观的收益。

反之，如果股市呈现为“绿色环保”的局面，那么，投资者对股市的态度可能会避之不及。这样一来，整个股票市场犹如一潭死水。投资者如果在此时退出投资，很可能会面临两种情况。第一种情况是，没有买方，股票卖不出去，无法退出投资；第二种情况是，买方出价低于预期，卖出收益较少，甚至会出现亏损。不卖出有可能会面临更大的亏损。毫无疑问，当整个股市后市不容乐观时，投资者是很难获得较高收益的。

312　主题型阳光私募基金

主题型阳光私募基金是根据一定主题进行的股票投资(如受某一事件影响、按行业进行的投资等)。主题型阳光私募基金一般呈现四个特点，具体如图 12-9 所示。

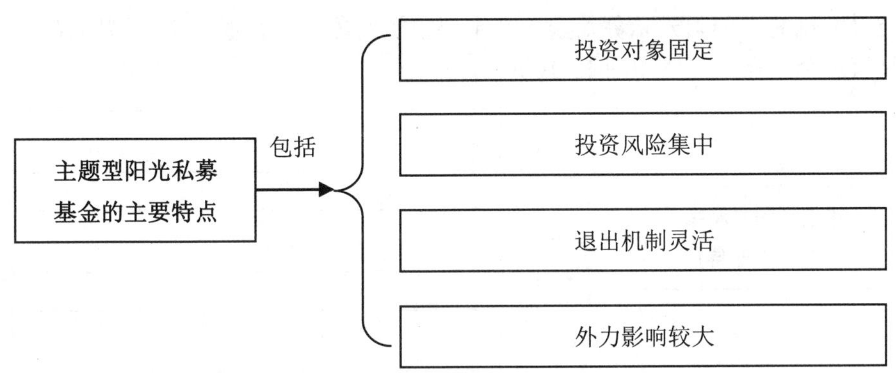

图 12-9　主题型阳光私募基金的主要特点

下面对主题型阳光私募基金的主要特点分别进行说明。

1．投资对象固定

主题型阳光私募基金是根据一定主题进行的，只有符合主题的对象才有可能获得投资。因此，它的投资对象具有相对固定性，即只对特定对象进行投资。

2．投资风险集中

正是因为主题型阳光私募基金是根据一定主题进行的投资，所以，它的投资对象之间往往具有相似性，甚至各投资对象都属于同一行业。在这种投资对象相对集中的模式下，风险也是集中的，即各投资对象可能会同向发展，荣时同荣，损时俱损。因此，如果投资出现风险时，可能会面临较大的损失。

3．退出机制灵活

主题型阳光私募基金的投资对象是股票，当市场活跃时，甚至随时可以选择退出投资，它在退出机制上无疑是较为灵活的。

4．外力影响较大

除了投资对象自身发展情况之外，主题型阳关私募基金还会受到许多外力因素的影响，比如，当股市不活跃时，由于退出不畅，投资的收益必然难以得到保障。又如，当国家政策不再扶持所投资的行业时，主题型阳关私募基金很可能会因为投资对象的发展均受阻而面临亏损。

313　进取型阳光私募基金

进取型阳关私募基金即以进取心态投资，在尽量控制投资风险的基础上，实现投资收益最大化的一种阳光私募基金，其主要投资对象为小盘股。进取型阳光私募基金一般具有三个特点，具体如图 12-10 所示。

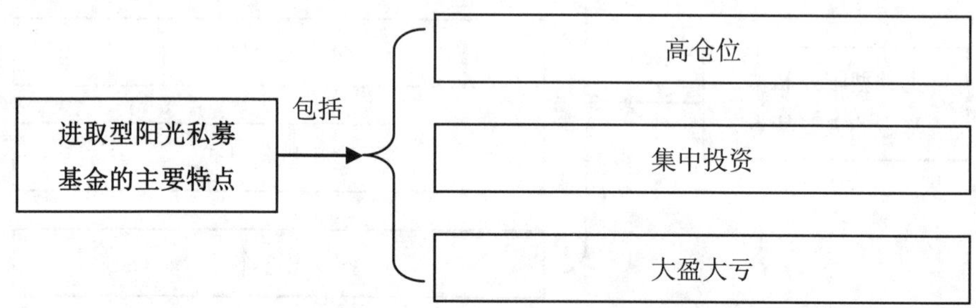

图 12-10　进取型阳光私募基金的主要特点

下面就进取型阳光私募基金的三大特点一一展开说明。

1．高仓位

为了实现投资收益的最大化，无论股市是“一片红”，还是“一片绿”，该类基金都会尽可能地提高资金的使用率，以较高的仓位进行操作。正因为如此，该类投资可能面临较大的投资风险。

2. 集中投资

进取型阳光私募基金的投资通常比较集中，对于个别看好的个股，它甚至会以上限比例进行重仓持股。当然，这既是进取型阳光私募基金实现投资收益最大化的重要途径，也是其投资信心的体现。

3. 大盈大亏

因为进取型阳光私募基金既是高仓位操作，又是集中进行投资，所以，它的投资结果很可能会出现两种完全相反的局面，即大盈或大亏。

如果投资成功，该类基金可能创造出骄人的业绩，进而获得可观的收益；相反，如果投资失败，该类基金也可能会出现大幅亏损。因此，进取型阳光私募基金通常比较适合具有较高风险承受能力的投资者。

314 平衡型阳光私募基金

平衡型阳光私募基金即在保障当期收入的同时，以资产的长期增值为目标的一种阳光私募基金。平衡型阳光私募基金的投资兼顾风险和收益，其通常对股票与债券进行组合投资，它的特点主要有三个，具体如图 12-11 所示。

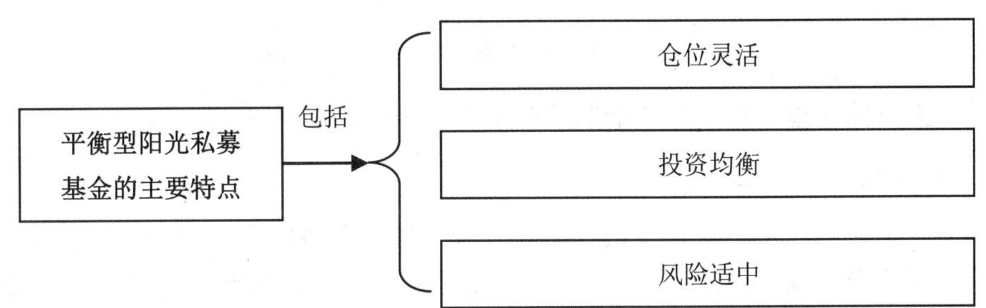

图 12-11 平衡型阳光私募基金的主要特点

接下来对平衡型阳光私募基金的主要特点进行一一解读。

1. 仓位灵活

因为平衡型阳光私募基金需要兼顾风险和收益，所以，它会根据股市的情况进行仓位的调整。即股市整体看好时，它会选择进行高仓操作。而当股市后市堪忧时，它会将仓位控制在较低的水平。

2. 投资均衡

与进取型阳光私募基金相比，平衡型阳光私募基金的投资相对均衡，除了极少数的情况外，它不会重仓持有某只个股。这既是出于对控制投资风险的考虑，也是基金慎重对待投资的体现。

3. 风险适中

因为平衡型阳光私募基金仓位操作灵活，再加上投资均衡，所以，其投资风险较为适中，既可能获得一定的收益，也可能出现一定的损失。只是其净值波动幅度通常要比进取型阳光私募基金低得多。

315 保守型阳光私募基金

保守型阳光私募基金是指以保守心态进行投资，将投资风险的控制放在首位的一种阳光私募基金。保守型阳光私募基金通常呈现三大特点，具体如图 12-12 所示。

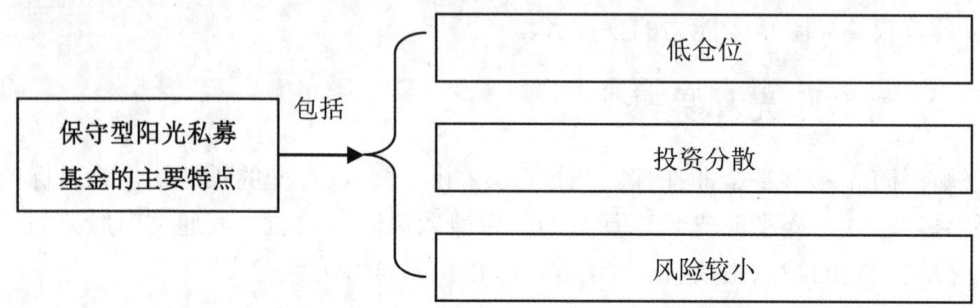

图 12-12 保守型阳光私募基金的主要特点

接下来对保守型阳光私募基金的三个特点分别进行解读。

1. 低仓位

相对于追求高收益，保守型阳光私募基金更侧重于将风险控制在较低的水平。因此，保守型阳光私募基金通常只有在对投资有较大把握的情况下，才会出手进行投资。这就使得其仓位一般都比较低。

2. 投资分散

在进取型、均衡型和保守型阳光私募基金中，保守型阳光私募基金无疑是投资最为分散的。这主要体现在两方面。一方面，保守型阳光私募基金通常不会重仓持有某只股票。另一方面，即便是其特别看重的某只股票，它对该股的持仓通常也不会超过总仓位的 10%。

3. 风险较小

因为保守型阳光私募基金将控制投资风险放在第一位，其在投资时多以低仓位操作，并采取分散投资的方式进行投资。所以，该类基金的投资风险相对来说是比较小的。因此，如果投资者的风险承担能力较为有限，又有分享股市收益的想法，该类基金或许会是一种最佳选择。

316 与 PE 的区别

阳光私募基金与私募股权投资基金虽然都带有私募属性，但两者之间还是存在明显区别的，这主要体现在四个方面，具体如图 12-13 所示。

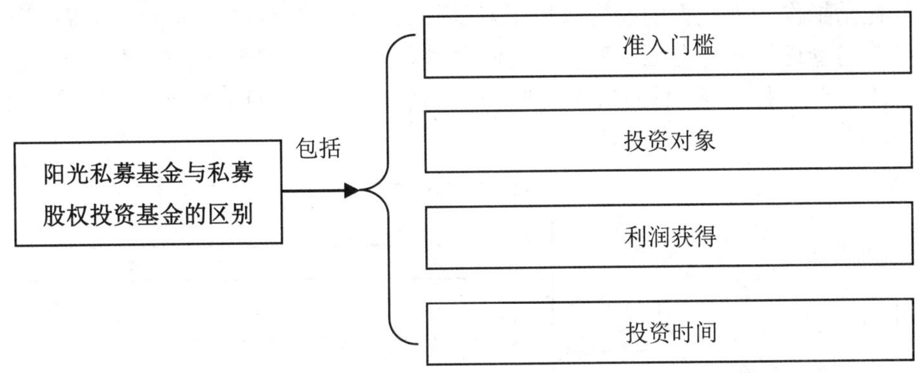

图 12-13 阳光私募基金与私募股权投资基金的区别

接下来对阳光私募基金与私募股权投资基金的 4 大区别分别进行说明。

1. 准入门槛

阳光私募基金的最低投资额多为 100 万元，而私募股权投资基金的最低投资额则是依据基金自身的规模而定的。具体来说，资金规模 5 亿元以下的私募股权投资基金，其最低投资额一般是 300 万元或 500 万元。而资金规模超过 5 亿元的私募股权投资基金的最低投资额则可以达到 1000 万元。因此，相对来说，私募股权投资基金的投资门槛通常要比阳光私募基金高一些。

2. 投资对象

阳光私募基金的投资对象为金融产品，如股票、债券和基金等，而私募股权投资基金则多对非上市企业进行投资。因此，两者投资对象的属性是完全不同的。

3. 利润获得

阳光私募基金的利润来源于其在二级市场的投资，而私募股权投资基金则主要是在被投资对象增值之后，选择合适的时机，将持股部分售出并退出投资而获得被投资对象增值带来的收益。

4. 投资时间

阳光私募基金虽然没有固定的存续期限，但是通常会约定一个 6～12 个月的赎回封闭期，在该期限内，投资者难以顺利对持有部分进行赎回。而私募股权投资基金的投资时间则相对较长，通常投资期限在 5 年以上。因此，相对来说，私募股权投资基金更适合进行长期投资。

317　与信托的区别

信托是指作为委托人的投资者出于对受托人——信托公司的信任，将资产资源交由信托公司管理的一种金融制度。阳光私募基金与信托之间无疑是有区别的，这一点从两者的定义不难看出，总的来说，两者的区别主要体现在四个方面，具体如图 12-14 所示。

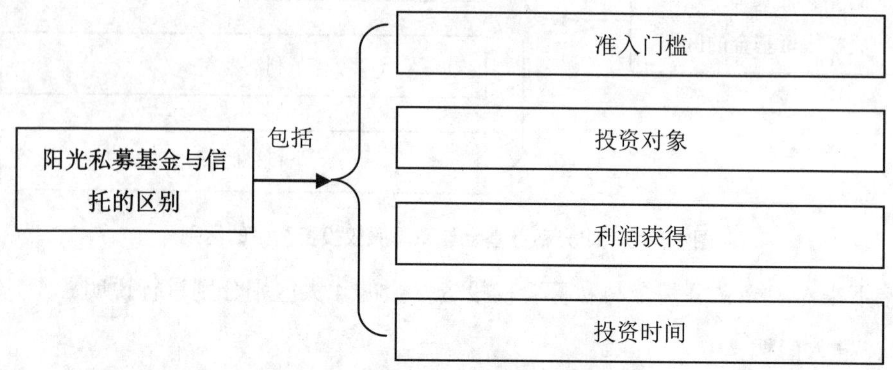

图 12-14　阳光私募基金与信托的区别

下面就将阳光私募基金与信托的四点区别具体进行说明。

1. 准入门槛

一般情况下，阳光私募基金的最低投资额是 100 万元，但也有一些阳光私募基金的最低投资额为 300 万元以上。而信托的最低投资金额则多为 100 万元，不过也存在最低投资金额小于 100 万元的情况。因此，有时候信托的准入门槛可能要比阳光私募基金低一些。

2. 投资对象

阳光私募基金和信托的投资对象的性质是不同的。阳光私募基金的投资对象主要是金融产品，如股票、债券、基金等。而信托的投资对象则更多的是一种产业，如基础产业、房地产等。

3. 利润获得

阳光私募基金和信托在收益的来源上有所不同。阳光私募基金的利润主要来源于其在二级市场上进行投资获得的收益。而信托的利润则主要取决于被投资对象在营业过程中获得的收入。

4．投资时间

阳光私募基金没有固定的存续期限，但是其通常会有一个长达 6～12 个月的赎回封闭期，在这段时间内，投资者一般难以顺利完成赎回。但是在封闭期结束之后，投资者便可在基金的开放日完成对持股的赎回。

而信托则会根据其产品的性质，约定一个 1～3 年的投资期限。信托公司需在该期限内还款，而投资者则可以在信托公司有偿还能力的前提下，提前将持有部分进行赎回。

318　与公募基金的区别

公募基金是受证监会等主管部门监管，并以公开发行的方式向不特定对象募集资金的一种证券投资基金。阳光私募基金与公募基金的区别主要体现在六个方面，具体如图 12-15 所示。

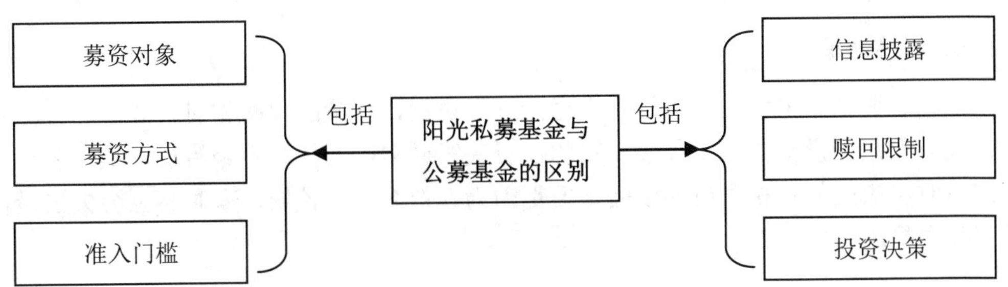

图 12-15　阳光私募基金与公募基金的区别

下面对阳光私募基金与公募基金六个方面的区别进行具体剖析。

1．募资对象

阳光私募基金与公募基金在募资对象上的区别，主要体现在募资对象范围的差异上。阳光私募基金只向极少数具有投资能力的特定投资者进行资金募集，而公募基金的资金募集对象则是具有不特定性的社会大众。因此，从募资对象上看，公募基金的募资对象相对来说要比阳光私募基金更广。

2．募资方式

因为阳光私募基金具有私募属性，所以，它在资金募集上采取的是非公开发行的方式。而公募基金则是以公开发行的方式进行资金募集。因此，两者在募资方式上是完全不同的。

3. 准入门槛

阳光私募基金的最低投资额为 100 万元，而公募基金的最低投资额则要达到 1000 万元。也不难看出，公募基金的准入门槛比阳光私募基金高得多。

4. 信息披露

因为阳光私募基金具有私募属性，相关法律、法规对它信息披露的要求相对较低，所以，它通常具有较高的保密度。而公募基金则因为发行等操作都是公开的，法律又对其信息披露有着较为严格的要求，所以，它需要对投资目标、投资组合等内容进行披露。因此，公募基金很大一部分的信息是具有公开性的。

5. 赎回限制

阳光私募基金只有在赎回封闭期后的开放日，才能较为顺利地将持有部分进行赎回。而公募基金则可以在任何交易时间内将持有部分赎回。因此，从退出投资上看，公募基金相对来说更为灵活。

6. 投资决策

阳光私募基金可以由基金管理人直接进行决策，决策的效率相对较高。而公募基金则设有专门的投资决策委员会，它的投资决策通常需要经过一个流程。虽然公募基金决策时考虑的问题相对更为全面，但是因为其效率相对较低，有时甚至会失去最佳的交易时机。

12.2 实操须知：全程指导技巧传授

因为阳光私募基金具有私募属性，所以，投资者，特别是刚入行的新手，对它的了解通常是比较有限的。但是，投资不是过家家，一旦资金投入完成，便会出现盈亏。那么，如何才能在实践中提高投资的成功率，保障投资的收益呢？其中很重要的一点是掌握一些实操必须知道的信息，这也是本节将要重点讲解的内容。

319 选择技巧

阳光私募基金的私募属性决定了它无法像许多投资方式一样，会通过各种渠道将发行等相关信息广而告之。因此，投资者如果对阳光私募基金的了解比较有限，可以选择向第三方机构咨询相关信息。

另外，投资阳光私募基金的收益是浮动的，不同阳光私募基金的收益可能会有较大的差别。因此，投资者对阳光私募基金的选择就显得尤为重要了。总的来说，投资者在选择阳光私募基金时，可以从三个方面进行考虑，具体如图 12-16 所示。

图 12-16　选择阳光私募基金的考虑内容

320　费用情况

总的来说，投资者投资阳光私募基金时，一般会涉及四个方面的费用，具体如图 12-17 所示。

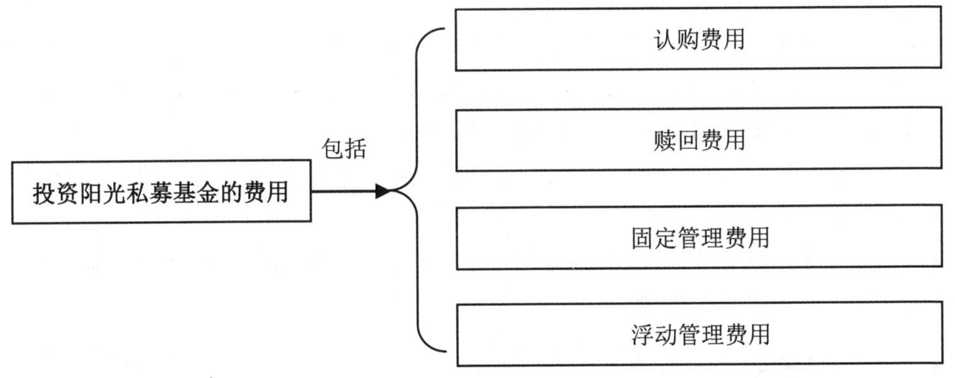

图 12-17　投资阳光私募基金的费用

接下来对投资阳光私募基金的相关费用分别进行解读。

1. 认购费用

投资者在购买阳光私募基金时，需要支付 1%的认购费，而且该费用一般采取价外收取的方式。也就是说，当投资者购买 100 万元阳光私募基金时，除了购买金额(即 100 万元)之外，还需要另外再支付 1 万元的认购费用。

2. 赎回费用

大多数阳光私募基金都会约定赎回封闭期以及准赎回封闭期。一般情况下，准赎回封闭期内是不能将持有部分进行赎回的。而投资者如果选择在准赎回封闭期内赎回持股，则需要支付 3%的赎回费用。

比如，当投资者在准赎回封闭期内赎回 100 万元时，那么，投资需要支付的赎回费用为：100×3%=3(万元)。

3. 固定管理费用

阳光私募基金的固定管理费用即其在日常运作中产生的费用，通常情况下，该费用为 1.5%～2%/年。而固定管理费用的计算和扣除则是根据每一天的具体情况进行的，另外，它采取的是从信托总资产中扣除的方式。这也是为什么有时阳光私募基金的净值与实际收入会有所出入的原因。

4. 浮动管理费用

浮动管理费用也称为“业绩报酬”，是指当阳光私募基金的净值出现历史新高时，支付给基金管理人的费用。一般情况下，浮动管理费用为创新高部分的 20%。而它的支付方式是直接从信托总资产中扣除。

与固定管理费用不同，浮动管理费用的收取频率会根据阳光私募基金的自身情况而定。该费用收取不但具有复杂性，而且其频率与投资者的收益又是密切相关的，无论过高或过低都可能对投资者造成不利影响。

具体来说，如果其收取频率过高，那么，投资者能够分享的总收益实际上就大大减少了。反之，如果其收取频率过低，该费用对基金管理人的激励作用将会被削弱。而如果基金管理人缺乏创造更好业绩的动力，那么，基金的发展势必会受阻，投资者的收益也将因此难以得到保障。

321 购买流程

与其他投资方式不同，投资者如果要购买阳光私募基金，不仅要提前进行预约，还需要签署信托合同。具体来说，投资者购买阳光私募基金通常需要经历三步，如

图 12-18 所示。

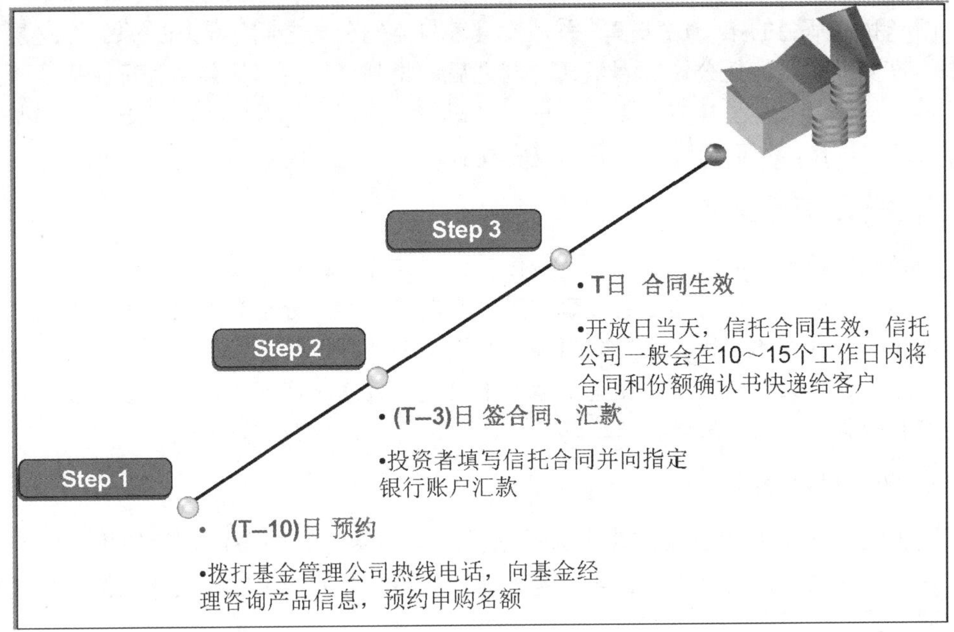

图 12-18 阳光私募基金的购买流程

322 法律关系

阳光私募基金的运作涉及投资者、信托公司、基金管理公司、证券公司和托管银行这五方，而这其中又包含了三层法律关系，具体如图 12-19 所示。为了阳光私募基金得以更好地运作，各方当事人需要明确自身的权利和义务。

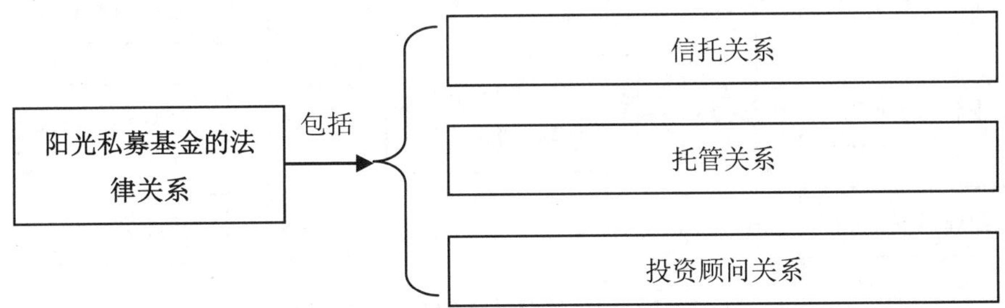

图 12-19 阳光私募基金的法律关系

接下来对阳光私募基金涉及的三层法律关系分别进行说明。

1. 信托关系

阳光私募基金的第一层法律关系是投资者与信托公司之间的信托关系。在这层关系中，投资者在与信托公司签署信托合同之后，将基金交给信托公司管理。投资者是委托方，信托公司是受托方，因此，信托公司需要根据信托合同的相关要求，对基金进行管理和运作，从而保障投资者的投资权益。

2. 托管关系

阳光私募基金的第二层法律关系是信托公司与托管银行以及证券公司之间的托管关系。其中，信托公司将基金的资金和基金投资的证券，分别交由银行和证券公司托管。而作为托管方的银行和证券公司除了对资金和证券进行托管之外，还拥有对信托公司的监督权。如果信托公司在基金运作中出现重大违法违规，它们甚至可以直接上报中国银业监督管理委员会。

3. 投资顾问关系

阳光私募基金的第三层法律关系是信托公司与基金管理公司之间的投资顾问关系。在这层关系中，基金管理公司受聘于信托公司，并为基金的投资决策提供相关材料和服务。

323　投资误区

很多投资者对私募基金的投资收益率有着不切实际的幻想，其实基金为投资者提供的是资本长期稳定增值的前景，而非一夜暴富的机会。投资私募基金时，投资者很容易陷入一些误区，具体如图 12-20 所示。

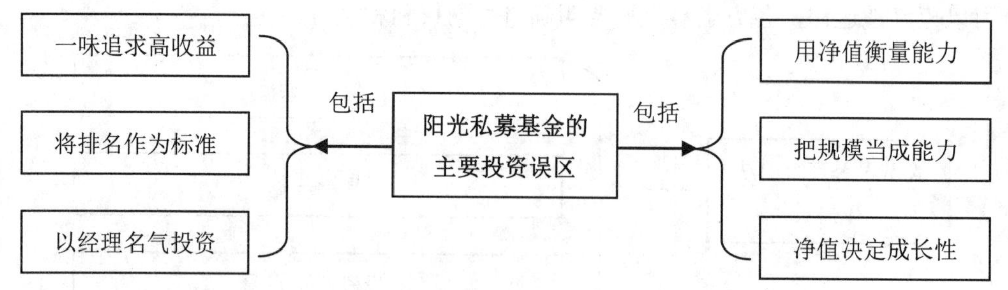

图 12-20　阳光私募基金的主要投资误区

接下来对阳光私募基金的 6 大投资误区进行具体说明。

1. 一味追求高收益

部分投资者认为只要阳光私募基金的收益高，就可以购买，还有少数投资者甚至将高收益当成投资的条件。其实这种想法是错误的。

在投资行业中，风险和收益具有对应关系，收益高的阳光私募基金，同时也意味着它的投资风险相对较大。投资者在选择阳光私募基金之前，应先对自身的风险承受能力进行评估，在此基础上结合实际情况选择看好的基金品种。所以，在挑选基金时，投资者应参考风险调整后的收益，而不应过分地关注收益的绝对值。

2．将排名作为标准

有的投资者认为只要阳光私募基金的排名靠前，就说明该基金后势可期。这显然是不科学的。阳光私募基金的排名，虽能说明其短期内的业绩情况，但不宜作为选择的唯一标准。

阳光私募基金暂时排名靠前是多种因素促成的，有的可能是基金投资风格激进，甚至有一部分只是单纯的运气好。所以，并不是所有短期排名靠前的基金，都有一个投资能力与之对应的基金经理。

3．以经理名气投资

虽然明星基金经理的能力是有目共睹的，但是，如果明星基金经理进入刚成立的阳光私募基金，则可能会因为失去投研团队支持以及需要花费精力在运营等问题上，而给投资业绩带来不利影响。所以，当明星基金经理进入新成立的阳光私募基金时，投资者如果只是基于盲目的信任，便进行投资，那么，投资结果很可能与预期相去甚远。

4．用净值衡量能力

阳光私募基金净值的高低受成立时间、投资策略、投资类型、投资能力等因素的影响。投资者不能简单地将净值作为基金经理投资能力的依据，因为成立时间、风格策略等都可能对基金经理的投资产生影响。因此，只有同时期成立且投资类型相同的基金的净值才具有可比性。

5．把规模当成能力

阳光私募基金的资产规模只能说明它可以支配的资金数额不能与其实力画等号。另外，阳光私募基金的规模只有与其投资策略、投研团队、基金经理的管理能力等方面一致时，才能进行高效的投资。

一般来说，大型私募公司的业绩更为稳健，而中小规模的私募公司则具有较好的爆发力。所以，投资者需结合自身情况选择私募基金，而不能一味地侧重于选择资产规模大的私募公司。

6．净值决定成长性

阳光私募基金的当前净值情况，只能说明它的市场价值，其未来收益的决定性因素还是基金经理的投资能力。优秀的基金经理会使私募基金的未来净值走高；而能力平庸的基金经理则可能让私募基金的未来净值一跌不起。因此，阳光私募基金的净值与其成长性并没有必然的联系。

12.3 现存困境：六大难点亟待解决

虽然我国阳光私募基金的发展态势良好，但是其在发展中也会遇到一些困境，这主要体现在六个方面，具体如图 12-21 所示。这六大发展困境是本节将要重点进行说明的内容。

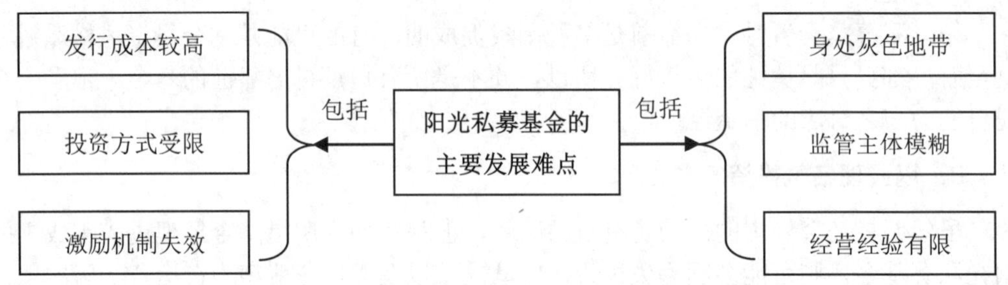

图 12-21 阳光私募基金的主要发展难点

324 发行成本较高

因为我国阳光私募基金多由信托公司发行，而证券交易账户曾一度控制在中国证券登记结算有限公司手中，因此，当 2009 年暂停开设信托账户时，信托公司的存量账户(即可用还未用的账户数量)越来越少，从而直接造成阳光私募基金发行成本的快速上升。

直到 2012 年《关于信托产品开户与结算有关问题的通知》发布之后，信托公司才真正拥有了自主设立信托证券交易账户的权力。虽然随着该通知的出台，信托公司掌握了交易账户的设立权，使得阳光私募基金的发行成本有效降低，但是时至今日，其在发行上仍需要一定的成本。

值得一提的是，阳光私募基金的发行成本通常与投资者投资该基金的成本有一定的关系。当发行成本增加时，投资者的投资成本往往会随之而增加。因此，降低阳光私募基金的发行成本，无论是对信托公司，还是对投资者，都具有重要意义。

325 投资方式受限

阳光私募基金看似可以采取多种投资方式，但是在实践中，因为受信托制度的限制，其大多只能通过在一级和二级市场以买入做多的方式进行投资。因此，它的收益在很大程度上受到市场的影响，如果市场表现低迷，那么，它无疑将难以获得较为可观的收益。

虽然部分阳光私募基金在市场表现不佳时，曾尝试以有限合伙的形式对衍生品市场进行投资。但是事实证明，衍生品市场不但获利有限，而且还要支付大量的税收。因此，该尝试最终以失败告终。

326　激励机制失效

与公募基金不同，阳光私募基金在向基金管理人支付报酬时，除了固定管理费外，还会另外支付业绩报酬。该机制本是通过将投资人与基金管理人的利益建立联系，从而激励基金管理人创造更好的业绩。

但是在阳光私募基金投资对象和投资方式受到限制，且市场状况不容乐观的情况下，阳光私募基金的收益通常较为有限，基金管理人很难获得业绩报酬，而其激励机制也就形同虚设了。

327　身处灰色地带

因为《证券投资基金法》等相关法律文件未对阳光私募基金的相关内容做出规定，所以，阳光私募基金目前仍身处灰色地带。虽然在这种情况下，阳光私募基金受到的限制相对较少，但与此同时，其相关权益也难以得到保证。正因为如此，部分投资者甚至对阳光私募基金敬而远之。这样一来，阳光私募基金从资金募集开始，面临的阻碍就比其他投资方式大得多。

328　监管主体模糊

因为我国证券市场主要包括中国证券监督管理委员会(以下简称证监会)和中国银业监督管理委员会(以下简称银监会)，所以，即便是具有明显相似性的行业，主体监管也可能不同。如阳光私募基金与券商集合理财在产品特征、运作模式和投资方式等方面基本相同，但是它们的监管主体却分别是银监会和证监会。

值得一提的是，证监会和银监会对于其监管对象的投资人数、投资对象以及管理运作的要求都有较大的差别。虽然阳光私募基金目前受银监会管理，但如果政策出现变化，其监管对象也将具有不确定性。

329　经营经验有限

虽然阳光私募基金的规模通常会在发展中不断扩大，但是由于经营经验有限，部分阳光私募基金在其达到一定规模之后，会面临一些难题，如资金规模扩大之后，原来的投资策略不再适用，基金难以保持以往的业绩；又如，当遇到个股流通性不佳时，阳光私募基金可能会出现资金周转困难。

12.4 基金公司：投资人才输出机器

在阳光私募基金中，基金管理公司受聘于信托公司，并以投资顾问的身份负责基金的投资和决策。在此过程中，基金管理公司作为投资人才的输出机器，给基金的投资以专业化的指导，其对于阳光私募基金发展的作用是显而易见的。

随着国内阳光私募基金的迅速发展，一批阳光私募基金管理公司如雨后春笋般涌现，其中，较为活跃的主要有八个，具体如图 12-22 所示。

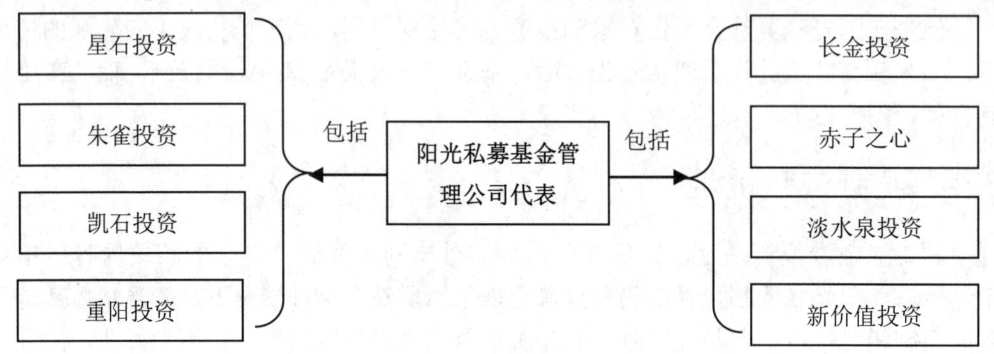

图 12-22　阳光私募基金管理公司代表

330　认识星石投资

星石投资于 2007 年成立，它是北京市星石投资管理有限公司(即以前的深圳市星石投资顾问有限公司)。作为国内最大的阳光私募基金公司之一，星石投资管理着 30 多只基金，其资金管理规模达 30 亿元人民币。

虽然自成立以来，星石投资曾在 2008 年、2011 年遭遇两次金融危机，但是其以中国特色的“长周期对冲理论”仍挺立于市场，甚至在整个行业发展面临困境之际，它也实现了绝对正收益(即收益为正数)。

因为星石投资一直保持着较好的业绩，所以，其在行业内曾屡获殊荣。它不仅是首届“晨星对冲奖”的唯一获奖者，更获得了五度蝉联《中国证券报》“金牛阳光私募管理公司奖”的瞩目成绩。

331 了解朱雀投资

朱雀投资是上海朱雀投资发展中心的简称，它成立于《中华人民共和国合伙企业法》(以下简称《合伙企业法》)修订后的 2007 年。作为《合伙企业法》生效后上海的第一家有限合伙制企业，朱雀投资的初始注册资金便达到了 1 亿元。

从合伙人构成情况看，朱雀投资的普通合伙人为国内投资界资深人士组建的投资团队，而其有限合伙人则多为对金融、消费和房地产等行业有一定认知和背景的投资者。因此，在这种组合之下，朱雀投资的投资不但具有专业性，而且在资源上也比一般的阳光私募基金公司更具优势。

朱雀投资以“长线人生、畅想投资、快乐工作”为投资理念，并注重投资的精细研究和对投资的把握。从业务看，朱雀投资的业务主要包括证券投资、投资管理以及实业投资等。朱雀投资由于表现良好，曾在 2001 年被格上理财评为“五星私募基金公司”。

332 浅谈凯石投资

凯石投资是上海凯石投资管理有限公司的简称。它由雅戈尔集团和投资界资深人士在 2007 年共同设立，注册资本高达 10 亿元。凯石投资的业务主要包括股权投资、资产管理以及投资咨询等。

截至目前，凯石投资已累计发行超过 30 只基金，它的管理规模甚至达到了 200 亿元。凯石投资之所以能够取得如此成绩，与它的众多优势是分不开的。总的来说，凯石投资的优势主要包括三个方面，具体如图 12-23 所示。

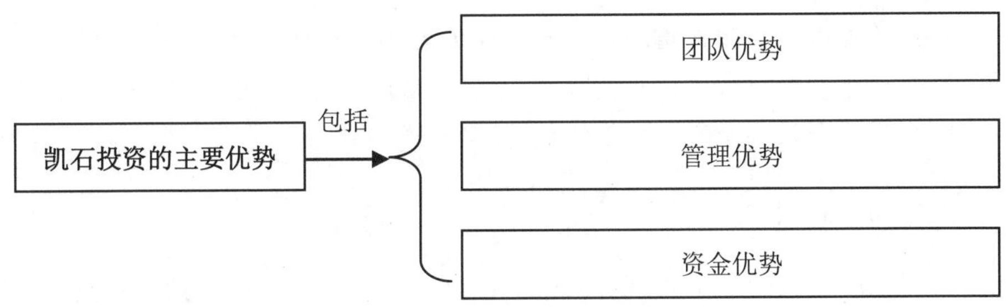

图 12-23 凯石投资的主要优势

接下来对凯石投资的三大优势进行具体说明。

1. 团队优势

凯石投资由雅戈尔集团与投资界资深人士共同设立，其管理团队相关人员均来自基金、证券和投行等行业，且这些人员中甚至有超过 90%获得了硕士及以上学历。因

为在相关行业从事了多年工作，这些专业人士除了收获了丰富的投资经验外，往往还拥有丰厚的人脉资源。这样一来，凯石投资的投资起点无疑就比其他阳光私募基金管理公司要高得多。

2．管理优势

在管理上，凯石投资借鉴国际经验，并根据自身情况，以有限合伙的模式设立基金，将各股东的利益联系在一起。且在经营理念上，凯石投资采取诚信、稳健的持续发展方式，也受到了社会大众的广泛好评。

3．资金优势

凯石投资的大股东，也就是其主要资金供应方是雅戈尔集团。作为一家上市多年的公司，雅戈尔本身具有雄厚的资金能力，再加上其在资本市场发展多年，对于融资等操作早已烂熟于心。因此，凯石投资的资金一直以来都较为充足。

333　概说重阳投资

重阳投资是上海重阳投资有限公司的简称，该公司成立于 2001 年，并于 2014 年顺利完成改制，成为股份公司，注册资本达 2 亿元。

作为国内 A 股管理规模最大的阳光私募基金管理公司，重阳投资的资金管理规模超过 200 亿元。其不仅管理规模大，而且发行的基金数量也很多。重阳投资曾在 2014 年一年内，累计发行 50 余只基金，更因此一举摘下当年发行数量之最。

与其他阳光私募基金管理公司相同，重阳投资从设立起便以合伙经营的模式运作，它的最高决策机构为合伙人会议。而在经营理念上，其一直秉持“客户利益第一”的核心，将投资者的利润放在首位。

作为一家老牌投资公司，重阳投资在多年发展中，形成了一支超过 30 人的专业投研团队。在多年发展过程中，重阳投资也斩获了不少殊荣。如 2009—2013 年的五年间，重阳投资连续获得“金牛私募基金管理公司”的称号。

334　认识长金投资

长金投资是广州长金投资管理有限公司的简称，其业务主要包括创业投资、投资咨询和企业管理咨询等。该公司在 2007 年成立时的资本仅为 3000 万元，但是经过近 10 年的发展，长金投资的资金管理规模已经超过 50 亿元。

与其他阳光私募基金管理公司相比，长金投资的优势主要体现在四个方面，具体如图 12-24 示。

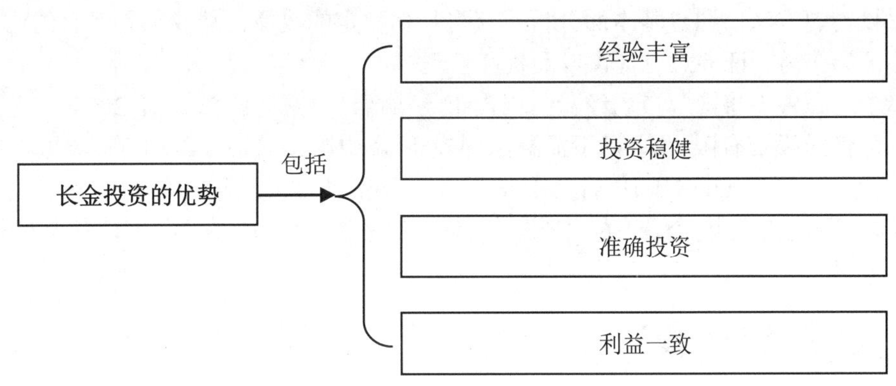

图 12-24　长金投资的优势

接下来对长金投资的主要优势分别进行解读。

1．经验丰富

长金投资具有 10 多年的视野管理经验，并对 10 余个行业进行过投资，在此过程中，该公司积累大量的投资管理经验和丰厚的人脉资源。因此，它通常能够较早地发现优质的投资项目。

2．投资稳健

作为典型的价值投资者，相比于短期的高收益，长金投资更侧重于获取长期且稳定的收益。而经过在资本市场上 10 多年的实战，它对市场的规则也有了较为深刻的认知，这也间接地让长金投资的投资行为趋于稳健。

3．准确投资

因为长金投资的投资具有稳健性，所以，其投资的数量通常不会太多。这也让它有更多的时间和精力对投资对象进行全面的调查与评估，从而在众多备选项目中，选择最适合的投资对象，完成相对准确的投资。

4．利益一致

长金投资的费用收取由两部分构成，即固定管理费和业绩报酬。因此，它与投资者的利益具有一致性，同时也对长金投资的基金管理人的业绩创造起到了一个很好的激励作用。

335　了解赤子之心

赤子之心是赤子之心资产管理有限公司的简称，该公司参照开曼群岛的《公司法》设立，并在中国香港成立了赤子之心资本亚洲有限责任公司。赤子之心侧重于采取价值投资的方法，通过基本面分析，获得长期稳定的收益。从业务看，它的业务主要包括证券交易、证券意见提供以及资产管理等。

赤子之心善于将国际市场经验与国内市场实情结合进行投资。如 2004 年曾与深圳市国际信托投资有限公司(以下简称深国投)以及中国工商银行深圳分行一起，推出“深国投·赤子之心(中国)集合资金信托”。该信托 2005 年一年的回报率便达到 23.23%，正是因为这个原因，它被布隆博格评为“2005 年度中国表现最好的基金”。

336 浅谈淡水泉投资

淡水泉投资是淡水泉投资管理有限公司的简称，目前该公司的业务主要包括海外对冲基金和私募证券基金等。该公司成立于 2007 年，注册资本仅为 1000 万元。然而，仅仅 10 年时间，其便发展成资金管理规模达 80 亿元的知名阳光私募基金管理公司，同时，它还在北京、深圳和上海设有分支机构。

淡水泉投资擅长海外业务的开展，广泛吸收全球高净值的个人客户，它与瑞士信贷、花旗银行等机构均有合作，甚至在其 80 亿元的总管理资金中，就有 35 亿元来自海外客户。

虽然淡水泉投资的员工至今仅有 10 多人，但是其取得的成绩却是许多人数众多的公司难以企及的。淡水泉投资的基金管理人及其发行的产品曾分别被国金证券、好买基金研究中心、晨星(中国)，以及私募排排网等国内私募基金研究机构评为“五星管理人”和“五星级产品”。除此之外，该公司还曾三次接受布隆博格的“优秀基金经理”访谈节目的采访。

337 概说新价值投资

新价值投资是广东新价值投资有限公司的简称，其业务主要为资产管理和项目投资等。该公司成立于 2007 年，注册资本为 1280 万元。该公司以“稳健经营、规范管理、发现价值、创造财富”的经营原则，进行价值投资。目前，其管理的信托计划超过 10 期，它在管理上则采取多位基金经理共同管理的方式。

另外，新价值投资在公司治理构架上，根据《公司法》的相关要求，制定《公司章程》，并对股东会、董事会以及管理层的权利和义务进行明确，从而建立起一个现代化的股份制公司治理架构。

新价值投资自成立以来，获得了诸多殊荣。它不仅获得了首届中国阳光私募基金金牛进取奖、首届中国私募基金“金阳光奖”最佳私募基金业绩奖，更因产品收益领先，被格上理财评为“五星私募基金”。

12.5　信托公司：销售渠道提供保障

信托公司既是阳光私募基金的发起人和首销渠道提供者，也是整个阳光私募基金的核心。它与阳光私募基金管理公司是相互依存的关系，一方面，基金管理是公司受聘于信托公司。另一方面，阳光私募基金的收益需要基金管理公司正确的投资决策做保证。目前，我国较为活跃的阳光私募基金的信托公司主要有三个，具体如图 12-25 所示。

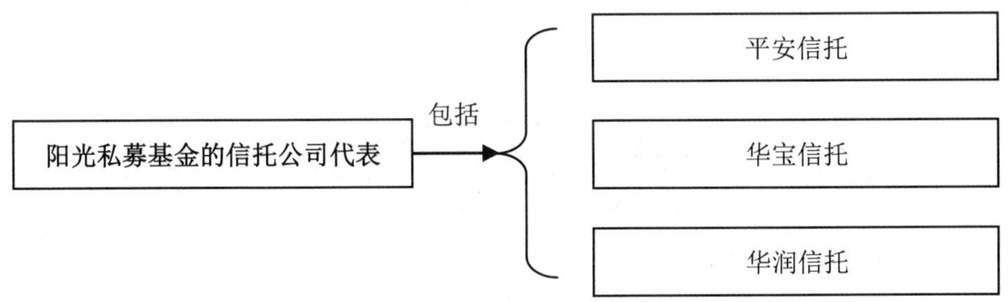

图 12-25　阳光私募基金的信托公司代表

338　认识平安信托

平安信托是平安信托投资有限公司的简称，该公司于 1996 年以中国平安保险股份有限公司控股子公司的身份成立。在其成立几年后的 2002 年，该公司获批重新注册登记，因此成为首批重新注册登记的 38 家信托公司中的一分子。

作为国内注册资本最多的信托公司，平安信托注册资本高达 69.88 亿元。正是因为有雄厚资金做后盾，再加上管理的专业化和品牌价值的加持，平安信托一直保持着较好的发展，它也因此获评中国首批 A 类信托公司。

从资金规模看，平安信托的资金代管理规模达到了 32 亿元，而其主要业务则可以分为两类，具体如图 12-26 所示。

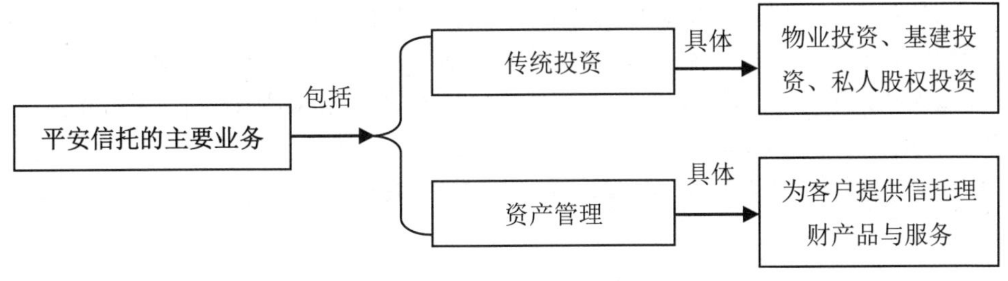

图 12-26　平安信托的主要业务

339 了解华宝信托

华宝信托是华宝信托有限公司的简称，该公司于 1998 年以宝钢集团成员公司的身份成立，注册资本达 37.44 亿元。与其他信托公司不同，华宝信托有着明确的组织形式，具体如图 12-27 所示。

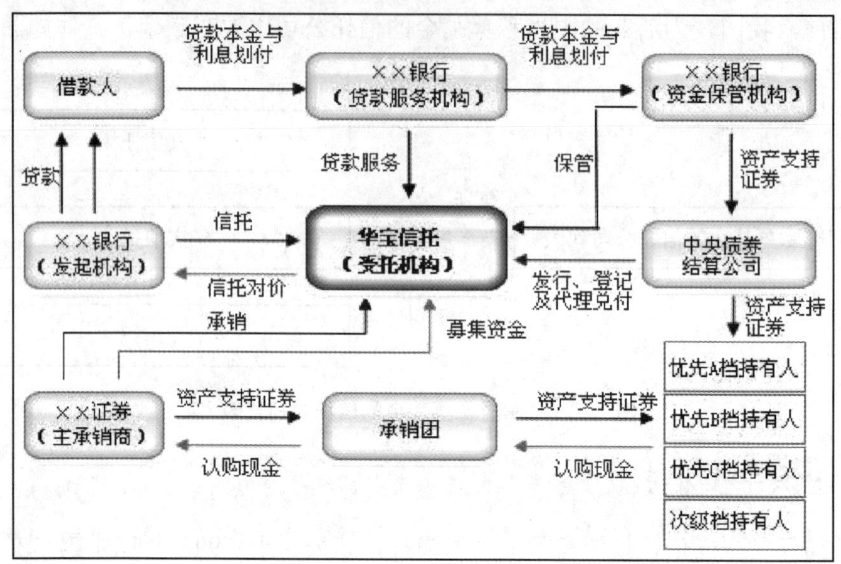

图 12-27 华宝信托的组织形式

自成立至今，华宝信托已累计为客户获得炒股 300 亿元的收益，而其受托管理的资金规模更是达到了惊人的近 5000 亿元。

340 概说华润信托

华润信托是华润深国投信托公司的简称，其前身为“深圳国际信托投资有限公司”。该公司于 1982 年在深圳成立，注册资本为 26.3 亿元。

华润信托侧重于以产品创新和服务优化，创造出适应市场需求的金融理财产品和服务，从而实现股东、员工和客户三者收益的最大化。而从组织构成看，华润信托通过在内部设立信托业务本部、证券信托部、发展研究部和信托市场部等 10 余个部门，从而对各部门工作进行细分，保障各项工作的顺利和有序进行。

第 13 章
种子期案例：风险投资直指收益

学前提示

因为种子期企业尚处于起步阶段，它的未来具有太多的不确定性，所以对这部分企业进行投资是有很大风险的。但如果投资获得了成功，私募股权投资也可以从投资中获得数十倍的回报。因此，私募股权投资机构学习一些成功的投资经验，提高投资的成功率，是非常有必要的。

要点展示

- 迅雷公司：高速发展快如闪电
- 土豆视频：风投青睐逐渐做大
- 阿里巴巴：网络扁舟竟成航母
- 分众传媒：户外媒体传奇演绎

13.1 迅雷公司：高速发展快如闪电

不知从何时开始，迅雷开始成为高速下载的代名词。其实，回顾其发展历程，迅雷在发展过程中也遇到过不少问题，如资金不足、版权侵犯风波和盈利方式不明等。但是迅雷凭借自身努力和各合作伙伴的帮助，不但将困难一一克服，还实现了闪电般快速的发展。

341 行业情况

互联网于 20 世纪末进入我国，因为它是一个具有科技含量的新生事物，所以，当时只要与互联网有关的项目，通常都能快速获得投资。但是许多得到投资的项目，由于经验不足等原因，经常以亏损收场。

因此，经过一段时间疯狂的投资之后，许多投资者日益清醒地认识到互联网行业的投资风险，更有部分投资者在投资失败之后，不再对互联网行业进行投资。于是，进入 21 世纪之后，互联网开始成为投资行业的弃儿。这既使迅雷面临融资困境，同时又给了它更多的时间发展壮大。

虽然当时市场对互联网行业的投资呈现下降趋势，但是随着互联网的兴起和发展，社会大众对于高速下载的需求却持续上涨。因此，在这种情况下，以迅雷为代表的提供高速下载服务的企业的发展成为一种必然。

342 融资方概况

迅雷于 2002 年由邹胜龙和程浩在美国硅谷创立，其原名为深圳市三代科技开发有限公司，直到 2005 年才正式更名为深圳市迅雷网络技术有限公司。

迅雷创始人邹胜龙和程浩均有出国深造的经历，因此，迅雷在管理模式上借鉴了美国硅谷现代化企业的经验。迅雷公司通过对工作时间进行弹性安排，给员工提供学习和发展空间，并对表现优异的员工以奖励公司股票期权等方式，让员工在工作中拥有获得感和幸福感。在这种机制之下，员工不但受到激励，更为迅雷提供了持续发展的内部动力。

同时，曾经的出国经历以及与互联网的接触，使迅雷创始人比一般人更具专业眼光。在技术上，迅雷将多种传输技术相结合，使信息可以在服务器与 PC 端，以及用户与用户之间进行传输，从而大大增加了受众面。

除此之外，迅雷以“快”为突破点，在其发展过程中谋求更快的下载速度，并将下载速度一直保持在国内前列。21 世纪初，经第三方机构的调查表明，约 80%的网民认为下载速度最快的是迅雷。迅雷的高速下载不但让它拥有了越来越多的用户，更让它在同行业竞争中的优势日益凸显，可以说，迅雷的高速下载直接对它的发展起到了巨大的促进作用。

343　主要投资方

在迅雷的发展过程中，主要有五方对其进行了投资，具体如图 13-1 所示。

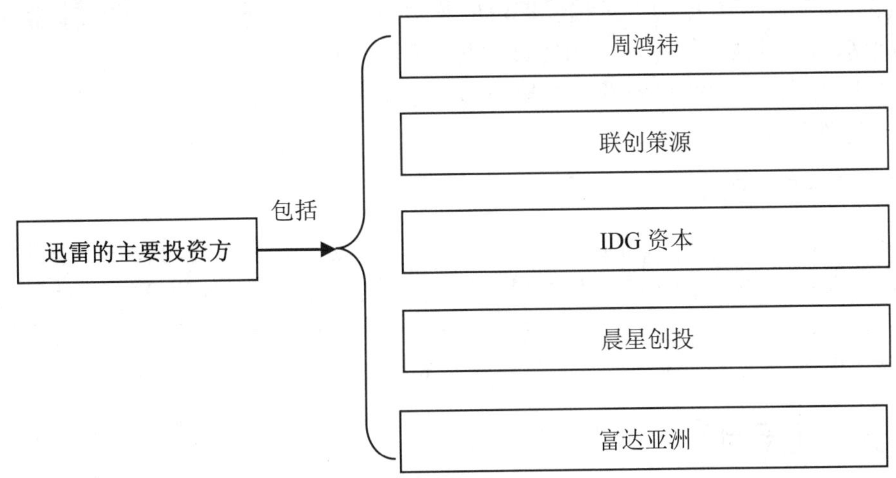

图 13-1　迅雷的主要投资方

接下来笔者将对上述五方的具体情况分别进行说明。

1. 认识周鸿祎

周鸿祎，国内知名天使投资人，毕业于西安交通大学管理学院系统工程系。曾任方正集团事业部总经理、雅虎中国区总裁等职务。2006 年周鸿祎创建 360 公司，并以创始人身份担任该公司的董事长兼 CEO。在执掌 360 期间，周鸿祎曾先后带领 360 在 2011 年、2016 年实现上市和退市私有化。

从业 20 余年来，周鸿祎被业内广泛熟知，并获得 2011 年“福布斯商业人物亚洲商界人物 TOP10”、2014 年“全球商业最具创意人物”、2015 年“亚布力论坛 15 周年——中国最具思想力企业家”等重量级荣誉。

2. 了解联创策源

联创策源于 2004 年在北京成立，管理资本约为 4000 万美元。联创策源侧重于对中国高新企业及成长期企业进行风险投资。从投资领域看，联创策源多对无线增值企业进行投资，除迅雷之外，豆瓣、酷讯、易查和 WAP 天下等都曾得到过该公司的投资。

3．浅谈 IDG 资本

介于前面章节已经对 IDG 进行过详细的介绍，在此不再赘述。

4．概说晨星创投

晨星创投以晨星集团内投资机构的身份成立于 1986 年。作为首批进入中国内地的风投机构，晨兴创投侧重对种子期及成长型高新企业进行投资，其主要投资领域包括互联网、IT 科技和媒体等，如搜狐、携程和聚众传媒等都曾得到其投资。晨兴创投对单个投资项目的初始投资额一般超过 50 万美元，而且对于发展态势良好的企业，它还会适当增加投资。

5．简述富达亚洲

富达亚洲是富达亚洲风险投资的简称，它是富达国际有限公司设在亚洲的分支机构。富达亚洲主要对中国 IT 技术和医疗行业进行投资，其在香港和上海两地均设有办事处。富达亚洲投资的最大特色是在给被投资对象注入资金的同时，花费大量时间在投后管理上，以其专业知识及丰厚资源帮助被投资企业实现发展和增值。

344 获投原因

迅雷之所以可以获得多方投资，主要有三个原因，具体如图 13-2 所示。

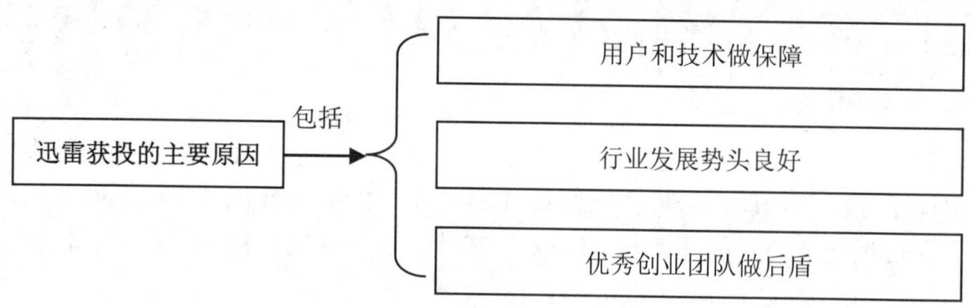

图 13-2 迅雷获投的主要原因

下面对迅雷获投的三大原因进行具体的解读。

1．用户和技术做保障

时至今日，迅雷的高速下载优势已日益凸显。高速下载既是迅雷下载技术的体现，更是其核心竞争力的重要体现。在社会大众快节奏的生活中，高速下载无疑适应了市场的需求。再加上迅雷实现了服务器与 PC 端以及用户与用户之间的快速传输，因此，迅雷成为绝大多数人的选择也就不足为怪了。根据调查显示，迅雷在 21 世纪初的市场占有率曾一度达到 70%左右。

2．行业发展势头良好

抛却中国网民在 2016 年年末达到 7.31 亿人不说，单从迅雷获投前后中国网民规模的变化便不难看出互联网行业强劲的发展势头。在发展过程中，迅雷共获得了四次投资，最后一次获投的时间是 2007 年 1 月。尽管 21 世纪初市场对中国互联网行业的投资有所放缓，但是，在迅雷的融资过程中，互联网作为一个新生事物，仍然在中国获得了飞速发展。其中最有利的证明是该时期网民规模的变化，如图 13-3 所示为 2000—2008 年中国网民规模的变化。

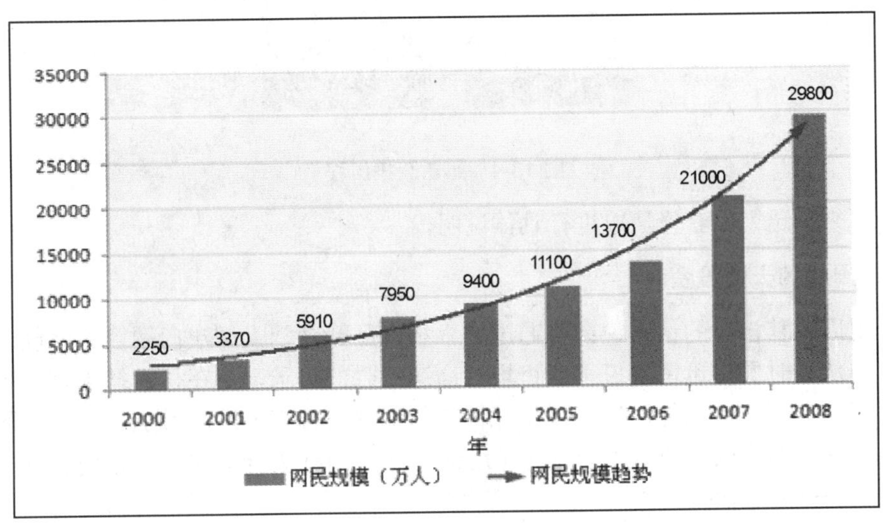

图 13-3　2000—2008 年中国网民规模

随着网民规模的不断扩大，互联网的发展前景无疑也必将更为广阔，而当时作为互联网服务中非常重要一支的下载，却因为网速问题，下载速度普遍比较慢。因此，当时做下载的企业并不多。但是作为下载行业的领头军，迅雷不仅将业务定位于下载服务上，还以高速下载为突破点获得了越来越多的用户。也正因为如此，迅雷成为风险资本的重要投资对象。

3．优秀创业团队做后盾

迅雷创业团队在其融资过程中表现出两种优秀的素质——勇气和远见。首先，迅雷创立初期并未得到风险投资，此时，企业面临重重困境，没有坚持下去的勇气是绝对不可能挺过来的。其次，在互联网进入中国市场不久之后的 21 世纪初，尤其是大多数人还不是足够了解互联网时，迅雷团队就开始从事下载服务，并将高速下载作为突破点，这无疑是有远见的表现。

345 获投历程

在发展过程中，迅雷共迎来了四次投资，其获投历程如图 13-4 所示。

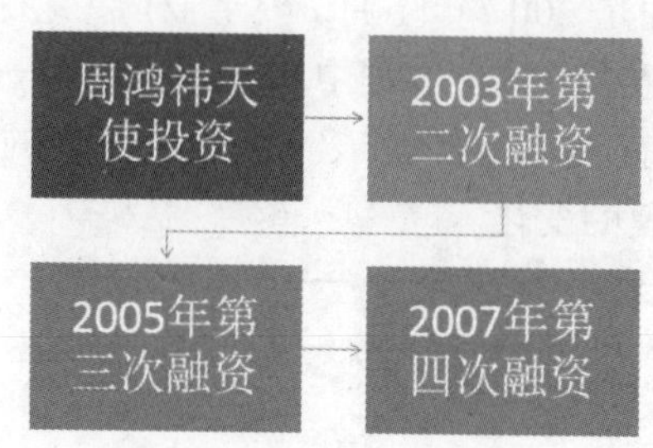

图 13-4 迅雷获投历程

接下来对迅雷的获投情况进行具体说明。

1．周鸿祎天使投资

套用周鸿祎自己的话来说："通过技术和产品帮助别人解决问题，这就创造了价值。"而从当时看，迅雷不仅符合市场对高速下载的需求，更在传输技术以及用户数量上展现出了一定的优势，这无疑正好符合周鸿祎对价值创造的看法。所以，周鸿祎在迅雷创立初期便以天使投资的方式对迅雷进行了 100 万元人民币的投资。这笔资金也是迅雷获得的首次投资。

2．2003 年第二次融资

2003 年，迅雷利用其首创的 P2SP(即信息在网络各终端之间均可进行传递，而不再依赖服务器)下载技术，开发出下载软件，并将 P2SP 技术作为一项专利进行了申请。同年 10 月，基于迅雷 P2SP 技术专利的申请，IDG 资本对迅雷进行了 100 万美元的投资。

3．2005 年第三次融资

获得第一次融资之后，迅雷得到了充分发展，进而在 2005 年成为中国最大的下载服务提供商。此时，迅雷每天提供的下载次数达数千万，而其服务对象更是扩大至约 50 个国家。正是因为看到了迅雷庞大的受众基础，同年 5 月，IDG 资本联合晨星创投对迅雷进行了 1000 万美元的投资。

4．2007 年第四次融资

在得到 IDG 资本和晨星创投的 1000 万美元投资之后，迅雷开始致力于提升用户体验，在此过程中迅雷的企业价值也在快速增加。2006 年，Google 对其估值时，其企业价值便达到了 1 亿美元。正是因为迅雷的迅速发展和强劲实力，2007 年 1 月，迅雷迎来了联创策源、Google、晨星创投、IDG 资本和富达亚洲的 2000 万美元投资，这也是迅雷获得的最大投资额。

346 投后发展

获得投资之后的迅雷的发展是有目共睹的。时至今日，迅雷申请了超过 100 项专利，迅雷的下载软件也由最初版本发展到现在的 9.1 版，甚至许多网站的资源都将迅雷默认为下载渠道。

现在的迅雷无疑已经成为下载行业的龙头老大。而迅雷却满足于高速下载这个代名词，除了下载之外，它还延伸出诸如迅雷看看、迅雷狗狗关键字广告等业务。

347 投资启示

从迅雷的获投经验中可以看出，一个企业要获得发展有两点是非常关键的。首先，团队一定要有洞察力。一个企业获得市场认可最快的方式是适应市场的需求，生产市场真正需要的产品。如果能做到“人无我有”，那么，企业相对来说就占据了主动地位。拿迅雷来说，在当时下载行业还未兴起之时便将主要业务定位于下载服务的提供上，这无疑是迅雷创业团队敏锐洞察力的体现。

其次，一个企业的核心竞争力是该企业的技术水平。迅雷长期立足于高速下载，并首创 P2SP 技术，这不仅使越来越多的用户被其下载速度吸引，更让作为投资方的投资者们看到了企业的技术水平。而有了技术做保障，投资者投资自然也就更放心一些了。

13.2 土豆视频：风投青睐逐渐做大

虽然在国内视频网站中，土豆的资历并不高，但是其曾一度成为中国用户达到率(即接收信息的人数占总传播人数的比例)最高的视频网站。土豆能够获得如此发展，除了其自身的优势之外，风险资本的注入也是其中不可忽视的一个因素。

348 市场情况

随着生活水平的提高，人们日益注重精神层面的享受，对娱乐的需求也因此日益增长。而 21 世纪初逐渐兴起的互联网不仅传播速度快，更为用户提供了海量的资源。在这种情况下，互联网无疑成为社会大众娱乐的主要提供者。

另外，从网民上网关注的内容看，网络视频超过总关注量的 80%，而中国的网民规模又在逐年扩大。因此，从市场看，视频网站是有广泛的群众基础的。

349 行业情况

虽然市场对网络视频有需求，但是，因为受到 20 世纪末投资互联网难以获利的影响，风险资本对网络视频行业，乃至整个互联网行业的投资都是有所缩减的。另外，网络视频行业因为盈利模式等问题，难以完成上市，也让许多风险投资者不敢轻易涉足。因此，在这种情况下，视频网站要完成融资并非易事。

350 政策情况

我国于 2007 年、2009 年先后发布《互联网视听节目服务管理规定》和《关于加强互联网视听节目内容管理的通知》，其中明确指出广电总局及其下属机构可以对网络视频内容及视频网站进行监督和管理。而随着国家监管力度的加强，网络视频的发展也开始受到更多的考验。

351 融资方概况

土豆原名“土豆网”，成立于 2005 年，2014 年更名为“土豆”。土豆的取名源自英语词汇 couch potato(中文译为“沙发土豆”，它表示的是整天在沙发上盯着电视看的人)。

土豆创始人王微曾就读于欧洲工商管理学院，并于 2002 年获得工商管理硕士学位，他先后开办咨询公司和任职于贝塔斯曼。2005 年 1 月王微与好友马克·范德齐斯共同投入 100 万元开始了土豆的创办。仅仅 3 个月之后，土豆便正式上线，它也成为全球最早上线的视频网站之一。

352 主要投资方

土豆在其发展过程中，主要获得了六方的投资，具体如图 13-5 所示。

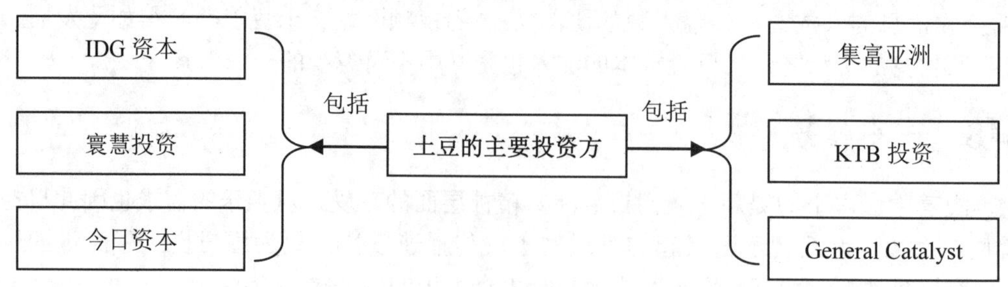

图 13-5　土豆的主要投资方

在土豆的六个主要投资方中，因为 IDG 资本在前章已有详细介绍，在此不再赘述。接下来对剩下五方的相关情况分别进行介绍。

1．认识寰慧投资

寰慧投资(Granite Global Ventures，GGV)成立于 2000 年，管理资本约为 10 亿美元。寰慧投资侧重对美国和亚洲地区进行风险投资，而中国则是其在亚洲市场的主要投资对象。

2．了解今日资本

今日资本成立于 2005 年，资金管理规模约为 2.8 亿元。作为本土的基金团队，今日资本侧重于对盈利模式明确、具有可持续发展能力的中小企业进行长期投资。自成立以来，除了土豆之外，今日资本还对包括京东商城、长城汽车、中华英才网等在内的国内企业或项目进行过投资。

3．浅谈集富亚洲

集富亚洲以集富有限公司子公司的身份成立于 1990 年，资金管理规模约为 10 亿美元。作为亚太地区领先的风投品牌，集富亚洲侧重于对亚太地区的中早期项目进行投资，而中国市场则是其重点投资区域之一。截至目前，集富亚洲已累计对 20 余家中国企业进行过投资。

4．概说 KTB 投资

KTB 投资成立于 1981 年，资金管理规模达 100 亿美元。虽然 KTB 投资是韩国的私募基金，但是除了韩国之外，它在美国、日本和中国均组建了专门的投资团队。自成立以来，KTB 投资已帮助 200 多家企业成功完成上市。其投资的中国企业包括土豆、分众传媒、迈瑞、展讯通信等。

5．简述 General Catalyst

General Catalyst 成立于 2000 年，资金管理规模约为 18 亿美元。General Catalyst 侧重于在提供管理经验的同时，促成被投资企业与其他企业的商务合作，从而实现被投资企业的增值。

353 获投原因

土豆能够得到多方投资，主要得益于三个方面的原因，具体如图 13-6 所示。

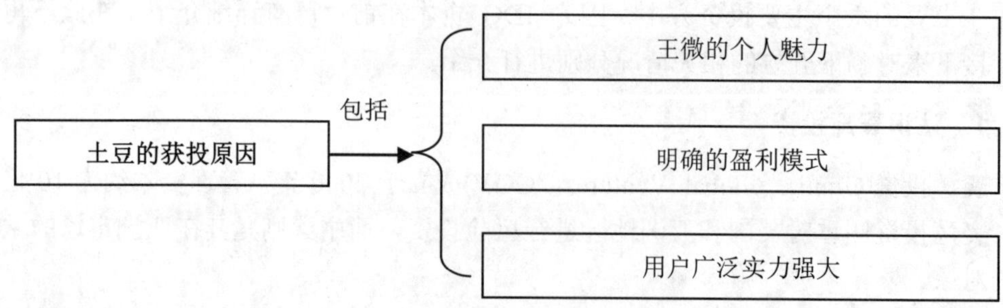

图 13-6　土豆的获投原因

下面对土豆获投的主要原因逐一进行解读。

1．王微的个人魅力

王微获得了工商管理硕士学位并且具有丰富的工作经历，这些不仅让他具有了看问题的专业眼光，更让他拥有了丰富的人脉关系。其中，王微的人脉关系对土豆的影响尤为明显。比如，土豆创立时的资金中就有一部分来自王微的好友。

2．明确的盈利模式

自成立以来，土豆对于盈利模式一直在进行探索。从设想的作为收费工具，参与分账，到在其旗下的“Toodou Ad”上与上传视频的用户分取广告费用，再到后来的专门设立“黑豆”频道，吸引广告投放，从而盈利。土豆的盈利模式一直都是明确的，这无疑也给作为投资方的投资者们带来了“安全感”。

3．用户广泛实力强大

与其他行业不同，网络视频行业的价值在很大程度上取决于其用户数量。这主要是因为，网络视频行业的盈利主要来自收费节目和广告投放收费。而只有庞大的受众基础才可以在收费节目中获得更多收入，也只有具有庞大的受众基础才能对广告主产生强大的吸引力。

因此，当 2007 年土豆以日上传视频近两万个、视频日播放次数超 2500 万等数据展示其庞大的受众群时，它也向投资者证明了自己作为网络视频行业领先品牌的强大实力。

354　获投历程

土豆主要经历了四次投资，其获投历程如图 13-7 所示。

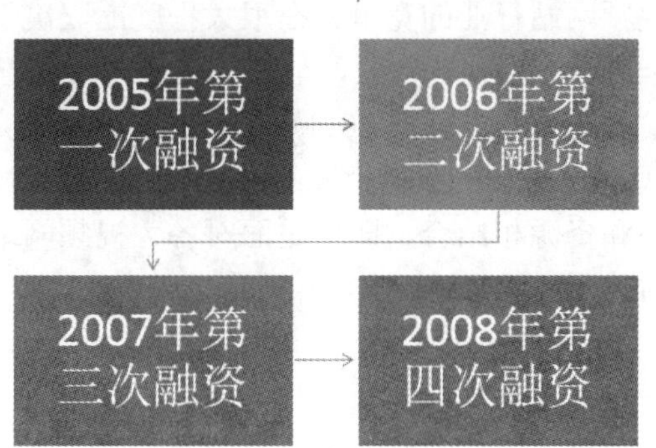

图 13-7　土豆的获投历程

接下来对土豆获投历程进行具体解读。

1．2005 年第一次融资

虽然视频分享能获得一定的利润，但是仅凭已有资金难以获得进一步的发展。而 2005 年 Web2.0 的出现却给网络视频行业带来了融资契机。在王微的努力下，土豆在同年年底获得了 IDG 资本的 50 万美元投入，这也是土豆首次获得投资。

2．2006 年第二次融资

2006 年王微在校友，同时也是在寰慧投资合伙人黄佩华的帮助下，获得了来自寰慧投资、集富亚洲以及 IDG 资本的共 850 万美元投资。土豆不仅换了办公室，更将员工增加至 30 人。

3．2007 年第三次融资

2007 年土豆进行第三次融资，这次的投资方包括 IDG 资本、集富亚洲、寰慧投资、KTB 投资和今日资本。虽然具体融资额并没有公布，但是据外界猜测，本次融资的资金规模为 1900 万美元。

4．2008 年第四次融资

2008 年中国首批视频网站牌照颁发，土豆并不在其列。就在外界以为土豆的信心将受到打击之际，它却用来自 IDG 资本、寰慧投资和 General Catalyst 的 5700 万美元进行了一次漂亮的回击。

355　投后发展

经过四次融资，土豆总共融资 8500 万美元，它也因此成为国内视频网站行业中总融资额最大的企业。和其他行业不同，网络视频行业提高传输速度，购买正版资源都需要资金，因此，视频网站行业的竞争力在很大程度上取决于该公司的资金规模。而土豆之所以能够常年居于网络视频行业，与它的资金规模有着很大的关系。

借助融资带来的发展动力，土豆于 2011 年 11 月在纳斯达克完成上市。几个月后的 2012 年 8 月，土豆摘牌并以 100%换股的方式与优酷合并。而完成合并的优酷土豆，将两个公司的优势和资源相结合，即便是面对各大视频网站的激烈竞争，也始终能走在网络视频行业的前列。

356　投资启示

通过上述内容不难发现，土豆之所以可以获得大量投资，主要包括以下三方面原因。

1. 庞大的受众基础

受众基础对于网络视频行业尤其重要，这主要体现在两方面。首先，一个视频网站如果具有庞大的用户群，则意味着它信息的覆盖面广，换而言之，就是该视频网站影响力度大，品牌价值强。其次，视频网站的盈利中很大一部分来自广告收入。而用户量却是广告主投放广告时重点考察的要素之一，如果一个视频网站拥有庞大的用户群，那么，它对广告主的吸引力无疑也将大大增强。

2. 创业者的人脉

投资说到底还是基于信任，而建立人际关系无疑是增加信任的一种途径，这也是为什么在投资行业中，人脉资源显得特别重要的原因。从土豆创立时获得好友马克·范德齐斯的天使投资，到第二次融资得到校友黄佩华的帮助。可以说，在土豆的整个融资过程中，土豆创始人王微的人脉资源就起到了很大的作用。

3. 明确的盈利模式

投资的最终目的是要获得收益。如果一个企业虽然拥有庞大的受众基础，但是却不知道如何盈利，那么，作为投资方的投资者也会因为看不到未来收益而放弃投资。而土豆之所以能够成为网络视频行业融资额最大的企业，与它一直以来明确的盈利模式是分不开的。

357　盈利模式

介于本节中多处提到网络视频行业盈利模式的问题，为了帮助读者获得更清晰的认识，接下来对该问题进行具体解读。总的来说，网络视频行业的盈利模式主要包括四个，具体如图 13-8 所示。

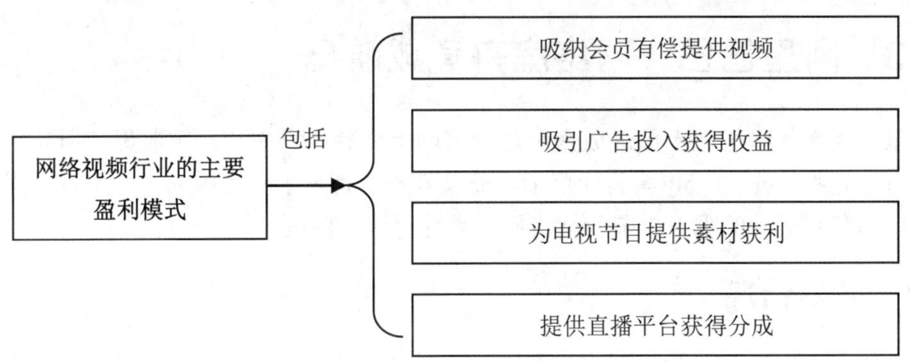

图 13-8　网络视频行业的主要盈利模式

下面对网络视频行业的四大盈利模式进行具体解读。

1．吸纳会员有偿提供视频

纵观国内走在前列的视频网站如优酷土豆、爱奇艺、腾讯视频和乐视视频等，无一例外地都采用会员制。在这些视频网站中，会员优势主要有两个，一个是可以看到清晰度更高的视频；另一个是可以比其他用户抢先一步获得热门资源。但同时视频网站必须拥有其他网站不具备的资源。为此，爱奇艺自制了大量的网剧和综艺节目，比如近年来比较“火”的《奇葩说》《无心法师》《太子妃升职记》和《余罪》等。

2．吸引广告投入获得收益

虽然可以通过会员费的收取等方式获得一定收益。但对于各大视频网站来说，最主要的收入仍旧来源于广告收费。不过，视频网站要获得更多广告主的青睐，最重要的一点就是要有庞大的受众基础，而要吸引更多的受众，视频网站就必须在资源上下功夫，提供其他视频网站难以获得的内容。

3．为电视节目提供素材获利

和电视等传统媒体侧重于对信息的传达不同，网络媒体在传达信息的同时，还实现了传授双方的交替，即用户不仅可以观看他人上传的视频，还可以将自己制作的视频在网上进行分享。

正因为如此，部分视频网站上可能拥有大量独家资源。而在电视节目，特别是新闻节目需要时，视频网站就可以通过素材提供，与视频上传者共享收益。

4．提供直播平台获得分成

随着视频直播的快速发展，许多视频网站开始探索以提供直播平台的方式，获得收益，如 YY 直播、斗鱼直播、映客、虎牙等。从目前看，为直播提供平台虽然能获得一定收益，但是其主要盈利仍主要来自打赏分成。

13.3 阿里巴巴：网络扁舟竟成航母

虽然现在的阿里巴巴已经成为全球最大网上交易市场中的一艘航母，但其成立之初仅有 10 多名员工，50 余万元资金，充其量不过是电子商务中的一叶扁舟。那么，它是如何获得成功的呢？本节我们将要重点探讨这一问题。

358 政策情况

从 1996 年的《国民经济与社会发展“九五”计划和 2010 远景目标纲要》中大力扶持电子产业，到 2005 年《国务院办公厅关于加快电子商务发展的若干意见》中为电子商务快速发展提供理论武器，再到 2006 年通过《电子银行业务管理办法》《电子银行安全评估引导》以及《电子银行安全评估机构业务资格认定工作规程》为电子商务的相关事项提供政策。由此便不难看出，自 20 世纪末以来，我国对电子商务的重视程度，而且在很长一段时间内，电子商务都获得了国家政策的大力扶持，这也是其可以在我国获得快速发展的一个重要原因。

359 行业情况

国外电子商务行业在 20 世纪末便进入了快速发展阶段，以美国为例，仅 1997 年一年，电子商务交易额便超过了 200 亿美元。而我国的电子商务，则是从 1998 年开始兴起的。从 8848 在互联网上售卖软件和光盘，到网易、搜狐、新浪等互联网公司进入电子商务行业，我国电子商务由此也开始了全面发展。但是由于市场不够成熟，经验缺乏，当时的电子商务仍面临着诸多挑战。

360 融资方概况

1999 年 2 月阿里巴巴创始人马云受邀参加亚洲电子商务大会，这次会议让他看到了中国电子商务发展缓慢的症结——照搬欧美模式。会后他开始探索更适合中国电子商务的发展模式，并在 1993 年 10 月成立了阿里巴巴。

因为阿里巴巴成立之后，在短时间内推出了多个免费的高质量版本，并将业务范围扩展至 180 多个国家和地区，再加上马云善于宣传，除了国内媒体之外，美国《商业周刊》、英国《经济学家》等境外媒体也对阿里巴巴进行了专题报道，所以，阿里巴巴成立不到半年时间，便拥有了四万多名注册会员。

361　主要投资方

阿里巴巴在其发展过程中，主要获得了六方的投资，具体如图 13-9 所示。

因为高盛集团和富达亚洲分别在前章内容中已经进行了具体的介绍，此处不再赘述。下面对其余四家公司分别进行说明。

1．认识软银集团

软银集团于 1981 年在日本成立，并于 1994 年在日本成功上市。它是一家综合性的风投公司，IT 产业是其主要投资对象。因为曾对雅虎、Etrade 和 ZDnet 等公司进行过投资，并管理着全球互联网上市公司总资产中的 7%以上，它被业内称为“互联网财阀”。

近年来，软银集团逐渐加大对发展中国家的投资，而中国市场则是其较为重要的投资对象之一。为此，它在中国设立了子公司——软银中国。截至目前，软银中国投资的中国企业包括阿里巴巴、盛大网络、光芒国际和千橡互动等。

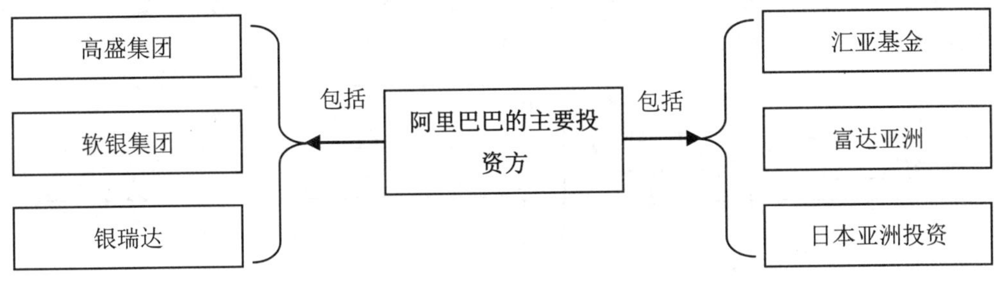

图 13-9　阿里巴巴的主要投资方

2．了解银瑞达

银瑞达是 Investor AB 的音译，该公司于 1916 年成立，总部位于瑞典。银瑞达多对北美、北欧和亚洲的高成长型企业进行投资，它的投资行业主要包括 IT 产业、传媒通信以及医疗健康等。

银瑞达在全球多地设有分支机构，其中光亚洲地区就有我国的北京、香港和东京三处办事处。另外，银瑞达对单个项目的投资额通常在 300 万～3000 万元，但是为了保障投资权益，它通常会在被投资对象中最少拥有一个董事会代表席位。

3．浅谈汇亚基金

汇亚基金由新加坡腾达投资有限公司和香港科技投资有限公司于 1989 年合并成立。作为亚洲存在时间最长、管理规模最大以及知名度最高的私募股权投资基金之一，汇亚基金的投资主要集中在亚太地区。

成立至今，汇亚基金管理的基金数量超过 10 只，并已累计投资了 200 余家企业，其中有超过 50 家企业成功完成上市，其年平均报酬甚至达到了 20%以上。而从投资的行业看，其侧重于对 IT 产业、电子信息、电信通信以及保健养生等行业进行投资。

4．概说日本亚洲投资

日本亚洲投资公司(Japan Asia Investment Co，JAIC)是日本最大的风投公司之一，其业务范围包括日本、美国、中国和韩国等地。该公司侧重于通过一站式服务，为各阶段的企业提供资金和服务，促进被投资对象价值的提升。

截至目前，日本亚洲投资公司已累计投资 70 余家中国企业，其中有近 30 家企业成功完成上市。而从投资的行业看，其投资主要集中在消费领域、电子领域以及生物科技领域。

362 获投原因

阿里巴巴之所以可以获得众多投资方的信赖，从很大程度上说，主要有两方面的原因，具体如图 13-10 所示。

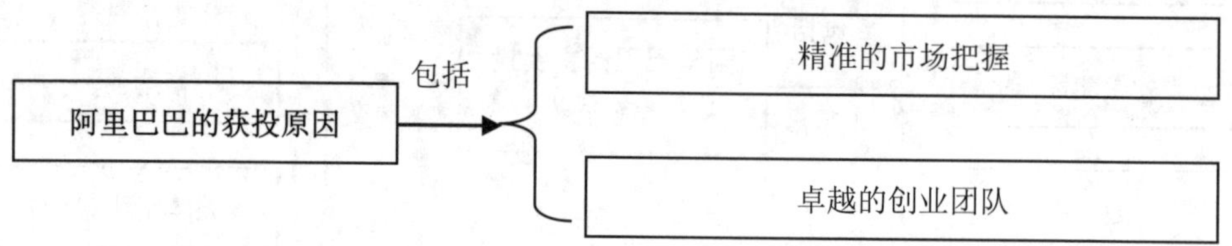

图 13-10　阿里巴巴的获投原因

接下来对阿里巴巴获投的两大原因进行具体解读。

1．精准的市场把握

虽然中国企业众多，但是大多数企业还是中小企业。这些企业规模相对较小，而且销售渠道极为有限，因此，在这种情况下，传统的“B2B 模式”(B2B 是 Business to Business 的缩写，是指企业之间通过互联网交换信息，共同开展商业活动的一种商业模式)在中国市场是很难开展的。

正因为如此，阿里巴巴在传统“B2B 模式”的基础上，创造出了更符合中国实情的新“B2B 模式”(即 Businessman to Businessman，是指商人之间通过互联网共同开展商业活动的一种商业模式)。在这种模式之下，中小企业的宣传成本无疑将大大降低，而且还能通过大范围的宣传面覆盖，增加销售机会。

除了新“B2B 模式”之外，阿里巴巴还创造出“B2C 模式”(即 Business to Customer，是指企业直接向消费者销售产品和提供服务的一种商业模式)和“C2C 模式”(即 Customers to Customers，是指消费者之间直接进行产品销售和服务提供的一种商业模式)。通过以上几个商业模式，使市场进一步活跃，而企业产品的销售渠道也大大拓展。

2. 卓越的创业团队

阿里巴巴能获得多方投资，其卓越的创业团队也在其中起到了很大的作用。阿里巴巴创始人马云人格魅力非凡，如出众的口才、极强的领导才能、超常的洞察力和执行能力等，这些既是一个成功企业家的优秀素质，也是一个企业吸引投资方的重要内容之一。除了马云之外，阿里巴巴创业团队中还拥有众多行业内出众的专业人才。如 CFO 蔡崇信、CPO 关明生、CTO 吴炯等人都有长时间在大公司担任高层的经历，无论是他们管理经验，还是人脉资源，都比一般企业家丰富，而这也为阿里巴巴的发展提供了有力保障。

363 获投历程

和迅雷、土豆相同，在发展过程中，阿里巴巴也经历了四次投资，其获投历程具体如图 13-11 所示。

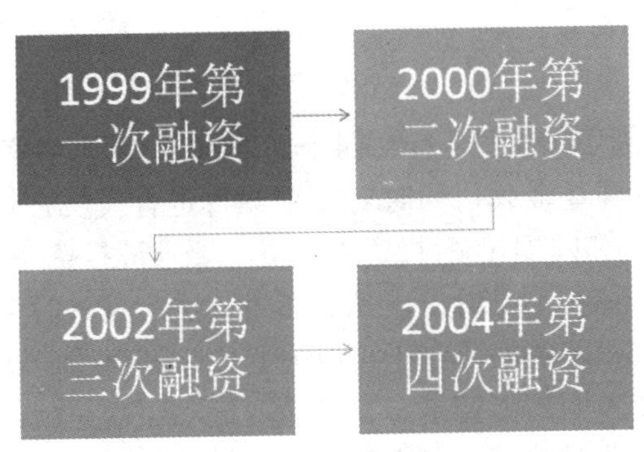

图 13-11 阿里巴巴的获投历程

接下来对阿里巴巴的获投历程进行具体说明。

1. 1999 年第一次融资

1999 年作为银瑞达副总裁的蔡崇信对阿里巴巴考察，考察结束之后，蔡崇信放弃高收入，留在阿里巴巴担任 CFO。同年 10 月，蔡崇信利用人脉关系，为阿里巴巴引入银瑞达、高盛集团、富达亚洲和汇亚基金等公司 500 万美元的投资。

2. 2000 年第二次融资

2000 年马云与软银创始人多次会面，并最终达成软银集团向阿里巴巴注资 2000

万美元的意向。值得一提的是，软银起初计划向阿里巴巴投资 4000 万美元，但是考虑到投入金额太多，管理层的话语权将被大大削弱，马云向软银创始人发了一封邮件："按照我们自己的思路，我们只需 2000 万美元"，将投资金额锁定在了 2000 万美元。

3．2002 年第三次融资

2000 年网络的泡沫破灭，国内许多网站相继倒闭，而阿里巴巴也因为资金问题，出现了危机。为了给企业的发展提供资金保障，阿里巴巴在 2002 年第三次进行融资，并获得了日本亚洲投资公司的 500 万美元投入。

4．2004 年第四次融资

2003 年"非典"的暴发，在传统产业因运输困难、运营成本增加的同时，却给电子商务带来了发展机遇。2003 年 1 年，阿里巴巴盈利额超过 1 亿元。马云乘胜追击，在同年 7 月拿出 1 亿元成立淘宝网，并以 C2C 模式进行运营。

淘宝成立半年后的 2003 年年末，淘宝交出了注册用户超 30 万人，月平均交易额 2500 万元的成绩。正是由于从上述数据中看到了阿里巴巴的发展前景，2004 年 2 月软银集团、富达亚洲和寰慧投资对其进行了总额为 8200 万美元的投资。

364 投资分析

私募股权投资的常用策略主要包括四个，即联合投资(多家公司共同投资一个项目)、组合投资(一家私募基金公司同时对多个项目进行投资)、分段投资(根据投资对象的发展阶段进行投资)和匹配投资(投资方投资时要求被投资对象也投入对应资金)。

从阿里巴巴的融资过程不难看出，私募在对其进行投资时主要采取了联合投资和分段投资的策略。联合投资的好处在于可以分担成本和风险。比如，在阿里巴巴的第一次融资过程中，高盛集团、汇亚基金、富达亚洲和银瑞达就是以联合投资的方式对阿里巴巴进行投资的。此时的阿里巴巴虽然有卓越的创业团队，但其企业毕竟尚处于起步阶段，因此，为了有效地降低投资风险，进行联合投资不失为一种好的策略。

而分段投资策略，则可以视作是通过分期投资的方式，根据被投资对象阶段的发展情况进行投资，进而控制投资的风险。如软银集团和富达亚洲在阿里巴巴的第一次融资和第四次融资中均进行了投资，这其实就是分段投资的体现。

365 投后发展

获得投资的阿里巴巴不仅拥有了全球最大 B2B 电子商务的超然地位，而且它还以上市证明了它的实力。2007 年 11 月，阿里巴巴 B2B 在香港上市，发行当日便以 192%的涨幅(与发行价格相比)，成为港股那一年的首日涨幅最大的新股。

除了阿里巴巴之外，该公司的创业团队成员也是名利双收。其中，最突出的无疑是阿里巴巴创始人马云。2014 年 9 月 14 日，阿里巴巴在纽交所再次上市，并且在当日市值达到近 2300 亿美元之际，马云成为中国的新首富。

366 投资启示

从阿里巴巴获投与发展过程中，我们可以得出两个启示。首先，一个企业要获得投资有两点很重要，即富有创造力和卓越的创业团队。

阿里巴巴之所以可以获得多方投资，很大程度上来自创造力的支撑。正是因为阿里巴巴创造出适合中国实情的新“B2B”“B2C”“C2C”模式，才会拥有庞大的受众群，而它的受众群又让投资者看到了它的发展前景。而创业团队给企业带来的则是管理经验和人脉资源，如在阿里巴巴的第一次融资过程中，CFO 蔡崇信的人脉资源便起到了很大的作用。

其次，私募股权投资者的投资眼光很重要，同是对阿里巴巴进行投资的投资者，却在收益上出现了天差地别。软银集团因为坚持到了阿里巴巴上市而创造出高达 70 余倍的回报率，高盛集团等几家公司则因为过早退出投资而无法享受到阿里巴巴上市带来的增值收益。这种差异的出现，说到底还是投资者眼光使然。

13.4 分众传媒：户外媒体传奇演绎

对于一个成功的商人来说，生活中处处都可以发现商机，即便是无聊的等待也不例外。分众传媒的创始人江南春正是在等电梯和乘电梯的过程中，萌生了创业的想法，并将想法演绎成了一个传奇。

367 行业情况

在分众传媒成立之前，传统纸媒、广播电视和互联网等大众传播媒介(以下简称大众传媒)大多以信息轰炸的方式，对传播内容进行广泛覆盖。虽然这种方式可以增加传媒的影响面，但与此同时，其也因为目标受众不明确，常常出现花费大量成本却难以达到预期宣传效果的情况。

正是因为看到了大众传媒的固有弊端，以分众传媒为代表的户外传媒(即户外传播媒介，多指户外广告，如车体广告、楼宇广告、广告牌广告等)开始在市场的细分中，划分出具体的受众，进而获得更好的宣传效果。随着户外媒体的不断涌现，作为领头人的分众传媒，也开始面临来自聚众传媒等公司的挑战。

368 融资方概况

分众传媒(Focus Media)成立于 2003 年，其产品线包括公寓电梯媒体、商业楼宇视频媒体、卖场视频终端和网络广告媒体等。作为国内领先的数字化媒体集团，分众传媒以分众性和生动性为突破点，并将主要受众锁定在国内都市人群，尤其是高收入群体。

等候电梯和乘坐电梯的平均用时约为三分钟，这段时间该如何度过？现在多数人可能会选择玩手机，但是，在分众传媒成立之前，还处于诺基亚统治手机市场的时代，那时候的手机远没有现在这么强大的功能。因此，当时的人们在这三分钟内大多处于百无聊赖的状态。正是因为看到了这一点，分众传媒的创始人萌生了在电梯里播放广告的想法。

369 主要投资方

在分众传媒的整个发展过程中，主要获得了来自八个公司的投资，具体如图 13-12 所示。

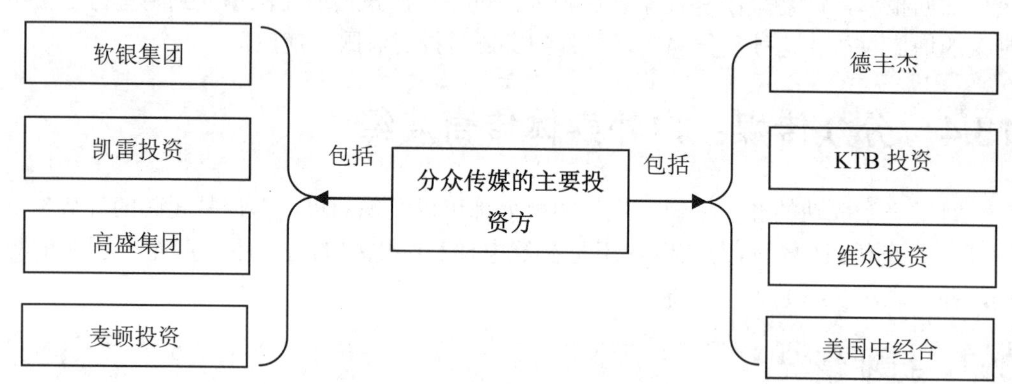

图 13-12 分众传媒的主要投资方

介于前面内容中已对软银集团、凯雷投资、高盛集团、KTB 投资进行了具体说明，在此不再赘述。接下来，对麦顿投资、德丰杰、维众投资和美国中经合的相关内容进行简要介绍。

1. 认识麦顿投资

麦顿投资是麦顿投资管理有限公司的简称，该公司成立于 2003 年，资金管理规模约为 3 亿元。麦顿投资侧重于通过投资高成长型企业，获得中长期投资收益。通常来说，麦顿投资单个项目的投资额在 1000 万美元以上，且其投资涉及医疗设备、电子通信以及电子媒介等行业。

2．了解德丰杰

德丰杰是英语词汇 Draper Fisher Jurvetson 的中文音译，该公司成立于 1985 年，总部位于美国硅谷。作为全球闻名的风投公司，德丰杰总资金管理规模达 45 亿美元。该公司侧重于对互联网领域进行投资，其投资行业包括网络视频、半导体芯片和软件产业等。

3．浅谈维众投资

维众投资成立于 2004 年，资金管理规模约为 7000 万美元。作为由中国人创立和管理，并对中国内地进行投资的风投公司，维众投资一直以来致力于对高成长型行业(如户外媒体、半导体芯片和网络游戏等)进行投资，其投资的企业包括分众传媒、巴黎春天百货、芯原微电子以及掌信彩通控股有限公司。

4．概说美国中经合

美国中经合集团成立于 1996 年，资金管理规模约为 4 亿美元。该公司侧重于对已有一定规模，并具有高成长型的行业进行投资，它投资的主要地区是美国硅谷和中国。美国中经合集团单个项目的投资额通常在 50 万～500 万美元，它已完成投资的中国企业包括中宽传媒、北京信威、3G 门户网、傲游浏览器、图为先以及全景视觉。

370　获投原因

从很大程度上来说，分众传媒之所以可以获得众多投资者的青睐，主要在于其独特的分众盈利模式，而该盈利模式最初仅来源于一个充实无聊时光的想法，即抓住目标受众在等电梯和乘电梯的短短三分钟时间内的视线，从而达成对特定受众的有效宣传。

其实生活中处处都充满了商机，但并非每个人都有一双发现商机的眼睛，因此，很多人只能与商机擦肩而过。

371　获投历程

分众传媒在其发展过程中，主要获得了三次投资，具体如图 13-13 所示。

接下来，笔者就对分众传媒的三次获投历程分别进行具体的说明。

1．2003 年 5 月第一次融资

自成立之后，分众传媒便沿着创始人江南春最初的想法，通过在商务楼中安装液晶电视的方式，实现对都市商务人士的高度覆盖。而这一模式也给尚处于创立初期的分众传媒带来了 400 万元的平均月收入。

正是因为看到了其独特的传播模式，以及此模式下户外媒体的巨大发展潜力，

2003 年 5 月软银集团和维众投资共同向分众传媒进行了 4000 万美元的投资。

图 13-13　分众传媒的获投历程

2．2004 年 4 月第二次融资

在获得第一次融资之后，分众传媒借由充足资金的支持，获得了更为迅速的发展，其企业实力以及发展潜力也越发凸显出来。基于这一点，2004 年 4 月鼎晖投资、美国中经合集团、麦顿投资以及德丰杰等公司共同向分众传媒进行了 1250 万美元的投资。

3．2004 年 11 月第三次融资

第二次融资仅过去七个月时间，分众传媒便在 2004 年 11 月迎来了第三次融资。这一次高盛集团、维众投资以及 3i 公司共同对分众传媒进行了总金额达 3000 万美元的投资。至此，分众传媒在三次融资中获得了总计 8250 万美元的投资，而这一数字也成为国内广告传媒的最高金额。

372　投后发展

在获得三次投资之后，分众传媒得到了迅速发展。2004 年，分众传媒的商业楼宇联播网规模从 1 万栋扩至 2 万栋，数量上直接翻了一倍。不仅如此，它还建立了大卖场联播网，且在短短几个月的时间内，占据了超过 50%的市场份额。另外，2005 年 7 月 13 日，分众传媒在纳斯达克以 1.717 亿美元的总融资额完成上市，这一数字也创造了中国概念股在纳斯达克首发融资的新纪录。

值得一提的是，2006 年 1 月，分众传媒与聚众传媒的战争也最终以分众传媒认购聚众传媒的全部股份落下了帷幕。而分众传媒也由此成为户外传媒的统治者和传媒业的巨头。

373 投资启示

从分众传媒的发展过程不难发现，“分众营销模式”是其发展和获投最主要的原因之一。一个媒体的商业价值从很大程度上来自受众的价值和该媒体对受众的影响程度。“分众营销模式”之所以能取得成功，很关键的一点在于它具有很强的针对性，并在准确把握目标受众心理的基础上，达到了有效宣传的目的。

另外，自 2008 年开始，风险投资开始放缓对户外媒体的投资，而分众传媒也在这一年被新浪并购。因此，虽然分众传媒拥有获得成功的关键因素，但是其成功也并非是必然的，而其他企业更是难以通过复制其经验获得持久的成功。

第 14 章 发展期案例：价值评估侧重成长

学前提示

对于私募股权投资来说，既要谋求高回报，又要维持低风险。种子期企业因其未来具有太多不确定性，所以，通常是高风险和高收益并存。而发展期企业已经过一段时期的发展，其投资风险相对较小，且在投资得当的情况下，同样可以获得高回报。

因此，相比于对种子期企业进行投资，部分私募股权投资机构更愿意在企业的发展期对其进行投资。

要点展示

- 小肥羊：风投餐饮热潮引领
- 蒙牛乳业：巨人点金大鳄终成
- 迈瑞生物：购股资方获得成长
- 如家酒店：风投推动疾速上市

14.1 小肥羊：风投餐饮热潮引领

2006 年小肥羊接受 3i 集团和普凯基金 2500 万美元的投资，小肥羊也因此成为风险投资我国首家餐饮企业。其后，俏江南、真功夫和重庆小天鹅火锅等餐饮企业均获得了风险投资，而小肥羊也成为风险投资餐饮业热潮的引领者。

那么，小肥羊缘何会成为首家获投餐饮企业？它的获投又给我们哪些启示呢？本节将重点对这两个问题进行解答。

374 行业情况

正所谓“民以食为天”，餐饮永远是服务行业中最重要的一部分。从 2002 年到 2015 年，我国餐饮业收入逐年上升，其中 2004—2008 年该行业的收入增幅尤其惊人，具体如图 14-1 所示。

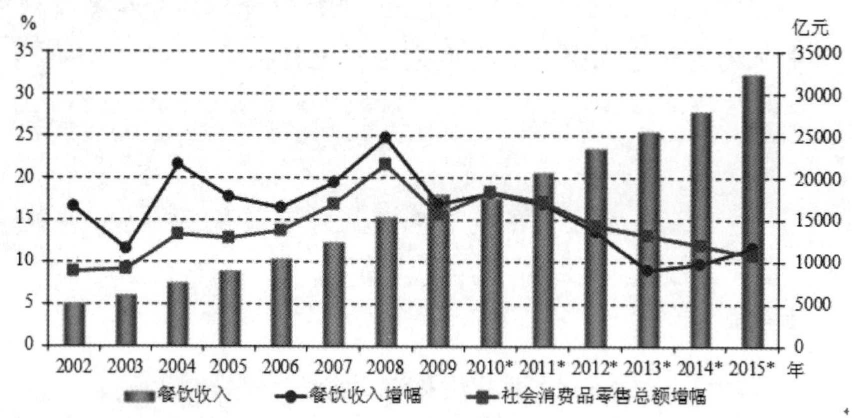

图 14-1 2002—2015 年中国餐饮业收入情况

而小肥羊获得投资时的 2006 年正处于餐饮行业收入快速增长阶段。一方面，中国市场展现出巨大的发展潜力，这也是为什么风险投资会选在这一时期介入餐饮行业的重要原因。

另一方面，从我国餐饮行业的发展情况看，小肥羊获得投资之前餐饮业的竞争是极为激烈的。虽然餐饮企业众多，但每个餐饮企业所占的市场份额都还比较小。即便是在中国各地设立了多家连锁店的肯德基和麦当劳，其销售收入也只占到了全国餐饮业市场收入总额约 1%。因此，此时小肥羊出于增加其市场份额，进而为企业发展提供动力的需要，融资并增开更多连锁店是势在必行的。

375 融资方概况

小肥羊是内蒙古小肥羊餐饮连锁有限公司的简称，该公司成立于 2001 年，其主要业务为小肥羊火锅连锁、小肥羊调味品和肉制品生产及销售。在获得投资之前，小肥羊便取得了诸多成就。2004 年“小肥羊 LITTLE SHEEP”商标获得“中国驰名商标”的称号，除此之外，它还在 2005 年获得“2005 中国 500 最具价值品牌”“中国质量 500 强”服务业首位以及“中国十大质量品牌”首位等殊荣。

因此，小肥羊的实力和发展潜力在获得投资之前便得到了一定的展现，这也是它能够获得投资的重要原因之一。

376 两大投资方

小肥羊有两大投资方，即 3i 集团和普凯基金，下面对这两大投资方进行简要的介绍。

1. 认识 3i 集团

3i 集团于 1945 年成立于英国伦敦。作为欧洲最大的私募投资机构之一，3i 集团的资金规模达 200 亿美元，而其年投资规模也达到惊人的 40 亿美元。从 2003 年开始，3i 开始在中国内地进行投资，其投资的中国企业包括分众传媒、巴黎春天百货等。

2. 了解普凯基金

普凯基金于 2003 年在美国成立。作为重点投资中国市场的私募股权投资基金，普凯投资在成立当年的 8 月便进入了中国。现在的普凯基金旗下有两只基金，资产总规模约为 3 亿美元。从投资看，普凯基金多对成长型企业进行投资，其单个项目的投资额一般在 1000 万～1500 万美元，而投资的期限则多在 3～7 年。

377 获投原因

小肥羊之所以可以获得风险投资，主要有两方面的原因，一个是火锅业的快速发展；另一个是小肥羊自身展示出的实力。

首先，从餐饮行业看，2005 年火锅便以 240.04 亿元的营业额，成为餐饮业中营业额仅次于快餐的第二大产业。从企业看，在 2005 年百强餐饮企业中，火锅业便占据了 22 席。因此，此时的火锅业发展前景是被广泛看好的。

其次，小肥羊 2005 年的营业额达到了 52.5 亿元，其中年利润为 8.4 亿元。小肥羊也因此成为 2005 年中国餐饮业营业额排名第二的企业。另外，小肥羊的连锁商业模式，也在实现其连锁店标准化管理的同时，加大了企业与消费者的接触面。在这种情况下，无论是企业知名度，还是市场份额都可以得到有效的提高。

378　获投历程

因为融资额和企业估值等问题，小肥羊在引入风险投资时也经历了一些波澜，最后各方在 2005 年 12 月签署了投资意向书。但是小肥羊并没有立即引入资金，而是先进行了内部重组。2006 年 1 月，小肥羊的股东先是成立了 Possible Way 和 Billion Year 两个公司，其后共同对“中国小肥羊(BVI)”进行认股。

2006 年 5 月，中国小肥羊(BVI)和 3i 集团与普凯基金签署了最终的《投资协议》，3i 集团与普凯基金以 2500 万美元获得了中国小肥羊(BVI)30%的股份。至此，小肥羊引入风险投资才最终完成。

379　风险控制

风险控制永远是投资时必须重点考虑的问题，只有将风险尽量地降低，才有可能在相对稳健的投资中获得应有的收益。为了控制投资风险，作为投资方的 3i 集团和普凯基金采取了两大举措。

首先，它们与小肥羊签订了两项带有对赌意味的条款，对小肥羊的上市期限以及盈利情况进行了约定。其次，为了维护投资权益，投资方在小肥羊董事会中获得了席位，其中 3i 集团的代表王岱宗甚至在董事会中拥有一票否决权。

380　投后发展

3i 集团和普凯基金对小肥羊进行的风险投资，被亚太投资峰会评为“2006 年 VC/PE 界最佳三项投资案例”之一，这次的投资可以说是实现了双赢。

对小肥羊来说，通过风险投资带来的资金和管理经验，使企业发展增速，短短两年后便成功在香港完成上市，并成为了“火锅第一股”。在此过程中企业的规模和知名度均获得极大的提升。而对于投资方来说，借由小肥羊的上市，投资仅仅完成了两年时间，他们更是获得了超过三倍的回报，这收益也是相当可观的。

381　投资启示

从 3i 集团和普凯基金对小肥羊投资的案例，大致可以得到以下启示。

1. 有舍才有得

部分企业，特别是一些已经获得一定现金流的企业，企业管理层为了将企业的话语权牢牢掌握在手中，对融资通常抱着不到万不得已就不进行融资的态度。这种想法很明显是错误的。

首先，投资者也是需要保障自身投资收益的，锦上添花的事谁都会做，但要想让它雪中送炭却并不容易。毕竟当企业发展面临困境时，投资方也要重点考虑投资的风险。其次，私募融资带来的除了资金之外，还有包括管理经验在内的诸多经验。因此，虽然获投后原股东的持股将面临被稀释，但是与此同时，企业也获得了更多的发展机会和更大的发展空间，而股东手中的持股也将出现大幅增值。

综上所述，从长远看，舍去一定比例的企业股权进行融资，无论是对企业发展，还是对股东收益，都可能是利大于弊的。因此，企业应该端正融资的态度，资本市场没有真正意义上的天使，要想有所得，就需要先舍去部分利益。

2. 对象重于行业

与以前侧重于投资对象的科技含量不同，现在的私募股权投资基金更关注的是企业的发展潜力。因此，一个企业要想获得投资，就必须通过经营模式、企业实力等方式让投资方看到自己的发展前景。而对于投资方来说，要想通过投资获得收益，就必须具备一双慧眼。在众多投资者眼中，餐饮业的回报率是较为有限的，而小肥羊的这个案例却呈现了两年三倍回报的高收益。不得不说，在此过程中 3i 集团和普凯基金对此次的投资是很有远见的。

14.2 蒙牛乳业：巨人点金大鳄终成

提到国内乳业，大部分读者的脑海中立马会出现两个词汇——“伊利”“蒙牛”。毫无疑问，作为国内第二大乳制品企业，蒙牛无论是企业实力，还是品牌知名度都走在了全国前列。其实，10 多年前蒙牛刚起步时，也不过是一个仅拥有 100 万元资金规模的小公司。

那么，它是如何获得今天的成绩的？企业和投资者又能从它的发展过程中获得哪些启示？本节将重点回答这两个问题。

382 融资方概况

蒙牛乳业是内蒙古蒙牛乳业(集团)股份有限公司的简称。该公司成立于 1999 年，总部位于呼和浩特市和林格尔经济开发区。蒙牛乳业总资产超过 100 亿元，乳制品年生产能力达 600 万吨。作为国内第二大乳制品企业，蒙牛液态奶和冰激凌的产量均为全中国第一。

除了企业自身的实力之外，蒙牛在宣传上也一直为人称道。从 2003 年蒙牛纯牛奶借势航天事业发展，推出“航天员专用奶”，到 2005 年借助选秀节目《超级女声》的红火，帮张含韵制作单曲《酸酸甜甜就是我》宣传蒙牛酸酸乳，再到近年来广为流传的广告语：“不是所有牛奶都叫特仑苏。”蒙牛乳业似乎总能通过宣传获得大众对它的关注，不得不说，这也是一种能力的体现。

383 三大投资方

总的来说，在蒙牛乳业发展的过程中主要获得了来自三方的投资，具体如图 14-2 所示。

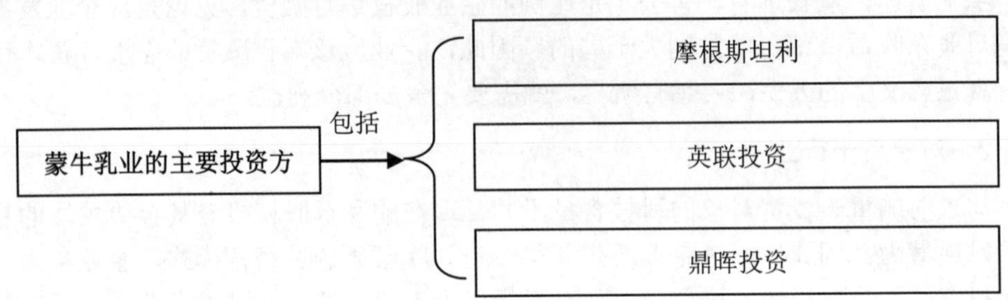

图 14-2 蒙牛乳业的主要投资方

在上述三方中，鼎晖投资在前章已有说明，此处不再赘述。下面对摩根斯坦利以及英联投资进行简要的介绍。

1．摩根斯坦利

摩根斯坦利是英语词汇 Morgan Stanley 的中文音译。该公司成立于美国纽约，它在包括 33 个国家的 600 余个城市设立代表处，雇员数量超过五万人。其业务范围涉及证券、资产管理和企业合并等。

中国市场是摩根斯坦利的重要投资对象之一，它在中国北京、上海、香港和台北均设有办事处，中国市场的雇员达 1500 人。目前，摩根斯坦利已帮助中国联通、中国石化和中国电信在内的众多中国企业成功完成上市。

2．英联投资

英联投资是英联投资有限公司的简称。该公司资金管理规模达 27 亿美元，并在北京、新加坡和雅加达等地均设有办事机构。英联投资单个项目的投资额为 500 万～5000 万美元，其主要投资对象为具有高盈利和成长能力的企业以及行业内处于领先地位的企业。

384 融资原因

投资是由融资方和投资方双方共同促成的。作为融资方的蒙牛乳业之所以选择进行融资，主要有两大原因，具体如图 14-3 所示。

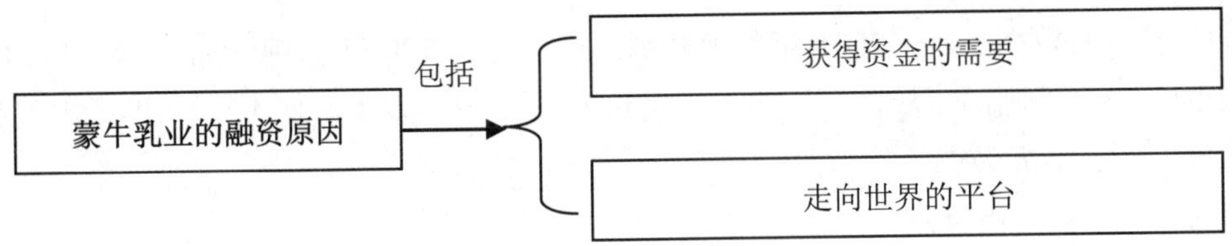

图 14-3　蒙牛乳业的融资原因

下面对蒙牛乳业进行融资的两大原因进行具体解读。

1. 获得资金的需要

一个企业要想获得发展，充足的资金永远是不可或缺的因素之一，蒙牛当然也不例外。但是由于当时国内投资工具不足、投资者利益难以获得保护以及投融双方的信息不对称等原因，中国企业通常很难在国内获得投资。因此，蒙牛便将目光放到了国际市场。

2. 走向世界的平台

虽然经过几年的发展，在获得投资之前，蒙牛乳业便已在国内拥有了一定的知名度。但是从国际上看，蒙牛乳业在海外还是一个鲜有人知的品牌。另外，蒙牛乳业创立之初便致力于走向世界，却一直苦于找不到平台。而 2002 年春节联欢晚会上蒙牛创始人牛根生与摩根斯坦利投资经理人的接触，又正好给蒙牛乳业走向世界提供了一个契机。

385　获投原因

正所谓“一个巴掌拍不响”，除了一方有融资意愿之外，还要另一方有投资意向才能促成一次投资。总的来说，投资方最终选择将投资对象锁定为蒙牛乳业，主要有两方面的原因，具体如图 14-4 所示。

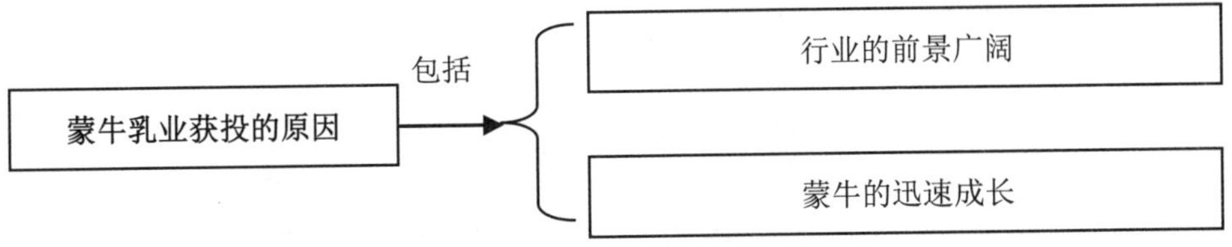

图 14-4　蒙牛乳业获投的原因

下面对蒙牛乳业获投的两方面原因进行具体说明。

1. 行业的前景广阔

20 世纪末以来，随着人们生活水平的提高，部分人群开始了对乳制品，特别是牛奶的消费。有数据显示，2001 年我国乳制品需求量达 120.11 万吨，而 1998—2001 年几年间，中国乳制品市场需求额年平均增长率达到 30%以上。便不难看出，中国乳制品行业的巨大发展潜力。

2．蒙牛的迅速成长

蒙牛乳业的创业团队中多为以前在伊利工作过的人员，这部分人在以往的工作过程中积累了大量的经验和资源。再加上蒙牛乳业善于进行品牌的打造和宣传，其成立不到三年时间，资产便达到了 10 亿元，而它在国内乳制品企业中的排名也由 1000 名开外上升至第 4 位。蒙牛乳业的迅速成长，不仅使其实力大增，更坚定了投资方的投资信念。

386　获投历程

蒙牛乳业的获投历程可分为三个阶段，具体如图 14-5 所示。

接下来对蒙牛乳业获投的三个阶段分别进行解读。

1．2002 年引资重组

2002 年春节联欢晚会之后，蒙牛乳业创始人牛根生多次与摩根斯坦利投资经理接触，并达成了投资协议。摩根斯坦利对蒙牛的投资也由此拉开了帷幕。

2002 年 6 月摩根斯坦利、英联投资和鼎晖投资在开曼群岛设立两个空壳公司：开曼群岛公司和毛里求斯公司。同年 9 月蒙牛乳业注册金牛公司和银牛公司，并在次月购入开曼公司的股票获得了其 51%的投票权。与此同时，毛里求斯公司 98%的股份被开曼群岛公司以 2597.37 万美元认购，而毛里求斯公司则用这笔认购费收购了蒙牛乳业 66.7%的股份。

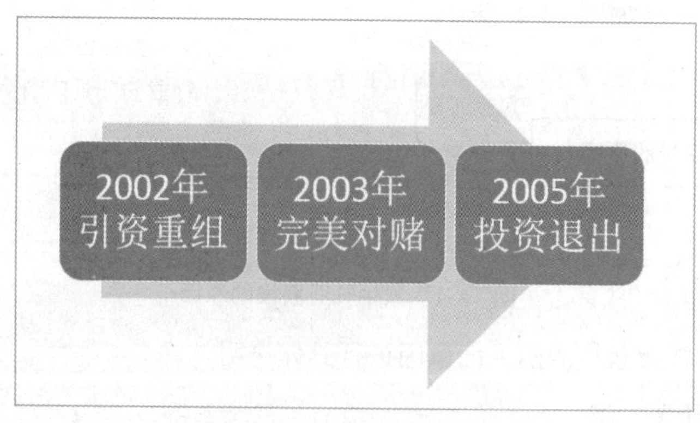

图 14-5　蒙牛乳业的获投历程

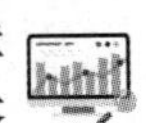

2．2003年完美对赌

在摩根斯坦利等投资方对蒙牛乳业进行投资时，双方签订了对赌协议，其中约定：当蒙牛乳业年复合增长率不低于50%时，蒙牛乳业可实现在开曼群岛公司的同股同权。但是，如果蒙牛乳业未达到该复合增长率，其60.4%的股份将被三大投资方共同控制。

然而，2003年8月蒙牛乳业便达到了对赌协议的要求，甚至2003年蒙牛乳业的销售收入较上一年增长了1.5倍。蒙牛乳业因此在对赌中获胜，并也如愿在开曼群岛公司中获得了51%的股份。

3．2005年投资退出

2004年6月10日，蒙牛乳业在香港成功上市。它公开发行3.5亿股，募集了13.74亿港元。由于蒙牛乳业的业绩已达到预期，2005年3月，摩根斯坦利提前终止对赌协议，并套利完成了投资退出。

387 投后发展

摩根斯坦利等三方对蒙牛乳业的投资可以说实现了共赢。首先，就蒙牛乳业看，借由这次投资，其企业规模、知名度和实力均得到了较大的提升，它也如愿走向了国际市场。而且投资方带来的管理经验和方法，也大大改善了蒙牛乳业在法律和财务方面的结构。

而作为投资方的摩根斯坦利等在为期三年的投资中，以6100多万美元的投资成本，获得了26亿元的回报，其收益也是相当可观的。

388 投资启示

蒙牛乳业的获投及发展再次证明了一个问题——对投资对象的具体情况比其所处的行业更重要。蒙牛乳业所在的食品行业也属于传统行业的一部分，虽然传统行业通常缺乏高新科技企业拥有的急速优势。但是并非所有企业的核心竞争力都是技术，比如，乳制品行业中，经营模式、品牌打造和产品质量等因素对企业发展的影响显然要大于技术因素。

另外，食品安全无小事，食品行业需要特别重视产品的质量。比如，蒙牛乳业在2008年受到三聚氰胺毒奶粉的影响，并在这一年内亏损了9.486亿元人民币。而原国内乳制品知名品牌三鹿便是受到毒奶粉事件的影响，导致破产。

389 认识对赌协议

对赌协议是指投资方和融资方在制定融资协议时，基于对融资方未来情况的不确定性而进行的特别约定。投资行业中之所以会出现对赌协议，从很大程度上来说是由投资中的道德风险造成的。

因为私募股权投资者对被投资企业进行投资之后，被投资企业的管理权仍掌握在企业管理层手中，而企业经营的状况，又可以直接影响投资方的投资收益。所以，投资方为了保障投资收益，在投资风险较大时，通常会通过与融资方签署对赌协议的方式，尽量控制投资风险。

很多情况下，对赌协议既是保障投资方投资收益的重要途径，同时也是激励融资方创造更好业绩的有效方式。如蒙牛乳业与摩根斯坦利等投资方签订对赌协议之后，蒙牛乳业为了在对赌中维护自身权益，就必须更尽心地经营，而蒙牛乳业之所以可以提前完成对赌约定，对赌协议自身所起的激励作用无疑是显而易见的。

14.3 迈瑞生物：购股资方获得成长

也许在绝大多数人眼中，风险投资永远是投资方，而融资企业则必然是融资方。然而事实是融资方有时也能通过购买投资方的股份，转而成为投资方的投资者。本节要进行具体介绍的企业——迈瑞生物，就是这样一个成功实现融资方与投资方转换的企业。

390 行业情况

20 世纪末以来，随着生活水平的提高，越来越多的人将关注点放在医疗健康上，而国内的医疗器械也因此呈现快速发展的趋势。有数据显示，从 21 世纪以来，我国医疗机械销售的年均复合增长率为 30%左右，其增长速度甚至已远远快于发达国家。由此不难看出，该行业的发展前景之广阔。但是因为受到 20 世纪末金融危机的影响，全球医疗器械行业的发展也开始面临挑战。

391 融资方概况

迈瑞生物是迈瑞生物电子医疗股份有限公司的简称。该公司成立于 1991 年，总部设在中国深圳，其主要业务是临床医疗设备的研发及制造。截至目前，迈瑞生物已在深圳、北京、南京、西雅图和新泽西等地设立研发中心，其业务范围更是覆盖了全球 190 余个国家和地区。

392 三大投资方

对迈瑞生物进行投资的主要有三大投资方，具体如图 14-6 所示。

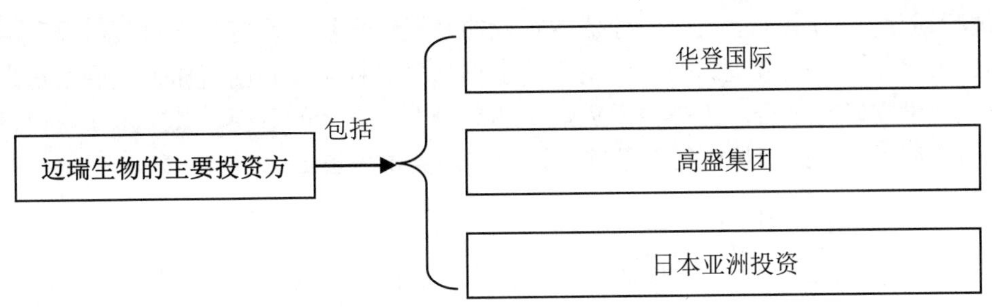

图 14-6　迈瑞生物的主要投资方

介于高盛集团和日本亚洲投资在前文已进行过介绍，在此不再赘述。下面对华登国际的相关情况进行简要说明。

华登国际是华登太平洋创业投资管理有限公司的简称，该公司成立于 1987 年，总部设在美国旧金山。作为全球知名的国际风投机构，华登国际资金管理规模达 20 亿美元，其投资的行业主要包括电信通信、互联网、半导体、新媒体和新能源等。截至目前，该公司已完成了对新浪、中芯国际和新涛国际等中国企业的投资。

393　获投原因

迈瑞生物可以获得多方投资，主要有三方面的原因，具体如图 14-7 所示。

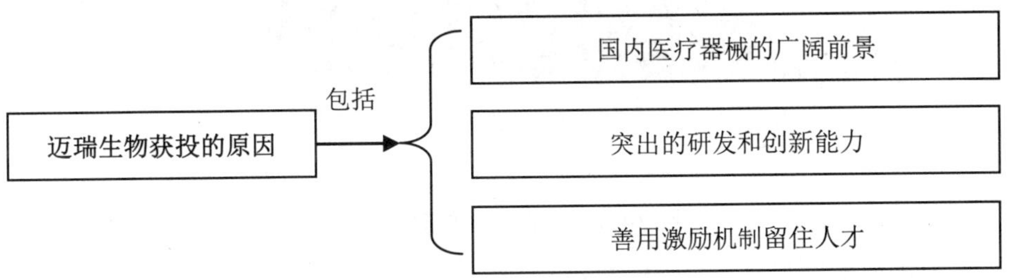

图 14-7　迈瑞生物获投的原因

接下来对迈瑞生物获投的三大原因进行具体说明。

1. 国内医疗器械的广阔前景

自 20 世纪 90 年代开始，中国医疗器械市场的年均成长增长率达 20%，而其市场容量价值(是指在不考虑产品价格和产品供应的情况下，市场能够创造的某种产品的价值)更是在 2000 年达到了 220 亿元。再加上中国人口基数大，且人口长期处于正增长的现状，由此不难预见，国内医疗器械是具有广阔前景的。

2. 突出的研发和创新能力

医疗器械行业竞争力的重要体现是技术，而一个医疗器械企业的技术又直接体现在研发和创新能力上，因此，医疗器械企业的发展动力很大程度上来自其研发和创新能力。虽然受到金融危机影响，但是迈瑞生物却仍然将研发和创新作为发展的重点，并在多地设立研发平台。正是由于迈瑞生物对研发和创新的重视，其技术在获得投资之前便走在了国内医疗器械行业的前列，而它的竞争力也由此凸显出来。

3. 善用激励机制留住人才

“21 世纪什么最重要？人才！”对于一个高新技术企业尤其如此。为了留住人才，迈瑞生物不仅实行了期权激励制度，还为员工提供了购房购车免息贷款等福利。正因为如此，即便面对竞争对手的利诱，迈瑞生物的员工大多数还是继续留了下来。而这也让迈瑞生物具有了比同行更突出的人才优势。

394 获投历程

总的来说，迈瑞生物在其发展过程中，主要获得了三次投资，其获投历程具体如图 14-8 所示。

图 14-8 迈瑞生物的获投历程

接下来对迈瑞生物获投的三个阶段进行具体说明。

1. 1997 年第一次融资

1997 年，迈瑞生物开始与风险投资接触，并最终获得了来自华登国际的 200 万美元投资。另外，得到华登国际的提醒，迈瑞生物放弃将代理产品作为主要发展方向的思路，转而开始在自主研发上进行摸索。

2. 1999 年第二次融资

1997 年获投的迈瑞生物在亚洲金融风暴的影响下，仍创造了 1 亿元的销售额，这也让作为投资方的华登国际看到了该企业的发展潜力。在经过一年时间的观察后，华登国际带领日本亚洲投资等风投公司对迈瑞生物进行了 600 万美元的投资。

3．2005年第三次融资

2005年，迈瑞生物虽走在了国内医疗器械行业的前列，但却一直无法在国际市场上打开局面。为此，迈瑞生物选择再次进行融资，并最终接受了来自高盛集团的4000万美元的投资。

395　投后发展

获投后的迈瑞生物从两方面获得了成长。首先是企业规模上的成长，在获得投资之前，由于资金不足，迈瑞生物的研发难以进行，企业的发展也因此受阻。而获得投资之后，迈瑞生物在研发和创新上进行重点投入，再加上投资方带来的管理经验，迈瑞生物的企业规模由此不断扩大，并最终在2006年成功完成上市。

其次是企业知名度。虽然获得投资前迈瑞生物在国内便拥有了一定知名度，但在2005年其在国际市场上仍鲜有人知。而随着2005年高盛集团的投资和2006年完成上市，迈瑞生物的海外品牌认知度明显提高，不少代理商甚至开始主动联系它，以至于它可以将业务范围覆盖到全球190多个国家和地区。

396　投资启示

从迈瑞生物的获投和发展过程不难看出，其研发和创新能力无疑起到了极大的作用。其实，对于高新科技企业来说，研发和创新能力便是核心竞争力。而从私募股权投资看，企业研发和创新能力便是其投资的重要保障，一个研发和创新能力突出的企业，通常更容易获得其青睐。

另外，华登国际因为投资到期，便于2001年退出了对迈瑞生物的投资，从而制造了迈瑞生物买下风险投资的机会。不得不说，这一事件中迈瑞生物管理层的魄力是值得钦佩的。同时也给投资者留下了一个启示——对投资时间的把握很重要。如果华登国际能够坚持到迈瑞生物完成上市，那么，它也不会因为过早退出投资而感到遗憾了。

14.4　如家酒店：风投推动疾速上市

2006年10月，如家快捷酒店(以下简称如家)在纳斯达克完成上市，并成功融资1.09亿元。如家也因此成为国内酒店业海外上市的第一股，而此时距离其成立只有四年时间。如家是如何快速成长的呢？回顾如家的发展历程不难发现，它之所以可以获得如此快速的发展，很大一部分功劳来自风险投资的推力。

397 行业情况

随着改革开放，特别是 20 世纪 90 年代末以来，我国经济快速发展，人们可以支配的收入大幅增加，国民的消费观念也随之发生转变，许多人开始热衷旅游，进而拉动了包括酒店在内的旅游行业的发展。

另外，20 世纪末至 21 世纪初，酒店行业的入住率通常呈现出星级酒店住不满，经济型酒店供不应求的局面。

398 政策情况

相较于国外，中国酒店业的起步是比较晚的，但它却实现了快速发展，这其中国家政策的扶持起到了很大的作用。从改革开放至 21 世纪初，我国先后发布了《推广北京建国饭店经营管理方法的有关事项》《国家旅游局关于建立管理公司及有关政策问题请示的通知》《中华人民共和国旅游涉外饭店星级标准》《饭店管理暂行办法》和《中华人民共和国服务贸易具体承诺减让表》等与酒店业相关的文件。

这些文件在对酒店业相关事项进行规定的同时，也为国内酒店业的发展提供了书面保障，并起到了方向引导的作用。

399 融资方概况

2001 年某位网友发帖抱怨携程上宾馆的价格太高，而这个帖子引起了如家创始人季琦的注意。调查之后，季琦发现相比于星级酒店，国内经济型酒店更具发展空间。正因为如此，季琦决定带领团队进军经济型酒店市场。2002 年 6 月，如家在首旅国际酒店集团和携程旅行服务公司的共同出资下成立。

借由对携程的管理经验，以及积累的资源，如家在季琦团队的带领下，不仅快速超越锦江之星等国内老牌经济型酒店，成为国内最大的经济型连锁酒店，更是在 2006 年上市时成为国内酒店业海外上市第一股。

400 主要投资方

从成立到上市，如家主要接受了来自三方的投资，具体如图 14-9 所示。

如家的三大投资方中，IDG 资本在前文中已有讲述，在此不再赘述。接下来对另外两个投资方进行简要说明。

1. 认识美国梧桐投资

美国梧桐投资公司成立于 1995 年，管理资金规模为 5.5 亿美元。该公司投资团队对通信、软件等行业具有丰富的投资经验。另外，从市场看，亚洲是它重点关注的市场之一。

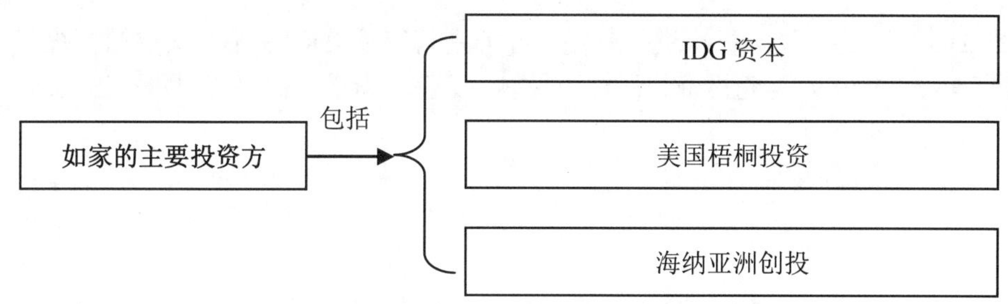

图14-9　如家的主要投资方

2．了解海纳亚洲创投

海纳亚洲创投以海纳国际集团的子公司的身份成立于2004年，公司所在地为上海。海纳亚洲创投的资金管理规模包括11亿美元和10亿元人民币，其投资领域主要包括汽车行业、软件服务、软件交友和酒店连锁等。

401　获投原因

如家之所以可以获得风险资本的青睐主要有两方面的原因。首先，从市场看，如家成立获投时，国内对经济型酒店的需求量大，但是当时国内经济型连锁酒店初具规模的公司只有两家(锦江之星和新亚之星)，而且其服务区仅为华东地区。在这种情况下，经济型连锁酒店的发展前景自然是非常广阔的。

其次，如家的创业团队中有大部分人员来自携程旅游网。因为如家和携程在众多方面具有相通之处，所以，他们在携程工作时积累的管理经验和相关资源在如家的发展过程中可以得到发挥。再加上如家团队在市场调研的基础上，探索出连锁化的商业模式，也为如家的快速发展铺平了道路。

402　获投历程

从成立到成功完成上市的四年间，如家主要获得了三次投资，其获投历程具体如图14-10所示。

下面对如家获投历程中的三个阶段进行具体说明。

1．2003年2月第一次融资

2003年年初，IDG资本召开风险投资年会，季琦团队在会上成功打动IDG资本副总裁章苏阳。同年2月IDG资本和美国梧桐投资公司分别向如家投资150万美元与250万美元。

2. 2003 年 11 月第二次融资

2003 年 11 月，如家再次进行融资，并分别获得了 IDG 资本和美国梧桐投资公司的 30 万美元与 50 万美元投资。经过两轮融资之后，如家 50%左右的股权，实际上已经掌握在这两家公司手中。

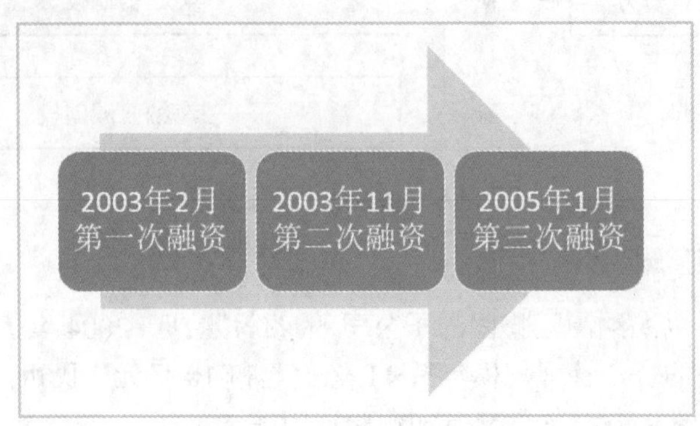

图 14-10　如家的获投历程

3. 2005 年 1 月第三次融资

2005 年 1 月，海纳亚洲创投以 500 万美元获得如家 3265841 股可转换优先股。如家因此完成了第三次融资。

403　投后发展

这次风险投资对双方来说无疑实现了共赢。从如家看，获得投资以后，企业无论是门店数量，还是营业额均获得了跳跃式增长，如家不仅成功完成上市，甚至俨然已经成为国内经济型连锁酒店的第一品牌。

而从投资方看，在这场投资中，它们均获得了可观的回报。以 IDG 资本为例，其总共对如家投资了 180 万美元，但如家 2006 年上市后它出售部分股份套利 3000 万美元。另外，据 IDG 资本公布的数据看，在这场投资中，其回报率甚至达到了惊人的 60 倍。

404　投资启示

从如家的投资案例中，我们大致可以得到两个启示。其一，企业要获得快速成长，很关键的一点是要具有一双善于发现商机的眼睛，了解市场的需求。追根溯源，季琦团队进军经济型酒店的想法来自一个抱怨酒店价格太高的帖子。而季琦却从其中看出了经济型酒店的市场需求，不得不说，季琦长了一双很“毒”的善于发现商机的眼睛。

其二，作为投资方的风险投资应根据实际情况对投资方进行调整。IDG 资本的主要投资在互联网、半导体和通信等高新科技行业，而如家显然不属于其中。但是 IDG 资本却两次对其进行投资，可以说，IDG 资本在这个投资案例中扮演了伯乐的身份。

405 投资方式分析

私募股权投资的投资方式主要有三种，即购买债券、认购普通股或进行混合投资。在这三种方式中，购买债券的方式因为可以在企业破产时优先获得清偿，因而安全系数较高，但是，其收益相对有限；认购普通股虽然可能充分享受企业增值带来的收益，但如果企业破产，则很可能会因为清偿顺位太靠后而出现较大亏损；而混合投资则兼顾了安全和收益。因此，风险投资在投资时多采取混合投资的方式，其中较为常见的混合投资就是认购可转换优先股。

在如家的投资案例中，IDG 资本对如家的投资方式便是认购可转换优先股。可转换优先股不仅可以在企业破产时优先普通股一步获得清偿，还可以适时将其转换为普通股，进而更好地享受增值收益。因为融资时如家成立时间尚短，所以，从稳健投资的角度看，最佳投资方式便是认购其可转换优先股。

第 15 章 收购型案例：权益投资控制目标

学前提示

收购是私募股权投资的一种重要方式，而且近年来这种方式日益受到私募股权投资机构的青睐。这主要是因为采取收购投资的方式，可以通过权益投资获取被投资对象的大部分股权，从而完成对投资目标的控制。

要点展示

- 高盛集团：脱颖而出收购双汇
- 凯雷投资：大鳄失利惨遭失败
- 弘毅投资：正确演示并购国企
- 哈药股份：挪移股份优化结构

15.1 高盛集团：脱颖而出收购双汇

2007 年 4 月底，高盛集团和鼎晖投资战胜“种子选手”JP 摩根，以 20.1 亿元的价格获得双汇集团 100%的股份，轰动一时的双汇收购大战正式落下帷幕。那么，双汇为何会面临并购？高盛集团和鼎晖投资在这场大战中又是凭何取得最终胜利的呢？

406 市场情况

21 世纪初期，全球经济逐渐走出金融危机的阴影，资本市场开始恢复活力，而我国经济在此时实现了快速增长。因此，许多外资将投资目光放在了中国市场，并有一些跨国公司通过收购中国龙头企业的股份，获得了企业的控制权。一时之间国内金融业、食品行业，甚至是机械制造业和重工业的许多领先企业接连被外资并购。

407 政策情况

随着外资并购狂潮的出现，国内学术界普遍发出对国家经济安全的担忧。2006 年国家监管局发布《关于外国投资者并购境内企业的规定》，该规定第十二条明确指出：“外国投资者并购境内企业并取得实际控制权，涉及重点行业、存在影响或可能影响国家经济安全因素或者导致拥有驰名商标或中华老字号的境内企业实际控制权转移的，当事人应就此向商务部进行申报。当事人未予申报，但其并购行为对国家经济安全造成或可能造成重大影响的，商务部可以会同相关部门要求当事人终止交易或采取转让相关股权、资产或其他有效措施，以消除并购行为对国家经济安全的影响。”

在该文件的要求下，涉及国家经济安全的行业由中方控股，而各行业内的领先和知名品牌的并购则需要接受商务部等相关部门的调查及审批。

408 双汇概况

双汇集团成立于 1994 年，公司总部设在河南漯河市。作为国内首家采用“冷链生产、冷链配送、冷链销售、连锁经营”模式的肉制品公司，双汇集团一直致力于生产“放心肉”。

双汇集团前身不过是一个小型屠宰场，但经过几十年的发展，现在的双汇集团不仅在国内 31 个省市建立了超过 200 个销售分公司，还在日本、韩国和新加坡等地设立办事机构，年进出口贸易额超过 1 亿美元。双汇集团也毫无悬念地成为国内肉制品的龙头企业。

409 两大并购方

对双汇集团进行并购的机构包括高盛集团和鼎晖投资。两者皆是全球知名的投资机构，它们不仅拥有雄厚的资金实力，更有丰富的投资经验。介于前文中已对这两个投资机构进行了具体介绍，在此不再赘述。

410 并购原因

双汇被并购可以说是两方共同促成的结果。从双汇看，随着主要竞争对手雨润集团完成上市，双汇在行业内的竞争优势逐渐被削弱，甚至有被雨润集团超越的趋势。另外，双汇是漯河市税收的重要来源，而要使双汇创造更多的税收，其中一个方式就是引入国际战略投资。

而从并购方看，双汇集团不仅拥有近 7 亿元的净资产，同时它也是中国市场肉制品行业的龙头老大。因此，从双汇的企业实力、知名度和产品市场占有率等方面考虑，双汇是一个值得并购的对象。

411 并购历程

虽然在对双汇集团的并购大战中，高盛集团和鼎晖投资最终获胜，但是其并购过程可谓是一波三折，而且高盛集团和鼎晖投资也是最后阶段才逐渐占据优势地位。总的来说，双汇集团的并购历程可分为四个阶段，具体如图 15-1 所示。

接下来对这四个阶段的相关情况进行简要介绍。

1. 双汇挂牌，群雄逐鹿

双汇集团股权挂牌之后，包括高盛集团、CCMP 公司、美国国际集团和中粮集团等众多大公司均表示要进行竞标。这也就意味着双汇集团的这场并购注定会演变成各大竞标公司的一场大战。

2. CCMP 公司成夺标热门

就在双汇集团挂牌不久，CCMP 公司慢慢成为夺标热门。CCMP 公司不仅是 JP 摩根旗下的投资公司，而且该公司当时在亚洲的投资额已达 27 亿美元，这都说明 CCMP 公司实力的雄厚。另有消息称在双汇集团挂牌之前 1 年，CCMP 公司便有意识地和双汇建立了联系。这就表示，CCMP 公司不仅是在时间上，还是在人员接洽上，都比其他公司更具优势。

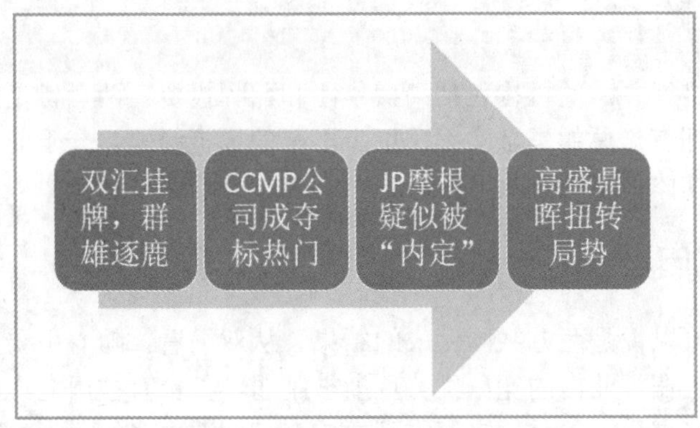

图 15-1 双汇集团被并购历程

3. JP 摩根疑似被“内定”

随着 CCMP 公司成夺标热门，其背后的 JP 摩根也逐渐出现在大众视野中。双汇的某位高管透露，2005 年漯河市政府、双汇集团便与 JP 摩根有了紧密联系，三方不仅互相进行了考察，甚至就双汇集团的并购问题还进行了秘密谈判。一时之间，JP 摩根在这场双汇集团的并购大战中被“内定”的传言不胫而走。

4. 高盛鼎晖扭转局势

就在坊间以为 JP 摩根将毫无悬念地夺标时，却传出高盛集团和鼎晖投资成立的罗特克斯公司收购了双汇集团部分高管成立的漯河市海宇投资有限公司，进而不仅直接获得了该公司持有的双汇集团股份，更是打通了高盛集团与双汇管理层的关键通道。高盛鼎晖也因此开始扭转了局势。

412 收购结果

2007 年 4 月，高盛集团和鼎晖投资成立的罗特克斯公司以 20.1 亿元，获得了双汇集团 100%的股份，这场并购大战虽有了结果，但却并未画上句号。就在罗特克斯公司夺标之后，原来的对手 JP 摩根便提出了异议，另外，在此次夺标之前，高盛集团和鼎晖投资已经对国内另一个肉制品大公司，同时也是双汇集团的主要竞争对手雨润集团进行了投资。因此，高盛集团和鼎晖投资并购双汇集团也引发了商务部对肉制品行业垄断的担忧。

就在外界担忧垄断问题时，肉类协会却表示国内肉制品市场集中度低，双汇集团在国内市场的占有率仅为 3%，因此，即便双汇集团被并购，也不会出现垄断问题。而 2007 年 2 月，双汇集团旗下的双汇发展也发布证监会对罗特克斯公司的收购没有异议的公告，这场战争也因此最终落下了帷幕。

413 购后发展

并购后的双汇集团实现了快速发展，年生猪屠宰能力达 1200 万头、肉制品年销售量超过 100 万吨。双汇集团不仅成为国内 500 强企业、国内肉制品第一企业，更走在了全球肉制品行业的前列。

而双汇集团股权转让仅三个月之后，原最大股东高盛集团，将其 5%的罗特克斯股份转让给鼎晖投资，而鼎晖投资则以 54%的罗特克斯股份获得了对双汇集团的实际控制权。

414 并购启示

双汇集团的并购案例留给我们的启示主要有两个。首先，有舍才有得，作为投资方需要有魄力。高盛集团和鼎晖投资之所以能够最终完成对双汇集团的并购，从很大程度上来说，就是它们 20.1 亿元的出价远高于 JP 摩根。20.1 亿元的价格既是一种“舍”，同时也是高盛集团和鼎晖投资魄力的体现。

其次，做什么事都需要讲求策略，投资也不例外。高盛集团和鼎晖投资获胜的另一个关键因素就是，其采取了管理层收购的方式，从而达到了曲线救国的目的。因此，在投资过程中除了实力之外，策略也是非常重要的，恰当的策略甚至能达到扭转战局的作用。

415 并购和垄断

在双汇集团并购大战中，也引发了一个问题——并购可能会造成行业垄断。高盛集团和鼎晖投资因为在此次并购之前已经完成对国内肉制品行业另一巨头——江苏雨润集团的收购，所以在并购过程中陷入了行业垄断的风波。好在肉类协会的数据显示双汇集团在肉制品行业的市场占有率仅为 3%，才平息了风波。

因此，投资方在选择投资对象时需要特别谨慎，最好不要介入事关国家经济安全的关键领域的企业。因为如果引发行业垄断的问题，投资者不仅无法完成投资，还可能给自身带来不可挽回的损失。

15.2 凯雷投资：大鳄失利惨遭失败

凯雷投资有“总统俱乐部”之称，也曾用对太平洋保险的收购证明了它的实力。然而，在对徐工机械的并购中，却以失败告终。在令人唏嘘的同时，也给其他投资者留下了诸多启示。

416　行业情况

21 世纪以来，国内重化工业提速增长，虽然面临沃尔沃、宝马和卡特彼勒等国际重化工业巨头的夹击，但是国内也在政策的扶持以及科技的发展下涌现出了一批以三一重工和徐工机械为代表的重化工业企业。自此，国内重化工业打破了长期以来的外国企业控制局面，重化工业市场也因此日趋活跃。

417　政策情况

在凯雷投资并购徐工机械失利事件之前，我国便出台了多项政策。如 2006 年国家发改委发布《利用外资“十一五”规划》，在支持国内企业境外上市的同时，加大对外资并购的审查及监管。

又如 2004 年国家发改委发布的《汽车产业发展政策》中第四十八条明确规定：“汽车整车、专用汽车、农用运输车和摩托车中外合资生产企业的中方股份比例不得低于 50%。股票上市的汽车整车、专用汽车、农用运输车和摩托车股份公司对外出售法人股份时，中方法人之一必须相对控股且大于外资法人股之和。”

由上述政策不难看出，这一时期我国的重化工业是得到扶持的。这也是当时我国重化工业能够实现快速发展的重要原因之一。

418　市场情况

21 世纪初我国经济快速发展，中国市场被国外私募股权投资机构普遍看好。另外，国内重化工业实现快速增长，并获得国家政策的大力扶持。因此，许多国外私募股权投资机构开始对重化工业进行投资。

而国内私募股权投资机构则因为起步较晚、实力较弱等原因，常常在与国外私募股权投资机构的竞争中败下阵来。所以，这一时期，国内重化工业的主要投资方仍为国外私募股权投资机构。

419　徐工机械概况

徐工机械是徐州机械科技股份有限公司的简称。该公司注册成立于 1993 年，注册资本近 9600 万元人民币。其业务范围为工程机械、建筑工程机械和工程机械的开发与销售。

在这次并购事件之前，徐工机械便取得了较好的成绩。2002 年，徐工机械开发出全国第一台全路面起重机，2004 年更是获得了“全国质量管理先进企业”的殊荣。可以说，2007 年之前，徐工机械已经走在了国内重化工业的前列。

420 并购方概况

这次差一点就完成对徐工机械并购的投资机构为有着“总统俱乐部”之称的凯雷投资。作为一个老牌的国际知名投资机构，凯雷投资无论是资金实力，还是投资经验，都远非一般的投资公司可比，其竞争优势不言而喻。而在此之前，凯雷投资更是由于收购太平洋保险 24.9%股权而得到了社会的广泛关注。此次，其对徐工机械的并购一开始也被外界广泛看好。

421 并购原因

徐工机械的并购是双方共同促成的。从徐工机械方面看，20 世纪 90 年代，徐工机械的重组虽然增强了实力，但与此同时，也让它的经营开始出现了一些问题。其中，2005 年徐工机械亏损额超过 1 亿元，为解决困境、实现发展，徐工机械只得选择通过被收购的方式引入资金。

而凯雷投资不仅具有雄厚的实力，更具有丰富的投资经验。它们认为在 21 世纪初中国重化工业得到政策扶持的情况下，对该行业投资成功率相对较高。而此时徐工机械也正好有被并购的意向。所以，凯雷投资自然而然地加入了对徐工机械的并购进程。

422 并购历程

凯雷投资对徐工机械的并购，从稳操胜券到并购失利，主要为四个阶段，具体如图 15-2 所示。

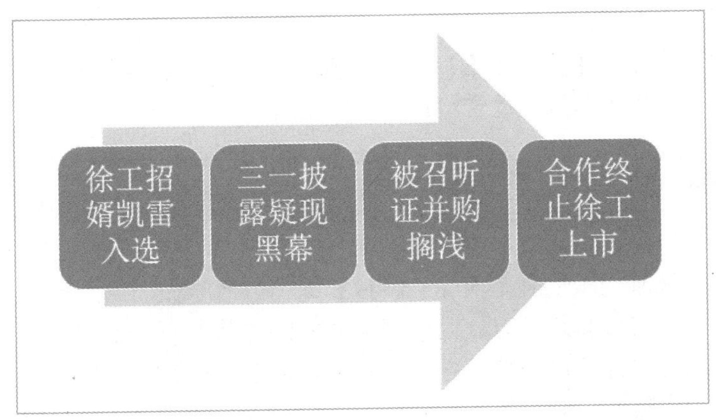

图 15-2 凯雷投资并购徐工机械的历程

下面对徐工机械险遭并购的历程进行简要说明。

1．徐工招婿凯雷入选

2004 年 4 月，徐工机械在《香港经济日报》上刊登“招婿”公告，意图通过引进资金完成改制。收到这一信息之后，凯雷投资、摩根大通、卡特彼勒和三一重工等机构和企业均表示有意对徐工机械进行并购。最终，徐工机械在众多备选者中选择了凯雷投资。双方甚至在 2005 年 10 月签署了凯雷以 20 多亿元人民币收购徐工机械 85%股权的初步并购协议。

2．三一披露疑现黑幕

2006 年 6 月，三一重工向文波发文向外界披露，摩根大通对徐工机械的出价为 31.98 亿元，这一数字远远高于凯雷投资的 20 多亿元。除此之外，向文波还列出了许多细节和相关数据。另外，由于徐工机械对此事选择了沉默。而外界则广泛认为徐工机械的这次并购存在黑幕。

3．被召听证并购搁浅

2006 年 7 月，商务部就徐工机械并购案与相关单位召开了长达三个下午的听证会，在听证会结束后并没有给出指导性意见。但是听证会结束后，徐工机械的并购方案却是一改再改。

2006 年 10 月凯雷投资与徐工机械重新签署并购协议，协议中明确提出凯雷以 18 亿元收购徐工机械 50%的股权。2007 年并购方案再次修改，凯雷投资以 18 亿元收购 45%的股权，同时，凯雷投资也由并购变为了参股。

4．合作终止徐工上市

2008 年 7 月 23 日，因为相关协议到期，凯雷投资只得选择终止合作。而 7 月 25 日，徐工机械却宣布上市。上市之后，徐工机械通过融资成功完成改制，而凯雷投资对徐工机械的并购也因此以失败告终。

423　失败原因

凯雷投资之所以未能完成对徐工机械的并购，可以说很大程度上是舆论的压力造成的。当向文波披露相关信息，而徐工机械和徐州政府未做出回应时，社会舆论已经明显偏向徐工机械有黑幕这一方。而听证会和并购方案的一再修改也是在舆论压力下被迫进行的。因此，即便是投资行业，也不可轻视社会舆论的力量，它有时甚至可以直接影响投资的成败。

424　失败启示

凯雷投资的失败可以说具有其必然性，这主要是因为在选择投资对象时缺乏考

虑。徐工机械作为一个重点行业的国企，其并购必定会引起政府等相关部门以及社会大众的广泛关注。与此同时，因为徐工机械规模较大，作为投资方的凯雷投资的出价很难达到社会的期望值。再加上徐州市政府没有选择出价相对较高的摩根大通，就难免会有徐工机械被贱卖的嫌疑。

因此，私募股权投资在选择投资对象时必须慎重，对于重点行业国企的投资，必须在投资前全面考虑其可行性等问题，否则，很可能以失败告终。

15.3 弘毅投资：正确演示并购国企

就在凯雷投资并购徐工机械失利之际，弘毅投资却在 2007 年 6 月，完成了对石药集团的并购，并从此开始了对国企的并购进程。那么，弘毅投资是如何做到对国企并购的呢？这也是本节将要重点探讨的问题。

425 行业情况

20 世纪末至 21 世纪初期，伴随着国民人均可支配收入的增加和消费观念的转变，医药行业得到快速发展，中国医药市场甚至达到 2000 亿元的规模。而生产青霉素、维生素 C 以及头孢类等药品的企业也因此获得了丰厚的利润。但是，2006 年以后，因为原材料、燃料、运输等价格明显上涨，导致生产成本大幅增加。许多医药企业的发展开始面临挑战。

426 政策情况

因为国内投资快速增长，而医药行业事关社会民生，所以，国家通过宏观调控在一定程度上限制了资本市场对医药行业的投资。另外，2006 年国家发改委发布《医药行业“十一五”发展指导意见》，并明确指出，医药行业企业的研发投入需达到其销售收入的 2%，同时还对医药市场进行了秩序整治。

虽然上述举措可以促进医药行业的良性发展，但部分医药企业也由于资金不足等问题，导致发展受阻。

427 石药集团概况

石药集团由河北制药集团和石家庄第一制药集团公司等企业在 1997 年联合成立的，资产总值达 80 亿元。作为国内原料药龙头企业，2003 年之前石药集团销售额和利润总额等数据都排在国内第一位。但是随着 2003 年之后的几年，市场对部分药品的需求大幅下降，石药集团的优势也开始慢慢丧失。

428 并购方概况

弘毅投资多以并购的方式，完成对成熟型企业的专业化投资。作为国内私募股权投资基金的代表，弘毅投资一直致力于对中国企业进行投资。在对石药集团进行投资之前，弘毅投资已在 2006 年、2007 年分别帮助林洋新能源和先声药业完成上市，并获得了数倍的回报。

429 并购原因

弘毅投资之所以对石药集团进行并购，主要是看到了国内医药市场的巨大潜力。随着生活水平的提高和健康意识的提升，人们对医药的需求必然增加，而中国又具有庞大的人口基数，所以，中国医药业市场是一块很大“蛋糕”。

另外，石药集团虽在并购之前，辉煌不如以前。但是“瘦死的骆驼比马大”，无论是生产技术、企业规模，还是知名度，它都还位于国内医药行业前列。因此，石药集团仍被视作是具有较大发展潜力的。

430 成功关键

弘毅投资之所以可以成功完成对石药集团的并购，有两点很关键。首先是弘毅投资具有外资私募股权投资机构不具备的优势。因为国企的特殊性质，外资私募股权投资机构很难完成对国企的并购，凯雷投资并购徐工机械失败就是一个很好的例子。但是，作为国内私募股权投资基金，弘毅投资不但更了解国内市场，而且其并购国企也不会引发外界对外资控制关键领域的担忧。

除了弘毅投资自身的原因之外，本次并购很大一部分功劳来自联想控股的助力。因为联想控股属于国企，再加上企业实力和信誉都能让融资方信服，所以，作为联想控股子公司的弘毅投资也因此沾了光。另外，联想控股的适时介入，也大大推动了此次并购的进程。

431 并购启示

弘毅投资对石药集团的并购，可谓是为国内私募股权投资机构指明了发展方向。虽然国内私募股权投资基金在实力和经验上与国际知名的外资私募股权投资机构有一定的差距，但是，其作为本土私募股权投资机构也具有独特的优势，这主要包括两方面，即对国内市场有更清晰的认识、更容易被国内部分企业，特别是国企接受。

另外，私募股权投资机构需要通过细分市场，可找到具有竞争力的项目。弘毅投资成立至今不过十多年时间，它却已是国内领先的投资机构，甚至在国际市场都具有一定名气，从很大程度上来说得益于它在项目寻找上的优势。其中，它利用本土私募股权投资机构的身份接连并购国企，就是一个很好的例子。

15.4 哈药股份：挪移股份优化结构

如果一个上市公司出现券商成为第一大股东的情况，该如何实现股权的优化，重新获得企业的控制权呢？哈药股份的案例或许可以给我们提供借鉴。

432 要约原因

要约是指一方(即要约方)向另一方(即受约方)发出签订协议的意向。哈药集团股份有限公司自上市以来，作为主承销商的南方证券公司通过违规操作大量持有哈药集团股份有限公司的流通股份。2004 年中国证监会介入时，南方证券公司的持股量已达到股本总量的 60.88%，从而直接成为哈药集团股份有限公司的第一大股东。

虽然此时实际控制哈药集团股份有限公司的仍是哈药集团有限责任公司，但是股权结构的不合理，给股票的流通及相关事务的开展均造成了不利影响。为此，哈药集团有限责任公司希望通过要约的方式，实现股份的转移。

433 要约方概况

哈药集团有限责任公司成立于 1989 年，主要业务包括抗生素、化学药物制剂、中药和生物工程药品等的生产和流通。其注册资本为 37 亿元，拥有员工超过 2 万人，并在全国设立了 130 多家连锁药店。

作为我国医药行业的领先品牌，哈药集团有限责任公司在国内拥有较高的知名度，并且它生产的多种药剂(如补钙产品、中药粉剂和头孢菌类抗生素)的市场占有率居于全国首位。

434 受约方概况

接受哈药集团有限责任公司的机构主要包括三家，具体如图 15-3 所示。

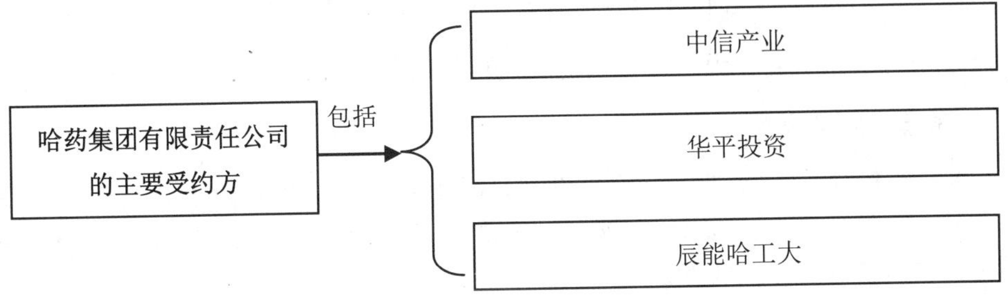

图 15-3 哈药集团有限责任公司的主要受约方

介于中信产业和华平投资在前章内容中已有过详细介绍，在此不再赘述。接下来对辰能哈工大的情况进行简要说明。

辰能哈工大是黑龙江辰能哈工大高科技风险投资有限公司的简称。该公司由黑龙江省电力开发公司等几家企业共同出资成立于 2001 年，注册资本达 6.3 亿元。该公司致力于将高新科技进行成果转化，目前其业务主要包括项目投资、项目管理、项目融资和资本运营等。

435 获投原因

哈药集团有限责任公司增资扩股可以说是要约方和受约方共同促成的。一方面，哈药集团有限责任公司需要通过增资扩股增强企业的实力，从而收购南方证券公司对哈药集团股份有限公司的持股，让自己重回第一股东之位。

另一方面，国内医药行业市场前景广阔，而哈药集团有限责任公司又是我国医药行业的领先品牌，无论是企业实力，还是知名度，都跻身于全国医药行业前列。对这样的投资对象进行投资，作为受约方的中信产业等机构显然是乐意的。

436 收购历程

从哈药集团有限责任公司增资扩股到其重回哈药集团股份有限公司第一大股东大致可分为三个阶段，其具体历程如图 15-4 所示。

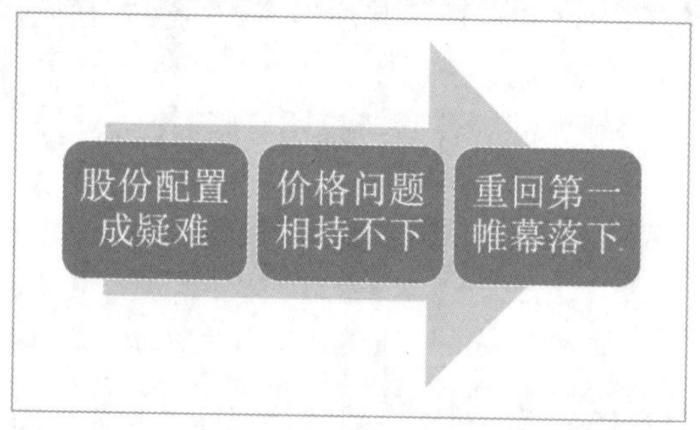

图 15-4 哈药集团有限责任公司的收购历程

接下来对哈药集团有限责任公司的收购历程进行简要说明。

1. 股份配置成疑难

2004 年 12 月，中信产业、华平投资和辰能哈工大对哈药集团有限责任公司进行投资，并分别获得了 22.5%、22.5%和 10%的股份。增资扩股完成后，哈药集团有限责任公司宣布将进行要约收购。

与此同时，如果哈药集团有限责任公司对南方证券公司持有的股份进行全部收购，便只能在收购后一段时间内减持，或选择退市。正因为如此，由于股份配置的问题引发了外界的广泛关注。

2. 价格问题相持不下

虽然哈药集团有限责任公司有意收购南方证券公司手中哈药集团股份有限公司的持股，但是因为看好哈药集团股份有限公司的发展前景，哈药集团有限责任公司要约中的价格与南方证券公司的语气有一定的差距。因此，双方在较长一段时间里因为价格问题相持不下，导致哈药集团有限责任公司的收购一度陷入僵局。

3. 重回第一帷幕落下

2005 年 4 月，南方证券公司被关闭。虽然哈药集团有限责任公司并没有直接收购南方证券公司的持股，但是在随后的股权结构调整中，哈药集团有限责任公司以 34.76%的股本比例重回哈药集团股份有限公司第一大股东之位，而这一场持续一年多时间的收购大战也就此落下了帷幕。

437　扩股分析

虽然企业要获得发展，通过增资扩股是一种比较常见的方式，但是本案例中的增资扩股却有些不同寻常。这主要是因为私募股权投资机构的投资对象通常是上市公司，而此次作为私募股权投资机构的中信产业和华平投资却间接完成了对哈药集团股份有限公司的投资。

正因为如此，外界对哈药集团有限责任公司增资扩股有诸多猜疑，比如，私募股权投资为何会打破传统投资上市企业？仅仅是因为看好哈药集团有限责任公司，或是为南方证券公司慷慨解囊？它又会以什么方式获得投资收益，并退出投资呢？难道是直接进行股权的转让？

438　成功关键

可以说，哈药集团有限责任公司能坚持到最后，并再次成为哈药集团股份有限公司的第一大股东，其中最为关键的一点是哈药集团股份有限公司的增资扩股。经过这一关键步骤，哈药集团的实力无疑大为精进。

不过从增资扩股后哈药集团有限责任公司的股权结构也可以看出当地政府的心思。虽然中信产业和华平投资的股权总和与哈药集团有限责任公司相等，但是因为辰能哈工大具有明显的政府背景，所以，哈药集团有限责任公司的控制权仍将留在当地政府的手中。

439 投资启示

虽然违规持股的大部分责任在违规机构身上，但是受股权结构问题影响最大的还是上市公司的原最大股东。因此，作为“受害者”，上市公司的原最大股东还是要通过采取一定的方式来走出当前的困境。而哈药集团有限责任公司此次收购活动的最大意义无疑是它为违规持股提供了一种有效的解决途径。

第 16 章 其他案例：多种方式实现发展

学前提示

除了前面三章的案例之外，在国内私募股权投资行业还存在许多典型的案例。这其中既包括以 PIPE 的投资方式获得成功的私募股权投资案例，也包括创造了百倍回报的私募股权投资业传奇案例。本章选择了三个具有特殊意义的案例进行具体的解读。

要点展示

- 汇源集团：夹层融资喜获新生
- 国美电器：贝恩助力顺利脱困
- 西部矿业：百倍回报令人惊叹

16.1 汇源集团：夹层融资喜获新生

经过两轮融资失败之后，在第三轮融资中，汇源集团得到 2.22 亿美元的夹层投资，从而成功完成上市。这也引发了外界的广泛思考，为什么汇源集团在两次融资失败的情况下，在第三次融资中可以通过夹层融资获得成功？

440 行业情况

21 世纪以来，我国果汁的销量呈现出惊人的增长速度。其中，在汇源集团第三轮融资之前的 2006 年上半年，国内果汁产量便达到了 634 万吨。但与此同时，销售额却没有实现与销售量的同步，这也使果汁行业发展受阻。

另外，虽然国内市场庞大，但是因为果汁企业数量较多，在激烈的竞争中，为获得相对的优势，许多企业只得采取控制价格的方式，这也使得果汁行业的利润一再变薄。

441 融资方概况

汇源集团成立于 1992 年，该公司主要致力于果汁的生产。汇源集团成立仅几年便成为国内饮料业前十强，而从业绩看，其销售额和市场占有率曾一度在国内果汁行业中排在首位。除了国内市场之外，汇源集团还积极开拓海外市场，并已将业务范围覆盖至美国、日本和韩国等 30 多个国家与地区。

442 投资方概况

在汇源集团第三轮融资中，对其进行投资的包括四方，具体如图 16-1 所示。

介于华平投资在前文中已有详细介绍，在此不再赘述。接下来，就达能亚洲、荷兰发展银行及香港惠理基金的相关情况进行简要说明。

1. 认识达能亚洲

达能亚洲是达能集团在亚洲地区的子公司。达能集团成立于 1966 年，总部位于法国巴黎。其业务主要包括乳制品、婴儿食品以及饮料的生产和销售，目前业务范围已经扩展至六大洲、120 多个国家和地区。亚洲地区不但是达能集团产品在全球市场的重要组成部分，更是其投资的重点区域之一。在投资汇源集团之前，它已完成了对乐百氏的收购。

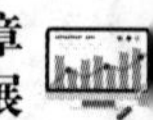

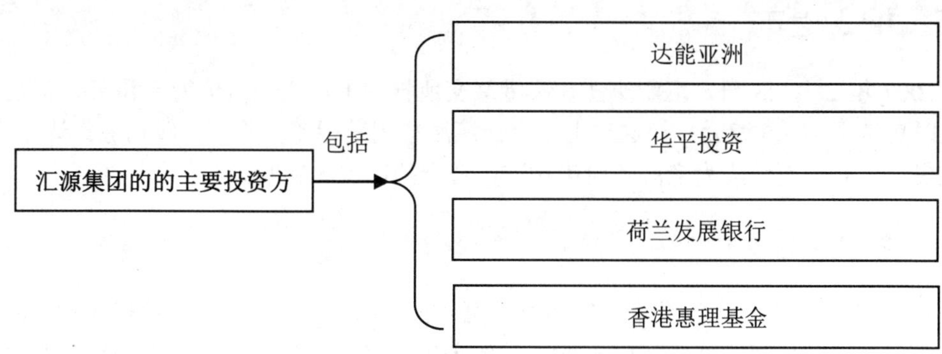

图 16-1　汇源集团的主要投资方

2. 了解荷兰发展银行

荷兰发展银行(简称 FMO)成立于 1970 年。作为一家由政府直接控制的银行，其获得了标准普尔中最高的信贷评级。荷兰发展银行致力于为发展中国家的民营企业提供资金，2005 年它与德国发展银行等机构设立汇发中国基金，以夹层投资的方式，为中国的民营企业提供资金支持。

3. 浅谈香港惠理基金

香港惠理基金成立于 1993 年，该公司投资者主要来自美国、中国香港和日本等地，因其在投资对象的选择上较为慎重，兼之投资成功率较高，所以该基金又有“香港巴菲特”之称。

443　投资形式

汇源集团的此次融资采取夹层融资的方式，即汇源集团新投资方发行可赎回可转换股债券以及可转换股股份，而投资方则通过购买相关股权完成对汇源集团的投资。在这次融资中，四大投资方共获得 35%的汇源集团股权，其中，达能以 22.18%的占股成为汇源集团的第二大股东。

444　获投原因

汇源集团之所以可以获得此次投资主要有两方面的原因。首先，汇源集团有上市的需求，而当时的实力不允许，所以，寄希望于通过融资增强实力，进而成功完成上市。其次，从投资方看，汇源集团是国内饮料行业中的领先品牌，是一个值得投资的对象。最后，此次投资总共可以获得汇源集团 35%的股份，对投资方来说也是一个极大的诱惑。

445 IPO 上市

2007 年 2 月 23 日，汇源集团在香港联交所挂牌上市，开盘价为 9 港元，但当日最高时曾涨至 10.06 港元。在这次上市中，汇源集团发行 4 亿股，并成功募集达 24 亿港元资金，它也因此成为港股新股申购冻结资金的第五大新股。

446 免予收购

2008 年 9 月 3 日，汇源集团发布可口可乐公司将以 179.2 亿港元价格收购汇源集团全部已发股和所有未行使可转换股债券的公告。受此消息的影响，汇源集团股价在公告发出之日便出现了高达 1.64 倍的上涨。虽然双方都有意促成此次收购，但是商务部依据《反垄断法》，禁止该收购行为，汇源集团也因此免予被收购。

447 夹层融资原因

因为汇源集团总共进行了三次融资，其中，前两次均为股权投资，且都以失败告终。而第三次它却一反常态地选择了夹层投资，并成功完成了融资。所以，这次融资也引发了公众的思考。为什么汇源集团要采取夹层融资？这种融资方式又为何会取得成功呢？

汇源集团之所以选择夹层融资，主要有两点原因。首先，投资者以夹层投资的投资方式进行投资，可兼顾风险和收益，因此，这种投资方式对投资方具有一定的吸引力，汇源集团可以通过这种方式迅速融资，增强自身实力，从而增加上市的把握。

其次，吸引新的投资者等权益融资形式，虽可以达到快速融资的目的，但是会从一定程度上稀释股权，进而影响企业管理层的话语权，而夹层融资则带有债券性质，采取这种方式，一旦获得资金，还可大大降低企业管理层股权的稀释，从而达到保持对企业的控制权的目的。

448 投资启示

从汇源集团的融资过程中，作为融资方的企业可以得到一个启示。那就是在融资过程中，方式的选择至关重要。汇源集团前两次以股权投资的方式引入资金之所以会失败，从很大程度上说，是因为这种方式并不适合汇源集团当时的情况，而夹层投资兼顾了投融双方的利益，因此更容易促成合作。

另外，汇源集团此次融资的成功也有其偶然性，因为当时国内《贷款通则》中明确指出企业之间不能进行资金拆借，也就是说夹层融资与此通则不合。但是，因为汇源集团的做法在香港的法律中是适用的，因此，它才成功完成了夹层融资。

16.2 国美电器：贝恩助力顺利脱困

受“黄光裕事件”的影响，国美电器曾一度因财务问题陷入困境。但是随着以贝恩为代表的私募股权投资机构对国美电器实行 PIPE 投资，并帮助国美电器顺利脱困，PIPE 也开始受到大众的普遍关注。

449 PIPE 发展原因

PIPE 是指私募股权投资机构通过购买上市公司股权的方式进行投资的一种方式。PIPE 的发展可以说与 2008—2009 年 A 股 IPO 关闭 9 个月有很大的关系。因为当时并不知道 A 股具体的关闭时长，而境外上市对企业的估值又普遍偏低，所以，许多私募股权投资机构减少了对拟上市企业的投资。

另外，当时上市的企业中有一部分的价值明显被低估，所以私募股权投资机构可以通过在二级市场买入看好的上市企业的股份，以 PIPE 的方式进行投资。

450 行业情况

20 世纪末以来，随着人们收入水平的提高，国内市场对家电的需求量增加，大批家电企业也顺势出现。经过一段时间的发展，到 21 世纪初期，在家电行业的激烈竞争中，国美、苏宁和百思买等企业的优势日益凸显，并成为行业内的领先者。

另一方面，大型家电生产厂商通常会尽量压低上游货物的价格，降低生产成本，并在进货时采用延期付款的方式，以保障资金的有效周转。而小企业却常因为实力较为有限，信赖度较低，而处于下风。所以，在这种循环过程中，双方的差距不断拉大。大企业日益扩张，而小企业却面临倒闭。

451 政策情况

2005 年我国的“十一五”规划中，把“扩大内需”作为实现经济增长的重要途径，并采取积极的举措以拉动内需，其中就包括“家电下乡”政策。伴随着“家电下乡”政策的深化，市场，特别是农村市场对家电的需求大大增加，而许多家电企业借助这股东风实现了快速发展。可以说，国家政策对我国家电行业的发展起到了很好的促进作用。

452 融资方概况

国美电器成立于 1987 年，其成立之初不过是一个 100 平方米的门面，但是它却从此实现了快速发展。除了中国内地之外，它还在东南亚地区开拓市场。2004 年，国美电器在香港完成上市。2007年上半年时，国美电器的门店数量已达到654家。从业绩数据看，国美电器不仅在2006—2008年的三年间连续成为业绩最佳的中国连锁企业，更是从2003年开始便雄踞中国家电零售企业的首位。

除此之外，国美电器还通过并购和资本运作实现企业的扩张。如2005年一年，国美电器便接连收购了哈尔滨黑天鹅电器及深圳易好家商业连锁有限公司。

453 投资方概况

在国美电器此次融资过程中，其投资方贝恩资本扮演了一个很关键的角色。可以说，国美电器之所以可以脱困，很大程度上得益于贝恩资本的帮助。接下来，对贝恩资本的相关情况进行简要的介绍。

贝恩资本成立于1984年，总部位于波士顿，资金管理规模达500亿元，其主要业务包括风险投资、私人股权和上市股权对冲基金等。截至目前，贝恩资本已为超过250家企业提供服务，而且其还包括我国香港、上海、纽约和东京等在内的多个城市设立分公司。

贝恩资本进入中国大众视野的时间是2007年。这一年它不仅与华为合作收购了3COM公司，还成立了资金规模达10亿美元的首只亚洲基金。正因为如此，其被清科公司评为“2007年中国投资最活跃私募股权机构”第三位。

454 深陷泥沼

2008年11月，时任国美电器董事局主席的黄光裕因涉嫌经济犯罪被警方拘查。受此事件的影响，一方面，国美电器在国内开始出现信用危机。供货商和银行纷纷表示希望国美电器偿还债款。另一方面，它的可转换债也即将到期。一时之间国美电器面临沉重的资金压力，甚至一度出现了财务问题。

455 自救行动

在黄光裕被拘查之后，国美电器方面便开始了危机处理。国美电器不但快速进行了领导班子的调整，还采取一定的措施安抚供应商及银行，缓和各方矛盾。虽然国美电器的各项举措取得了一定的成效，但是最重要的一个问题——资金紧张，还是没有得到解决。因此，国美管理层开始思考如何通过融资来解决当时面临的财务危机。

456 资方始现

2009年1月，国美电器做出售出股权进行融资的决定。获得这个信号之后，包括弘毅投资、中信产业、百思买、复星集团和丰泽电器在内的众多企业和机构开始与国美电器接触，并表达收购国美电器的意愿。

同年4月，国美电器公布了一份名单，贝恩资本、华平投资和KKR集团这三家海外知名私募股权投资机构均在其列。外界纷纷猜测，贝恩资本和KKR将共同投资30亿港元，收购国美20%的股份。

457 方案出台

虽然入围名单公布之后，局势已经较为明朗，但是国美电器的融资却并不如外界所想的就此尘埃落定。首先，贝恩资本与KKR在此次投资中是竞争对手，而并非合作伙伴。而在贝恩资本胜出之后，其又就分配股权的问题提出了异议。

2009年6月22日，国美电器的融资方案出台。融资方案中指出此次融资分为两部分。其中，一部分是可转换股债，这一部分由贝恩资本以18.04亿港元的价格全部认购。另一部分是以6.72港元每股的价格向原股东增发新股，增发新股中未被原股东认购的部分将全部由贝恩资本认购。

458 投后发展

在国美电器融资方案出台的第2天，也就是2009年6月23日，停牌7个月的国美电器在香港联交所复牌交易。当日国美电器以1.89港元的价格收盘，相较于停牌前的1.12港元，其涨幅达到68.75%。

另外，从股份认购看，国美电器原股东多采取积极认购的态度。因此，认股完成之后，黄光裕夫妇仍以34%的持股，保持了国美电器第一大股东的地位。

459 融资原因

国美电器融资的成功完成主要有两方面的原因。一方面，从国美电器看，受到“黄光裕事件”的影响，其已面临财务危机，而要顺利度过危机，最好的办法就是通过融资增加资金规模，实现资金的流转。

另一方面，国美电器作为国内领先的家电企业，其无论是企业规模，还是品牌的知名度，都跻身于行业前列。而受到“黄光裕事件”的影响，国美电器的价值明显被低估，也让投资具有了更大的利润空间。另外，当时正处于国内A股关闭时期，如果采取传统的Pre-IPO投资方式，利润较为有限，所以，私募股权投资机构多对已上市的企业进行PIPE投资。

460 投资启示

可能说黄光裕是使国美电器陷入困境的罪魁祸首有些勉强，但黄光裕对此事却负有不可推卸的责任。这也给企业管理者起到了警醒作用。虽然企业的发展最终还是以

其经营运作情况决定，但是企业管理者的行为也可能间接给企业带来影响。所以，作为企业管理者必须管住自己，这不仅是对自己负责，更是对所在的企业负责。

虽然从表面上看，令国美电器陷入困境的导火线是“黄光裕事件”，但是如果从更深的层次看，国美电器的融资具有必然性，即便不出现“黄光裕事件”，其融资也是迟早的事。这主要是因为国美电器在给供应商付款时采取的就是支付小部分钱拿取远超支付数额的货物，相当于是先用货，后期再还其他剩下的款项，所以，国美电器在融资前已经欠下了一大笔债款。另外，国美电器企业规模大、店面数量大，也导致其日常经营成本较高。

16.3 西部矿业：百倍回报令人惊叹

2007 年 7 月 12 日，西部矿业成功完成上市。本来一个企业完成上市对于大多数投资者来说是见怪不怪了。但是西部矿业的上市却显得与众不同，上市当日以 13.48 元的价格开盘，收盘时却涨至 32.84 元，它也因为让投资方获得了近百倍的回报而成为业内的传奇缔造者。

461 市场情况

随着近年来汽车、建筑、电力和机械制造行业的迅速发展，国内市场对众多金属，如铜、铅、锌、铝和铁等的需求量较高，并且呈现不断上升的趋势。与此同时，我国对上述金属的产量和消费量也一直居于世界前列。而金属的广阔市场又直接拉动了其原料——金属矿物的需求。正因为如此，我国矿业行业正以较快的速度不断向前发展。

另外，金属矿物是不可再生资源，而其分布带有明显的区域性，且全球储量相对有限。但是金属矿物又是各国发展过程中不可或缺的一种资源。在这些因素的共同促成下，金属矿物具有了特殊性。而金属矿物的这种特殊性让它成为私募股权投资的宠儿，越来越多的私募股权投资机构将其作为重点投资对象之一。

462 政策情况

21 世纪初，国家为实现矿产行业的健康有序发展，先后实施了《全国矿产资源规划》《中国二十一世纪初可持续发展行动纲要》和《中国的矿产资源政策》。这些政策的实施不仅给矿业企业的发展指明了方向，还为矿业企业的生产经营活动提供了制度保障。部分矿业企业依靠国家政策的支持，大力引进外资和国外先进技术，并通过自身努力迈出了走向世界的第一步。

463　融资方概况

西部矿业是西部矿业股份有限公司的简称，其前身为锡铁山矿务局，2000 年 12 月 28 日其联合其他几家企业，共同设立了西部矿业股份有限公司。西部矿业总部位于青海省西宁市，注册资本为 23.83 亿元。西部矿业的业务主要包括基本金属(如铜、铅、锌等)、黑色金属以及非金属磷矿的采选、冶炼、贸易等。

西部矿业至本次融资之前，一直保持着较快的发展速度，年收益连创新高，而其资产总额更是在 2004 年便达到了 42 亿元。正是因为成绩骄人，西部矿业在成立之初便获得了诸多殊荣。如 2002 年“全国十佳矿山(油田)企业”、2003 年“效益十佳”等。

464　投资方概况

在西部矿业的融资过程中，有两方起到了关键性的作用，具体如图 16-2 所示。高盛集团在前文中已有过详细的介绍，在此不再赘述。接下来，对永宣创投的基本情况进行简要说明。

永宣创投是上海永宣创业投资管理有限公司的简称，该公司成立于 1999 年，管理资金规模约为 5.2 亿美元。作为国内知名风投机构之一，截至目前，永宣创投已累计对 60 多家企业进行投资，投资总额达到 2 亿美元以上，其中甚至有近 20 家企业成功完成了上市。

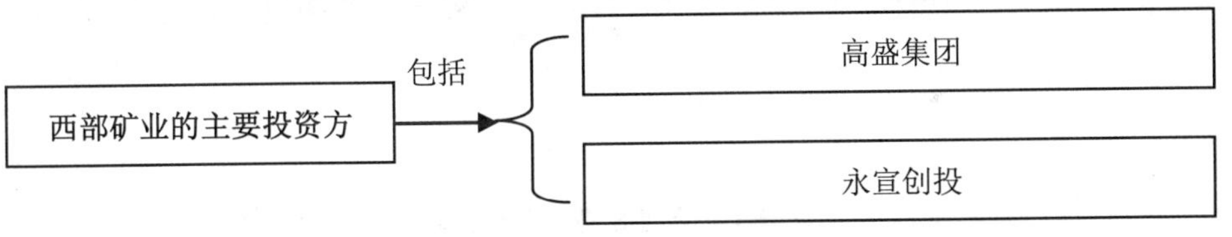

图 16-2　西部矿业的主要投资方

465　融资原因

西部矿业的融资可以说是融投双方共同促成的。一方面，从作为融资方的西部矿业看，因为长期以来的生产造成可供使用的矿产资源日益减少，剩下的矿产资源已经难以长久支撑生产运作，所以，企业要获得持续发展就必须寻找更多的矿产资源。而要获得矿产资源，最好的方法就是寻找矿山。

但是，从矿山的探明到矿产的开发，不仅需要很长的时间，更需要花费大量资金。因此，为了保证相关工作的正常进行，获得更多的资金就成了迫在眉睫的问题。此时，解决资金不足最快捷、最有效的方法无疑就是进行融资。

另外，从投资方看，矿产资源不仅是一种不可再生资源，而且市场需求量大，只要开采出来，基本上不用太担心生产过剩的问题。因此，对该行业进行投资，风险相对较小。而西部矿业当时已经走在国内矿业行业的前列，无论是名气，还是实力，都远远超过一般矿业企业。所以，它被认为是矿业行业内的一个具有投资价值的优质项目。

466 融资历程

总的来说，西部矿业的融资大致可以分为三个阶段，具体如图 16-3 所示。

接下来，对西部矿业融资历程中的三个阶段分别进行简要说明。

1．2004 年增资扩股

2004 年 3 月，西部矿业进入融资历程，并以每股 3 元的价格向包括东风实业公司在内的国内外投资者增发 19000 万股。通过此次扩股，西部矿业成功获得了近 6 亿元资金，企业实力大大增强。

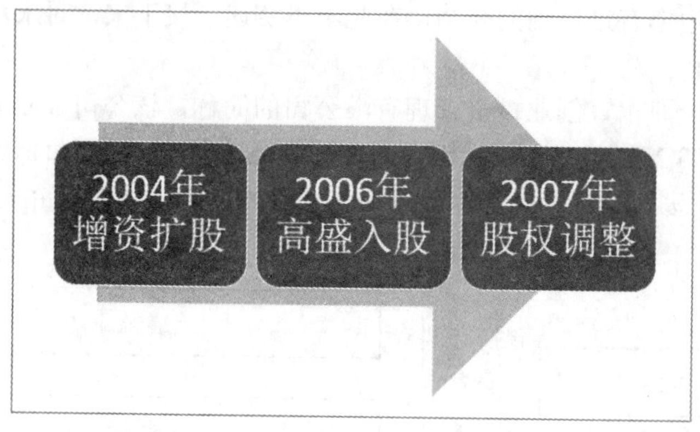

图 16-3 西部矿业的融资历程

2．2006 年高盛入股

2007 年金属的价格明显上涨，让私募股权投资机构从中看到了商机。同年 7 月，高盛集团旗下的 L.L.C 以每股 3 元的价格成功收购了东风实业公司持有的 3250 万股西部矿业股份。高盛集团也因此以 10%的持股成为西部矿业的第四大股东。

3．2007 年股权调整

2007 年 4 月，西部矿业召开股东大会，并决定通过每 10 股送转 60 股的方式，将其每股的成本摊薄至 0.34 元。此后，西部矿业的股权结构出现了变化。其中，西部矿业、宁波安瑞盛、上海安尚实业和高盛集团旗下的 L.L.C 分别以 34.96%、14%、13%和 10%的持股比例，成为西部矿业的前四大股东。

467 投后发展

获得投资之后，西部矿业借由资金实力的增强，成功解决资源不足的问题，并在此基础上实现了快速发展，其中 2006 年的营业收入和营业利润分别达到 80 多亿元与 20 多亿元。除此之外，在 2007 年成功上市之后，西部矿业更以 780 多亿元的市值，获封中国西北地区的“股王”。

在西部矿业发展的同时，作为投资方的股东们也获得了丰厚的增值收益。以高盛集团旗下的 L.L.C 为例。其以不到 1 亿元获得了 10%的西部矿业权，然而，这 10%的持股的市值仅仅 1 年以后便达到了 140 亿元。高盛集团也因为创造了“世界第一回报”而成为私募股权投资行业的传奇。

468 投资启示

高盛集团之所以可以通过投资西部矿业在短短 1 年的时间获得超过 100 倍的回报，其中很关键的一点是因为其从金属价格上涨这一现象中看到了商机，并适时介入进行投资。这也凸显出一双慧眼对于整个投资活动的重要性，可以说，许多私募股权投资能获得成功最关键的一点，就是从一开始便投资了一个优质的项目。

另外，私募股权投资对时间的把握也非常重要。虽然高盛集团对西部矿业的投资，回报率最高时达到了 100 多倍。但是西部矿业上市一段时间之后，其股价突然大跌，而高盛集团的投资回报也一度降低至 10 倍左右。这也让高盛集团的收益最终大打折扣。因此，对于私募股权投资来说，只有成功实现套现，才是对投资最好的保障，当回报达到一定程度之后，就必须及时收手，保住当前收益。切忌因为一时贪婪，丧失既得的收益。